Neff

Fiat Justitia

JURISTENGESCHICHTEN
AUS 15 LÄNDERN

Herausgegeben von
Karl Andreas Edlinger

PAUL NEFF VERLAG
WIEN

ISBN 3-7014-0199-3

Umschlag- und Einbandentwurf von Werner Sramek
Gesetzt aus der Garmond Garamond-Antiqua
Gedruckt und gebunden beim Wiener Verlag
Hergestellt im Auftrag des Paul Neff Verlages, Wien

INHALT

Vorwort

Fiat justitia et pereat mundus. Das ist imperiales Latein und wie geschaffen für eine Schaumünze der Göttin der Gerechtigkeit. Und darum, um eine Apotheose des Rechts, ging es wohl Kaiser Ferdinand I., als er dem Grundsatz, daß der Durchsetzung des Rechts keine Grenzen gesetzt werden dürfen, so drastisch und in höchstrichterlicher Zuständigkeit Ausdruck gab. Recht muß werden und wenn die Welt zugrunde geht. Das bedeutet den absoluten Anspruch des Rechts und ergibt ein Spannungsfeld, in dem eine Fülle von Konfliktstoff angesiedelt ist, der die Literatur aller Zeiten und Länder zur Gestaltung angeregt hat. Fiat Justitia schien daher ein brauchbarer Titel für einen Sammelband, der die Arbeit des Juristen und sein Bild, sein Image in der Literatur nachzeichnen möchte.

Das Bild, das der in der Reihe der Neff-Anthologien erschienene Band vermittelt, entsteht nach Art einer Collage aus 28 Geschichten, die aus 15 Ländern und damit auch aus 15 verschiedenen Rechtsordnungen kommen. Er verzichtet zugunsten der Aktualität auf die historische Entwicklung des Themas, alle hier veröffentlichten Erzählungen stammen aus unserem Jahrhundert. Gegliedert ist das Material nach formal-sachlichen Gesichtspunkten in vier Kapitel.

Kapitel I, »Wer es hat dem wird's oft nicht oder Von den Wegen des Rechts«, bringt Geschichten, deren gemeinsames Thema das Problem der Wahrheitsfindung ist. Sie spiegeln die Einsamkeit des Menschen, der um sein Recht kämpft und sie zeigen, wie schwierig es ist, erkanntes Recht in Wirkung zu setzen.

Kapitel II, »Richter und Mensch oder Von der Humanität im Talar«, beschäftigt sich mit der Würde und der Last eines

Berufes, der uralt ist und königliches Attribut war. Der Leser begegnet hier keineswegs nur Lichtgestalten. Er sieht Richter, die aus der täglichen Verantwortung in Schrullenhaftigkeit oder Formalismus zu flüchten versuchen, neben solchen, die in der Ausübung des Amtes über ihr menschliches Maß hinauswachsen.

Kapitel III, »Die heitere Seite oder Humor in einem ernsten Beruf«, läßt beide Arten von Juristen zu literarischen Ehren kommen: solche, die in ihrem Beruf Humor beweisen und produzieren, und solche, die durch ihren Beruf Gegenstand humoristischer Produktion wurden.

Kapitel IV, »Fast Nestbeschmutzung oder Die letzte Instanz heißt Satire« schließlich, gehört der bissigen Schwester des Humors, der nichts heilig ist und die alles, was sich im Sinne der Obrigkeit gottgewollt dünkt, besonders untersuchungsbedürftig findet. Die Rechtsprechung ist, wie ein bekannter Jurist festgestellt hat, für die Satire ein ungewöhnlich ergiebiges und dankbares Thema, was hoffentlich auch die hier versammelten Geschichten unter Beweis stellen.

Der Anhang bringt Hinweise auf die Herkunft der Geschichten und Kurzbiographien der 28 Autoren, von denen viele selbst Juristen sind. Sie repräsentieren eine Vielfalt von Gesellschaftsordnungen, gemeinsam ist ihnen literarischer Rang und thematische Zuständigkeit. Mehr als ein Viertel der Texte, die formal zur erzählenden Kurzprosa gehören, wird mit diesem Band dem deutschsprachigen Leser erstmalig zugänglich gemacht.

K. A. E.

Wer es hat dem wird's oft nicht

oder

Von den Wegen des Rechts

VALERIJ BRJUSSOW
ANATOLE FRANCE
GYÖRGY MOLDOVA
JERZY EDIGEY
HELEN NIELSEN
HERBERT ROSENDORFER

RUSSLAND

Valerij Brjussow

Das Marmorköpfchen

Man verurteilte ihn wegen Diebstahls zu einem Jahr Gefängnishaft. Mich überraschten das Benehmen des Alten vor dem Gerichte, wie auch die eigenen Umstände des Verbrechens. Ich erreichte eine Zusammenkunft mit dem Verurteilten. Anfangs hatte er eine gewisse Scheu vor mir, schwieg, dann aber erzählte er mir doch sein Leben.

»Sie haben recht«, begann er, »ich sah einst bessere Tage, war nicht immer ein Herumtreiber, schlief nicht immer in den Nachtasylen. Ich genoß eine ganz gute Erziehung, ich wurde ein Techniker. Als ich jung war, da hatte ich schon Geld, lebte geräuschvoll: jeden Tag irgendeine Abendgesellschaft, ein Ball, und alles endete immer mit einem Saufgelage. An diese Zeit erinnere ich mich gut, selbst an Kleinigkeiten. Aber in meinen Erinnerungen ist eine Lücke, und um sie auszufüllen, würde ich den ganzen Rest meiner lumpigen Tage hingeben: nämlich alles, was in einem Bezug zu Nina steht.

Sie hieß Nina, gnädiger Herr, ich bin davon überzeugt, daß sie Nina hieß. Sie war mit einem armen Eisenbahnbeamten verheiratet. Sie war arm. Aber wie verstand sie es, in dieser kärglichen Atmosphäre vornehm zu sein und so besonders fein! Sie kochte selbst, doch ihre Hände waren wie gemeißelt. Aus ihren billigen Fetzen nähte sie sich wundervolle Träume. Ja, und auch alles Alltägliche, das mit ihr in Berührung kam, wurde so ungewöhnlich, so phantastisch. Ich selbst wurde unter ihrem Einfluß ein anderer, besserer, schüttelte von mir wie Regentropfen alle Gemeinheit des Lebens ab.

Gott verzeih ihr die Sünde, daß sie mich liebte. Rings war alles so ungeschliffen, daß sie mich lieben mußte, mich, den Jungen, Hübschen, der so viele Verse auswendig konnte. Doch wo ich mit ihr bekannt wurde und wie, dessen kann ich mich schon nicht mehr entsinnen. Aus dem Dunkel reißen sich einige Bilder. Wir sind im Theater. Sie ist glücklich und lustig (oh, wie selten das bei ihr vorkam!), trinkt sozusagen jedes Wort des Schauspiels, lächelt mir zu . . . Oh, dies Lächeln kenn' ich noch. Dann sind wir irgendwo zu zweien. Sie neigt den Kopf und sagt mir: ›Ich weiß, du, mein Glück, wirst nicht lange bei mir verweilen; sei es immerhin, ich habe doch gelebt.‹ Oh, diese Worte kenn' ich noch. Doch was gleich danach war – und ist dies mit Nina überhaupt wahr? Ich weiß nicht.

Natürlich verließ ich sie. Mir schien das so selbstverständlich. Alle meine Kollegen handelten so: sie traten in Beziehung zu einer verheirateten Frau und verließen diese nach einiger Zeit. Ich handelte lediglich so wie alle, und mir kam kein Gedanke daran, daß mein Vorgehen übel sei. Geld stehlen, Schulden nicht zurückzahlen, jemanden denunzieren – das ist übel; doch eine Geliebte sitzenlassen, das liegt in der Ordnung der Dinge. Vor mir lag eine glänzende Zukunft, und ich konnte mich durch irgendeine romantische Liebe nicht binden lassen. Es war mir schmerzlich, sehr schmerzlich, aber ich bekämpfte das und sah darin sogar eine Tat, daß ich dieses Weh überstand.

Ich hörte, daß Nina rasch darauf mit ihrem Mann nach dem Süden gereist und bald gestorben sei. Doch Erinnerungen und Gespräche von ihr peinigten mich damals so sehr, daß ich alle Nachrichten vermied. Ich bemühte mich, nicht an Nina zu denken. Ihr Porträt besaß ich nicht mehr, ihre Briefe hatte ich zurückgegeben, gemeinsame Freunde hatten wir nicht – und so verwischte sich Ninas Bild nach und nach in mir. Verstehn Sie? – ich kam allmählich dazu, daß ich Nina vergaß, sie völlig vergaß, ihr Antlitz, ihren Namen und unsere ganze Liebe. Sie verschwand aus meinem Leben, als wäre sie nie darin gewesen . . . Ach, es ist etwas Schmähliches für einen Menschen, so zu vergessen!

Nun, die Jahre vergingen. Ich brauche Ihnen wohl nicht zu erzählen, daß ich Karriere machte. Von Nina getrennt, dachte ich natürlich nur an äußeren Erfolg, an Geld. Eine Zeit hindurch erreichte ich fast mein Ziel, lebte im Auslande, heiratete, hatte Kinder. Dann kamen die Verluste; Geschäfte, die ich begann, mißglückten; die Frau starb; mit den Kindern vertrug ich mich nicht, gab sie zu Verwandten und, Gott verzeih mir, weiß jetzt nicht mal, ob meine Jungen noch leben. Natürlich trank ich und spielte . . . Dann eröffnete ich ein Geschäft, es kam nichts dabei heraus, ich verlor nur mein letztes Geld und meine letzten Kräfte. Ich versuchte, meine Lage durchs Spiel zu verbessern, wodurch ich fast ins Gefängnis gekommen wäre – und nicht einmal ohne Grund . . . meine Bekannten wandten sich von mir ab, und so begann mein Abstieg.

Zum Schluß sank ich bis zu dem, als den Sie mich heute hier sehen. Ich fiel sozusagen aus der Intelligenzschicht und war schon ganz unten. Und welch einen Posten hätte ich, schlecht angezogen und fast stets betrunken, wohl bekleiden können? In den letzten Jahren beschäftigte ich mich einige Monate, während ich nicht trank, als Arbeiter in den Fabriken. Doch wenn ich trank, kam ich auf den Trödelmarkt und in die Nachtasyle. Auf die Menschen war ich furchtbar wütend und träumte immer, das Schicksal würde sich ändern, ich würde wieder reich werden. Meine neuen Kameraden verachtete ich, weil sie diese Hoffnung nicht hatten.

So trieb ich mich denn einmal frierend und hungrig auf irgendeinem Hofe herum, weiß der Teufel warum, ich glaube, der Zufall führte mich. Plötzlich ruft mich ein Koch an: ›Lieber, bist du nicht am Ende ein Schlosser?‹ ›Das bin ich‹, antwortete ich. Man hieß mich ein Schreibtischschloß zurechtmachen. Ich wurde in ein prachtvolles Kabinett geführt; überall Vergoldung und Bilder. Ich arbeitete, reparierte, was nötig war, und die Gnädige gab mir einen Rubel. Das Geld nehmend, erblickte ich plötzlich ein auf einer Säule stehendes Köpfchen aus Marmor. Ich ersterbe, schaue es an und will meinen Augen nicht trauen: es war Nina!

Ich sage Ihnen, lieber Herr, ich hatte Nina völlig vergessen und dort begriff ich es erst, daß ich sie vergessen hatte. Plötzlich tauchte ihr Bild vor mir auf, und ein ganzes Weltall von Gefühlen, Träumen und Gedanken, das in meiner Brust, gleichsam eine Art von Atlantis, begraben gelegen hatte, erwachte, erstand und gewann Leben . . . Ich schaute das Marmorköpfchen an, ich zitterte und fragte: ›Gnädige Frau, gestatten Sie zu fragen, was das für ein Köpfchen ist?‹ ›Das‹, antwortete sie, ›ist eine sehr teure Sache, die vor fünfhundert Jahren gemacht ist, im 15. Jahrhundert.‹ Sie nannte mir auch den Namen des Künstlers, den ich aber nicht behielt, sagte, daß ihr Mann dies Köpfchen aus Italien mitgebracht habe, und hieraus sei eine ganze diplomatische Affäre zwischen dem italienischen und dem russischen Kabinett entstanden. ›Sagen Sie mal‹, fragte mich die Gnädige, ›gefällt Ihnen das Köpfchen? Was haben Sie für einen unmodernen Geschmack! Die Ohren‹, sagte sie, ›sind nicht am Platze, die Nase ist unregelmäßig . . .‹ und schwatzt und schwatzt!

Wie verhext lief ich aus dem Hause. Das war nicht nur Ähnlichkeit, das war ein Porträt, sogar noch mehr, das war wirkliches Leben in Marmor. Sagen Sie mir bitte, durch welch ein Wunder konnte ein Künstler des 15. Jahrhunderts diese selben mir so bekannten kleinen, ein wenig tief angesetzten Ohren schaffen, diese selben kaum mandelförmigen Augen, die unregelmäßige Nase und die lange, zurückweichende Stirn, aus denen sich ganz unerwartet das schönste, das reizendste Frauengesicht zusammensetzte? Welch ein Wunder ließ zwei völlig gleiche Frauen leben, die eine im 15. Jahrhundert, die andere – in unseren Tagen? Denn daß jene, nach welcher der Marmorkopf gemacht wurde, nicht nur im Gesicht, sondern auch dem Charakter, der Seele nach völlig gleichartig, ja identisch mit Nina war, kann ich nicht bezweifeln.

Dieser Tag änderte mein ganzes Leben. Ich begriff sowohl die ganze Niedrigkeit meiner Aufführung im Vergangenen als auch die Tiefe meines Sturzes. Ich begriff, daß Nina der Engel war, den mir das Schicksal gesandt hatte und den ich nicht erkannt hatte. Es ist unmöglich, das Vergangene ungeschehen zu machen. Doch gierig begann ich alle Erinnerungen an Nina zu sammeln, so wie man zuweilen die Scherben einer zerbrochenen kostbaren Vase aufliest. O wie wenig war es! Trotz aller Mühe konnte ich nichts Ganzes zusammenstellen. Es waren nur Splitter, Trümmer. Doch wie jubelte ich, wenn es mir gelang, in meiner Seele irgend etwas Neues zu finden. Nachdenkend und mich erinnernd verbrachte ich ganze Stunden; man lachte über mich, und doch war ich glücklich. Ich bin alt, es ist für mich zu spät, mein Leben von neuem zu beginnen. Aber noch kann ich meine Seele von schlechten Gedanken befreien, vom Menschenhaß und vom Murren auf den Schöpfer. Und in der Erinnerung an Nina fand ich diese Reinigung und Befreiung.

Ich hatte ein leidenschaftliches Verlangen, die Statue noch einmal zu sehen. Ich strich ganze Abende in der Nähe des Hauses herum, in welchem sie stand, und bemühte mich, das Köpfchen aus Marmor zu erblicken; doch es stand zu weit von den Fenstern. Ganze Nächte verbrachte ich vor dem Hause. Ich sah alle, die in ihm lebten, merkte mir die Verteilung der Zimmer, knüpfte mit der Bedienung Bekanntschaften an. Im

Sommer fuhren die Besitzer aufs Land. Und länger konnte ich mein Verlangen auch nicht bekämpfen. Ich glaubte, daß, wenn ich noch einmal die marmorne Nina ansehen könnte, ich mich an alles erinnern würde, an alles bis zum Ende. Das wäre mein letztes Glück gewesen. Und ich entschloß mich zu dem, wofür man mich verurteilt hat. Sie wissen, daß es mir nicht gelang, man ergriff mich schon im Vorzimmer. Auf dem Gericht stellte sich heraus, daß ich in den Zimmern schon einmal als Schlosser gewesen war, und daß man mich nicht selten in der Nähe des Hauses hatte herumlungern sehen . . . Ich bin ein Bettler, da habe ich dann eben die Schlösser erbrochen . . . Übrigens ist die Geschichte aus, gnädiger Herr!«

»Aber wir wollen appellieren«, sagte ich, »man wird Sie freisprechen.«

»Wozu?« entgegnete der Alte. »Weder betrübt, noch schändet meine Verurteilung jemanden, und ist es nicht im Grunde gleich, wo ich an Nina denke, im Nachtasyl oder im Gefängnis?«

Ich fand nichts zu erwidern, doch, indem mich der Alte mit seinen seltsamen verblichenen Augen ansah, sagte er plötzlich noch:

»Eines beunruhigt mich. Wie, wenn Nina niemals existiert hätte? Wenn nur mein armer, alkoholgeschwächter Verstand sich die ganze Geschichte dieser Liebe erdacht hätte, während ich das Köpfchen aus Marmor ansah?«

FRANKREICH

Anatole France

Crainquebille

Jeremias Crainquebille, seines Zeichens Gemüsehändler, zog tagaus, tagein durch die Straßen von Paris und schob seinen Handwagen vor sich her, indem er rief: »Kohl, Rüben, Wurzeln, Salat!«

Und wenn er Porree hatte, rief er: »Spargel, schöne Spargel«, denn Porree ist der Spargel der Armen.

Als er am 20. Oktober um die Mittagsstunde die Straße von Montmartre hinabfuhr, trat Frau Bayard, die Schustersfrau, aus ihrem Laden und an seinen Wagen.

Prüfend wog sie ein Bund Porree in der Hand und sagte wegwerfend:

»Das sind ja recht jämmerliche Dinger, was sollen sie denn kosten?«

»Fünfzehn Sous, Frau Meisterin«, erwiderte Crainquebille, »bessere finden Sie nirgends.«

»Was, fünfzehn Sous für drei elende Stangen!« rief die Frau, und entrüstet warf sie das Gemüse auf den Karren zurück.

In diesem Augenblick kam der Schutzmann Nr. 64 vorüber. Er näherte sich Crainquebille und sagte:

»Fahren Sie weiter.«

Seit fünfzig Jahren tat Crainquebille von morgen bis abends nichts als weiterfahren – immer nur weiterfahren.

Gegen diese Ordnung hatte er nichts einzuwenden. Sie

schien ihm im Gegenteil ganz gerecht und in der Natur der Sache. Er war darum auch geneigt zu gehorchen und drängte die Meisterin, ihren Bedarf an Gemüse zu nehmen.

»Na, ich werde doch wohl noch aussuchen dürfen, was ich brauche«, erwiderte sie spitz, und sie besah und befühlte von neuem die Porreebündel.

Dann behielt sie eins, das ihr am größten erschien, und preßte es gegen ihren Busen, wie die Heiligen auf den Kirchenbildern die geweihten Palmenzweige an ihre Brust drücken.

»Vierzehn Sous sollen Sie haben«, sagte sie, »das ist mehr als genug. Aber ich habe kein Geld in der Tasche, ich muß es aus dem Laden holen.«

Ihr Porreebündel im Arm, trat sie in den Schusterladen, wo bereits eine Kundin mit einem kleinen Kinde wartete.

Jetzt ermahnte der Schutzmann Nr. 64 Crainquebille zum zweiten Male.

»Fahren Sie weiter.«

»Ich wart' auf mein Geld«, erwiderte dieser.

»Habe ich Ihnen etwa gesagt, Sie sollen auf Ihr Geld warten? Weiterfahren sollen Sie, verstanden?« wiederholte der Polizist.

Währenddessen probierte die Schustersfrau dem Kinde, dessen Mutter es sehr eilig hatte, ein Paar blaue Schuhchen an.

Die grünen Köpfe der Porreestangen ruhten auf dem Ladentisch.

In dem halben Jahrhundert, in welchem Crainquebille seinen Karren durch die Straßen schob, hatte er gelernt, den Vertretern einer hohen Obrigkeit zu gehorchen. Aber diesmal befand er sich in einer schwierigen Lage – zwischen Pflicht und Recht.

Er hatte keinen juristischen Verstand. Er konnte nicht begreifen, daß sein persönliches gutes Recht ihn nicht davon entband, eine gesetzliche Pflicht zu erfüllen.

Er sah in erster Linie nur sein Recht, das darin bestand, seine vierzehn Sous zu bekommen, und nicht die Pflicht, die ihn hieß, seinen Karren weiterzuschieben, immer weiter. Er blieb daher ruhig stehen.

Zum dritten Male befahl ihm der Schutzmann in ruhigem, gelassenem Tone weiterzufahren. Im Gegensatz zu vielen andern, die immer drohen und nie eingreifen, war der Schutzmann Nr. 64 sehr ruhig bei seinen Ermahnungen, aber sehr prompt dabei, ein Protokoll aufzunehmen. So war nun mal sein Charakter.

Aber obgleich er ein ziemlicher Duckmäuser war, so war er doch ein tüchtiger Beamter und ein rechtschaffener Soldat. Mutig wie ein Löwe und sanft wie ein Kind, handelte er strikt nach seiner Weisung.

»Sagen Sie mal, können Sie nicht hören, Sie sollen weiterfahren.«

Crainquebille hielt den Grund, warum er stehenblieb, für zu wichtig, als daß er ihm nicht stichhaltig genug erschienen wäre. Er erklärte daher kurz und bündig:

»Zum Kuckuck, wenn ich Ihnen doch sage, daß ich auf mein Geld warte.«

Der Schutzmann begnügte sich damit, zu erwidern:

»Ich soll Sie wohl wegen Zuwiderhandlung bestrafen, was? Wenn Sie das wollen, brauchen Sie's bloß zu sagen.«

Als Crainquebille das hörte, zuckte er langsam die Achseln und blickte erst auf den Polizisten, dann zum Himmel hinauf, als wollte er sagen:

›Gerechter Gott, als ob ich je die Gesetze verachtet hätte! Mich je gegen die Vorschriften und Dekrete aufgelehnt hätte, die man unserm herumziehenden Stande macht!‹

Sei es nun, daß der Polizist diesen Blick nicht erfaßt hatte oder darin keine genügende Entschuldigung für den offenbaren Ungehorsam sah, er fragte nochmals kurz und rauh, ob Crainquebille ihn verstanden habe.

Zudem erreichte die Aufstauung der Fahrzeuge in diesem Augenblick ihren Höhepunkt in der Rue Montmartre. Die Droschken, Karren, Möbelwagen, die Omnibusse und Rollwagen waren so eng zusammengekeilt, daß es schien, als ob sie unentwirrbar ineinander geraten wären. Und auf dem Trottoir drängten sich immer mehr Neugierige heran und verfolgten den Vorfall mit Interesse.

Als der Schutzmann sich dieser Art beobachtet sah, dachte er nur noch daran, seine Autorität geltend zu machen.

»Es ist gut«, sagte er kurz, und damit zog er ein schmutziges Notizbuch und einen sehr kurzen Bleistift aus der Tasche.

Crainquebille blieb bei seiner Idee. Er gehorchte einer inneren Macht. Übrigens hätte er in diesem Augenblick weder zurück- noch vorwärtsfahren können, denn das eine Rad seines Karrens hatte sich in das Rad eines Milchwagens verfangen.

Er riß an seinen spärlichen Haaren und schrie: »Herrgott, wenn ich Ihnen doch sage, daß ich auf mein Geld warte. Schockschwerenot, zum Donnerwetter noch mal!«

Durch diese Worte, die dem Alten mehr aus Verzweiflung als aus Widersetzlichkeit entfuhren, fühlte der Polizist sich beleidigt.

Und da für ihn jede Beleidigung notwendigerweise die traditionelle, regelmäßige, geheiligte, rituelle, sozusagen liturgische Form annahm, nämlich, ›Verfluchter Polyp‹, so faßte sein Ohr die Worte des Delinquenten so auf.

»So, Sie haben ›Verfluchter Polyp‹ gesagt? Es ist gut, folgen Sie mir.«

Ganz betäubt von Entsetzen und Bekümmernis starrte Crainquebille den Schutzmann mit seinen armen, alten, sonnengeblendeten Augen an, und mit vor Angst gebrochener Stimme stammelte er:

»Ich hätte ›Verfluchter Polyp‹ gesagt? Ich? Mein Gott, mein Gott!« Die Verhaftung des Alten wurde von der gaffenden

Menge mit Freuden aufgenommen. Das Volk war befriedigt; wie denn die große Menge immer Gefallen an gewalttätigen, unnoblen Schauspielen findet.

Nur ein alter Mann mit ernstem, traurigem Gesicht, in einem schwarzen Rocke, einen Zylinder auf dem Kopfe, bahnte sich einen Weg durch die Menge und, indem er sich dem Schutzmann näherte, sagte er sehr sanft und bestimmt:

»Sie irren sich, der Mann hat Sie nicht beleidigt.«

»Kümmern Sie sich um Ihre eigenen Angelegenheiten«, erwiderte der Beamte, jedoch ohne eine weitere Drohung hinzuzufügen, denn er hatte es mit einem gutgekleideten Menschen zu tun.

Der alte Herr beharrte mit großer Ruhe und Hartnäckigkeit bei dem, was er gesagt hatte, und bestand darauf, seine Aussage persönlich bei dem Polizeikommissar zu machen.

Währenddessen jammerte Crainquebille:

»Also, das soll ich gesagt haben ›Verfluchter Polyp‹, je, je!«

Gerade als er diese Worte hervorstieß, kam die Schustersfrau auf ihn zu, um ihm die vierzehn Sous zu geben.

Aber der Schutzmann hielt Crainquebille beim Kragen, und als die Meisterin das sah, ließ sie das Geld wieder in ihre Tasche gleiten, in dem guten Glauben, daß man einem Menschen, der zur Polizeiwache abgeführt wird, nichts schuldig ist.

Als Crainquebille so seinen Wagen im Stich lassen mußte und sich seiner Freiheit beraubt sah, war es ihm, als sei die Sonne plötzlich erloschen, und ein Abgrund schien sich vor ihm aufzutun.

Ganz verzweifelt murmelte er:

»Ist es möglich – ist es möglich!«

Vor dem Kommissar erklärte der alte Herr, daß er durch die Verwicklung der Fuhrwerke aufgehalten und dadurch Zeuge der Szene geworden sei. Der Schutzmann habe den Gemüsehändler falsch verstanden, der alte Mann hatte ihn weder beleidigt noch beschimpft. Dann gab er seinen Namen und Wohnung an: Doktor David Matthieu, Oberarzt am Krankenhaus von Ambroise Paré, Offizier der Ehrenlegion. Zu andern Zeiten hätte ein solches Zeugnis den Kommissar genügend über die Sachlage aufgeklärt, aber dazumal waren die Gelehrten in Frankreich verdächtig.

Crainquebilles Verhaftung wurde aufrechterhalten. Er mußte die Nacht auf der Polizeiwache zubringen und wurde am nächsten Morgen ins Gefängnis befördert.

Das Gefängnis hatte in seinen Augen weder etwas Schmerzliches noch Erniedrigendes, es schien ihm etwas Notwendiges.

Am dritten Tage besuchte ihn sein Advokat. Maître Lemerle war einer der jüngsten Gerichtsanwälte von Paris und Präsident einer Sektion der französischen vaterländischen Liga.

Crainquebille versuchte seinen Fall zu erzählen, was ihm keineswegs leicht fiel, denn er fand nur mühsam seine Worte. Vielleicht hätte er es doch fertiggebracht mit ein wenig Hilfe. Aber sein Anwalt schüttelte nur mißtrauisch den Kopf zu allem, was er sagte, und indem er in den Papieren blätterte, murmelte er:

»Hm, hm, davon sehe ich ja gar nichts in den Akten.« Dann strich er sich mit einer etwas müden Bewegung über den gepflegten blonden Schnurrbart und sagte:

»Ich rate Ihnen in Ihrem eigenen Interesse, ein offenes Geständnis abzulegen. Das System, alles ableugnen zu wollen, ist sehr ungeschickt.«

Von nun an hätte Crainquebille gern gestanden, wenn er nur gewußt hätte, was er eigentlich gestehen sollte.

Der Präsident widmete dem Verhör von Crainquebille ganze sechs Minuten. Das Verhör hätte entschieden mehr Licht in den Sachverhalt gebracht, wenn der Angeklagte auf die an ihn gestellten Fragen geantwortet hätte.

Aber Crainquebille war zu unbeholfen im Reden, und außerdem brachte er vor lauter Respekt und Angst kein Wort hervor.

Er schwieg beharrlich, und so gab der Präsident selbst die Antworten, die dann allerdings sehr belastend ausfielen.

Er schloß mit den Worten:

»Also Sie geben zu, ›Verfluchter Polyp‹ gesagt zu haben.«

Da drang aus Crainquebilles Kehle ein Ton wie verrostetes Eisen und Klirren von Glasscherben:

»Ich habe ›Verfluchter Polyp‹ gesagt, weil der Herr Schutzmann ›Verfluchter Polyp‹ gesagt hat – da hab' ich es gesagt.«

Er wollte zu verstehen geben, daß er bei dieser plötzlichen Anschuldigung in seiner ersten Verblüffung die merkwürdigen Worte wiederholt hatte, die man ihm nun fälschlich in den Mund legte.

Er habe es gesagt, wie er gesagt haben würde: »Ich, ich sollte so etwas wagen, ich? Wie können Sie so etwas glauben?«

Aber der Präsident faßte es nicht so auf. »Wollen Sie etwa behaupten«, sagte er, »der Beamte hätte diesen Schmähruf zuerst gebraucht?«

Crainquebille verzichtete darauf, sich verständlich zu machen: es war zu schwierig.

»Sie bestehen nicht auf Ihrer Behauptung, da haben Sie recht«, schloß der Präsident.

Dann ließ er die Zeugen rufen.

Der Schutzmann Nr. 64, mit Namen Bastien Matra, schwor, daß er die Wahrheit und nichts als die Wahrheit sagen wollte. Dann machte er folgende Aussage:

»Am 20. Oktober hatte ich nachmittags Dienst in der Rue Montmartre und sah, wie ein Individuum, das mir ein herumziehender Gemüsehändler zu sein schien, sich ungebührlich lange vor dem Hause Nr. 328 aufhielt und dadurch eine Verwicklung der Fahrzeuge verursachte.

Ich gab ihm dreimal den Befehl weiterzufahren, aber er tat es nicht, und als ich ihm darauf drohte, daß ich ihn aufschreiben müsse, da schimpfte er mich ›Verfluchter Polyp‹, was mir beleidigend erschien.«

Diese gemessene, bestimmte Aussage wurde von den Richtern mit sichtlichem Wohlwollen aufgenommen.

Zur Verteidigung waren Madame Bayard, die Schustersfrau, und Doktor Matthieu als Zeugen geladen worden.

Madame Bayard hatte nichts gesehen und gehört. Der Arzt hatte sich in der Menge befunden, die den Schutzmann umgab, als dieser den Händler ermahnte, weiterzufahren.

Seine Aussage verursachte einen Zwischenfall. »Ich war Zeuge der Szene«, sagte er. »Der Schutzmann hat sich verhört, der Mann hat ihn nicht beleidigt. Ich habe ihm das damals gleich gesagt, aber er bestand auf der Verhaftung und veranlaßte mich, meine Erklärung vor dem Kommissar abzugeben, was ich auch getan habe.«

»Sie können sich setzen«, sagte der Präsident.

»Gerichtsdiener, rufen Sie den Zeugen Matra wieder vor.«

»Matra, als Sie die Verhaftung des Angeklagten vornahmen, hat Sie damals der Doktor Matthieu darauf aufmerksam gemacht, daß Sie sich getäuscht hätten?«

»Ja, nämlich, Herr Präsident, er hat mich beleidigt.«

»Was sagte er denn?«

»Er hat ›Verfluchter Polyp‹ gesagt.«

Im Zuschauerraum wurden Lärm und Gelächter laut.

»Sie können zurücktreten«, beeilte sich der Präsident zu sagen, dann wandte er sich ans Publikum und sagte, daß er den Saal räumen lassen würde, wenn noch einmal derartige ungebührliche Kundgebungen laut würden.

Währenddessen fuchtelte der Verteidiger mit dem Rockärmel triumphierend in der Luft herum, und alle glaubten, daß Crainquebille freigesprochen werden würde.

Als die Ruhe im Saal wiederhergestellt war, erhob sich Maître Lemerle.

Er leitete seine Verteidigung mit einem Lob auf die Polizisten ein, auf diese bescheidenen Diener des Gesetzes, die bei einem kläglichen Gehalt den größten Ermüdungen und fortwährenden Gefahren ausgesetzt seien und täglich ihren Heldenmut beweisen müßten.

»Es sind meist alte Soldaten«, sagte er, »die Soldaten geblieben sind, Soldat – das sagt alles!«

Und Maître Lemerle erging sich in den höchsten Betrachtungen über militärische Tugenden. Er gehöre zu jenen, sagte er, die nicht zuließen, daß man die Armee beleidige, denn auch er gehöre ihr an und sei stolz darauf. Der Präsident nickte billigend mit dem Kopfe.

Maître Lemerle war in der Tat Reserveoffizier. Er fuhr fort:

»Nein, sicherlich, ich verkenne nicht die bescheidenen und doch so unschätzbaren Dienste, die unsere Schutzmannschaft Tag für Tag unserem wackren Volke leistet. Und niemals hätte ich eingewilligt, diese Verteidigung zu übernehmen, wenn ich in Crainquebille den Beleidiger eines alten Soldaten gesehen hätte.

Man beschuldigt den Angeklagten, gesagt zu haben ›Verfluchter Polyp‹.

Der Sinn dieser Worte unterliegt keinem Zweifel. Wenn Sie ein Jargon-Wörterbuch zur Hand nehmen, so finden Sie ›Verfluchter Polyp‹: Spitzname für Polizist.

Wie wir alle wissen, ist der Polyp ein amphibisches Ungetüm, das gierig seine Fangarme nach allen Richtungen ausstreckt.

Man gebraucht diesen Spitznamen in gewissen Kreisen.

Aber die Frage ist die: Wie hat Crainquebille es gesagt und vielmehr – hat er es überhaupt gesagt? Meine Herren, erlauben Sie mir, das zu bezweifeln.

Ich will den Schutzmann Matra durchaus nicht einer bösen Absicht bezichtigen, aber er verrichtet, wie wir bereits sagten, ein mühseliges Amt. Er ist zuweilen übermüdet, überbürdet, überanstrengt. Unter solchen Umständen ist es möglich, daß er das Opfer einer Gehörs-Halluzination gewesen ist. Und wenn er soeben behauptet hat, der Doktor David Matthieu, ein Offizier der Ehrenlegion und Oberarzt am Hospital von Ambroise Paré, ein Fürst der Wissenschaft und ein Weltmann, habe ebenfalls ›Verfluchter Polyp‹ geschrien, so sehen wir uns genötigt anzunehmen, daß Matra damals nicht ganz klar bei Sinnen war, ja, ich möchte sagen, obgleich es etwas schroff erscheinen mag: der Mann leidet ganz ohne jeden Zweifel an Verfolgungswahn.

Und selbst wenn Crainquebille ›Verfluchter Polyp‹ gesagt hätte, so ist es noch die Frage, ob dies Wort in seinem Munde eine Beleidigung, also ein Vergehen ist.

Crainquebille ist das uneheliche Kind einer herumziehenden Händlerin, die eine notorische Trinkerin war, er ist also als Alkoholiker geboren. Sehen Sie sich den Mann an und urteilen Sie selbst, was sechzig Jahre des Elends aus ihm gemacht haben.

Meine Herren, Sie müssen zugeben, daß man ihn nicht verantwortlich machen kann.«

Maître Lemerle setzte sich, und der Präsident verlas nun zwischen den Zähnen das Urteil, wonach Crainquebille zu vierzehn Tagen Gefängnis und fünfzig Franc Geldstrafe verurteilt wurde.

Das Gericht hatte sich auf die Aussage des Schutzmannes Matra gestützt.

Als Crainquebille in seine Zelle kam, setzte er sich auf den angeschmiedeten Stuhl und verharrte in stummem Staunen und stiller Bewunderung. Er wußte selbst nicht recht, daß die Richter sich getäuscht hatten.

Das Gericht hatte ihm seine inneren Schwächen unter der Majestät der Formen verborgen. Er konnte nicht glauben, daß er recht hatte gegenüber dem Tribunal, dessen Gründe er nicht verstanden hatte.

Er vermochte nicht zu fassen, daß etwas bei dieser schönen Zeremonie hinkte. Denn da er weder in die Messe noch ins Theater ging, hatte er in seinem Leben nie etwas so Pompöses gesehen wie die Verhandlung im Gerichtssaal.

Er wußte wohl, daß er nicht ›verfluchter Polyp‹ gerufen hatte und daß man ihn zu vierzehn Tagen Gefängnis und fünfzig Franc Geldstrafe verurteilt hatte, weil er es gerufen haben sollte. Allmählich wurde diese Idee zu einem erhabenen Mysterium für ihn, zu einem dieser Glaubensartikel, dem die Frommen anhängen, ohne sie zu verstehen.

Es war wie eine dunkle, plötzliche Offenbarung – herrlich und schrecklich zugleich.

Der alte Mann erkannte sich als schuldig, den Schutzmann Nr. 64 in mystischer Weise beleidigt zu haben, wie ein kleiner Junge in der Katechismusstunde Evas Sünde auf sich nimmt. Durch seine Verhaftung wurde er belehrt, daß er ›verfluchter Polyp‹ gerufen hatte – also hatte er das auch in mysteriöser, ihm selbst unbewußter Art getan. Er fühlte sich in eine überirdische Welt versetzt. Seine Verurteilung war für ihn ein geheimnisvolles Wunder.

Wie er schon von seinem Vergehen keine rechte Vorstellung hatte, so machte er sich von der Strafe erst recht keinen klaren Begriff. Seine Aburteilung war ihm als eine sehr feierliche, rituelle und vornehme Sache erschienen, als etwas Erhabenes, das man nicht begreifen kann, als etwas, dessen man sich weder zu rühmen noch zu beklagen hat.

Wenn der Präsident Bourriche in diesem Augenblick durch die Decke herabgestiegen wäre, mit einem Heiligenschein um das Haupt und Flügeln an den Schultern, so wäre Crainquebille von dieser neuen Manifestation der richterlichen Glorie nicht weiter überrascht gewesen.

Crainquebille war aus dem Gefängnis entlassen und schob wieder seinen Wagen durch die Rue Montmartre vor sich her und rief: »Kohl, Rüben, Wurzeln!«

Er empfand weder Stolz noch Scham wegen seines Abenteuers. Es war keine peinliche Erinnerung für ihn, sondern wie ein Schauspiel, eine Reise, ein Traum.

Nun aber war er froh, wieder über das Pflaster der Straßen zu gehen und über sich den Himmel zu sehen.

An allen Straßenecken hielt er an, um ein Glas zu trinken, dann fühlte er sich frei und seelenvergnügt, spuckte in die schwieligen Hände, damit sie geschmeidiger wurden, und faßte von neuem die Griffe seines Handwagens.

Die Sperlinge, die wie er arme Frühaufsteher waren und ihr Futter am Wege suchten, flatterten auf bei seinem Rufe ›Kohl, Rüben, Wurzeln‹ und flogen vor ihm her.

Eine alte Haushälterin kam heran und prüfte das Gemüse. »Ja, was war denn mit Ihnen los, Vater Crainquebille«, fragte sie, »man hat Sie ja so lange nicht gesehen. Sind Sie krank gewesen? Sie sehen etwas blaß aus.«

»Tje«, erwiderte Crainquebille, »ich will Ihnen was sagen, Frau Mailloche, ich hab' 'n bißchen privatisiert.«

Nichts in seinem Leben ist verändert, höchstens daß er häufiger als sonst ein Gläschen trinkt. Er hat das Gefühl, als sei immer Feiertag.

Ein bißchen angeheitert gelangt er abends in seinen Verschlag. Dann streckt er sich zufrieden aus, deckt sich mit den Säcken zu, die ihm sein Freund, der Kastanienverkäufer von der Ecke, geliehen hat und brummt vor sich hin:

»Im Gefängnis ist es gar nicht so übel, man hat da alles, was man braucht, aber einerlei, zu Hause ist es doch besser.«

Seine Zufriedenheit sollte nicht lange dauern. Er bemerkte bald, daß die Kunden ihn schnitten.

»Ich habe heute recht schöne Sellerie, Madame Cointreau«, sagte er freundlich.

»Brauche nichts«, erwiderte die Frau barsch.

»Was, Sie brauchen nichts? Sie leben doch jetzt wohl nicht bloß von der Luft?« fragte Crainquebille erstaunt.

Aber Madame Cointreau würdigte ihn keines Blickes und ging stolz in ihren Schlächterladen. Sonst hatten sich die Meisterinnen und Mädchen um seinen Wagen gedrängt, der stets mit reichlicher Auswahl versehen war, jetzt drehten sie ihm alle den Rücken, sobald sie ihn sahen.

Als Crainquebille zu dem Schusterladen kam, wo sein gerichtliches Abenteuer angefangen hatte, rief er:

»Madame Bayard, Madame Bayard, Sie sind mir noch von neulich die fünfzehn Sous schuldig.«

Aber Madame Bayard, welche an der Kasse thronte, hielt es unter ihrer Würde, ihn zu beachten.

Die ganze Straße wußte, daß der alte Crainquebille aus dem Gefängnis kam, und alle taten, als ob sie ihn nicht kennten.

Von hier aus hatte sich das Gerücht in dem ganzen Viertel verbreitet.

Als Crainquebille gegen Mittag in eine andere Straße kam, sah er seine freundliche Kundin Madame Laure an dem Gemüsewagen des kleinen Martin stehen. Sie musterte gerade einen großen Kohlkopf. Ihre Haare glänzten wie eine Unmasse feiner goldener Fäden. Und Martin, der Knirps, dieser schmutzige Lausbub, schwor mit der Hand auf dem Herzen, daß es weit und breit keine bessere Ware gäbe als die seine.

Das gab Crainquebille einen Stich ins Herz. Er stieß seinen Wagen gegen Martins Karren und sagte mit klagender, gebrochener Stimme:

»Das ist nicht schön von Ihnen, daß Sie mir untreu werden.«

Wie sie selbst eingestand, war Madame Laure durchaus nicht als Herzogin geboren. Und ihre Kenntnisse vom grünen Wagen und Gefängnis hatte sie sich auch nicht gerade in der großen Welt erworben.

Aber man kann nicht in allen Lebenslagen ehrlich sein, nicht wahr? Jeder hat seine Portion Selbstgefühl, und man mag nichts zu tun haben mit einem Individuum, das gerade aus dem Gefängnis kommt.

Daher antwortete sie Crainquebille nur mit einem verächtlichen Achselzucken und wandte sich ab.

Der alte Mann zuckte schmerzlich zusammen, dann aber fuhr er auf und brüllte ihr nach:

»Schanddirne – liederliches Weibsbild!«

Vor Schreck ließ Madame Laure ihren Kohlkopf fallen.

»Scher dich weiter, du Lump«, rief sie außer sich vor Entrüstung, »so was kommt gerade aus dem Gefängnis heraus und will andere beleidigen.«

Bei ruhigem Blut hätte Crainquebille Madame Laure niemals ihren Lebenswandel vorgeworfen. Er wußte nur zu gut, daß es in dieser Welt nicht so geht, wie man gern möchte, und daß man sich sein Handwerk nicht immer wählen kann.

Für gewöhnlich kümmerte er sich überhaupt nicht darum, was seine Kunden taten. Aber heute war er außer sich. Er schimpfte hinter der Frau her:

»Gemeine Person, Hurenmensch . . .«

Ein Kreis von Neugierigen sammelte sich um die beiden, die immer ausfälliger wurden. Wahrscheinlich hätte die Schimpfszene noch lange fortgedauert, wenn nicht plötzlich ein Polizist aufgetaucht wäre und sie durch seine schweigende Unbeweglichkeit eingeschüchtert hätte.

Leise murrend gingen die beiden auseinander.

Nach diesem Auftritt aber war Crainquebille erst recht unmöglich geworden in seinem Viertel.

Und der alte Mann zog weiter und murmelte vor sich hin: »Ganz sicher, daß sie so eine ist – ja, sie ist so eine –«

Aber im Grunde seines Herzens machte er ihr keinen Vorwurf daraus. Und deswegen verachtete er sie auch nicht. Im Gegenteil. Er bewunderte Madame Laure, weil sie sparsam war und es verstand, etwas für ihre alten Tage zurückzulegen.

Früher hatten beide gern miteinander geschwatzt. Sie hatte ihm dann von ihren Eltern erzählt, die auf dem Lande wohnten; und beide hegten den großen Wunsch, einen kleinen Garten zu besitzen, um Gemüse darin zu ziehen und Geflügelzucht zu treiben.

Madame Laure war eine gute Kundin gewesen, und als Crainquebille nun sehen mußte, daß sie ihren Kohl bei dem kleinen Martin kaufte, bei diesem elenden Knirps, diesem Lausbuben, da war ihm der Schreck in alle Glieder gefahren, und wie sie ihn obendrein noch so verächtlich behandelt hatte, da war ihm die Galle übergelaufen.

Das schlimmste war, daß Madame Laure nicht die einzige war, die ihn wie einen Aussätzigen behandelte.

Alle taten, als kennten sie ihn nicht mehr.

Die Schustersfrau, die Schlächtermeisterin, alle wandten sich verächtlich von ihm ab. Die ganze Gesellschaft in dem Viertel wollte nichts mehr von ihm wissen.

Also bloß, weil er vierzehn Tage gesessen hatte, war er nun nicht mehr gut genug, Gemüse zu verkaufen! War das wohl gerecht? Hatte es Sinn und Verstand, einen alten braven Mann Hungers sterben zu lassen, einzig und allein, weil er mit einem ›Polypen‹ in Konflikt geraten war?

Wenn er sein Gemüse nicht mehr los wurde, so konnte er sich nur hinlegen und krepieren.

Das erbitterte den Alten.

Nach seinem Streit mit Madame Laure hatte er Händel über Händel. Um die geringste Kleinigkeit stritt er. Mit den Kunden war er grob und ungeduldig. In der Wirtsstube zankte er mit allen, so daß sein Freund, der Kastanienhändler, ihn nur noch ›altes Stachelschwein‹ nannte.

Das Unglück machte ihn ungerecht. Er rächte sich an denen, die nichts Böses gegen ihn im Sinn hatten, und oft auch an Schwächeren. So gab er eines Tages dem kleinen Alphonse, dem Sohn eines Weinhändlers, eine Ohrfeige, als das Kind ihn fragte, ob es schön sei im Gefängnis. »Unverschämter Bengel«, schalt er, »wenn es nach Recht und Gerechtigkeit ginge, so säße dein Vater im Loch, anstatt reich zu werden bei seinen Giftmischereien.«

Wort und Handlung machten ihm keine Ehre, denn wie sein Freund, der Kastanienverkäufer, ihm gerechterweise vorwarf – Kinder soll man nicht schlagen und ihnen nicht ihre Eltern vorwerfen, die sie sich ja nicht selbst gewählt haben.

Er fing an zu trinken. Je weniger er verdiente, desto mehr trank er.

Oft verpaßte er nun in den Markthallen frühmorgens die Anfuhr und den Großverkauf der Gemüse, dann mußte er alte, verdorbene Ware nehmen, die man ihm auf Kredit gab.

Einmal fühlte er sich an Leib und Seele so matt und gebrochen, daß er seinen Wagen in der Remise stehen ließ. Den ganzen Tag verbrachte er in den Wirtshäusern bei den Markthallen, und abends saß er zusammengekauert und bedrückt auf einem ungestülpten Korb und grämte sich über seine Verkommenheit.

Kurz und gut, Crainquebille war moralisch vernichtet. Wenn einer erst soweit ist, so kommt er nicht mehr in die Höhe, und die Menschen verhöhnen ihn, statt ihm zu helfen.

Das Elend kam, das schwarze Elend. Der alte Mann, der früher aus der Vorstadt Montmartre die Taschen voll Fünf-Franc-Stücken zurückbrachte, hatte jetzt keinen Sou mehr.

Es war Winter. Aus seinem Verschlag war er ausgewiesen, nun schlief er in einer Remise. Es regnete seit vierundzwanzig Stunden, die Abzugskanäle waren verstopft, die Gossen liefen über, und die Remise stand unter Wasser.

Crainquebille saß zusammengekauert in seinem Wagen über den stinkenden Pfützen und starrte dumpf brütend vor sich hin. Ihn fror.

Er dachte an die beiden Wochen, da ihm die Stadt Nahrung und Wohnung gegeben hatte. Er beneidete die Gefangenen, die weder Hunger noch Kälte zu leiden hatten, und plötzlich kam ihm ein Einfall: ›Ich kenn' ja jetzt den Kniff‹, sagte er sich, ›warum sollte ich ihn nicht gebrauchen.‹

Er stand auf und ging auf die Straße hinaus. Es mochte eben elf Uhr sein. Die Nacht war dunkel und rauh, und es regnete.

Crainquebille ging an der St. Eustache-Kirche vorüber und bog in die Rue Montmartre ein. Sie lag verödet da. Nur ein Schutzmann stand auf dem Trottoir hinter der Kirche an einen Laternenpfahl gelehnt, und der feine rieselnde Regen bildete einen rötlichen Dunst um das Gaslicht.

Die Unbeweglichkeit des Polizisten hatte etwas Übermenschliches. Der Widerschein seiner Stiefel auf dem nassen Trottoir, das wie ein See aussah, verlängerte ihn nach unten und gab ihm das Aussehen eines amphibischen Ungeheuers.

Seine groben Gesichtszüge, die durch den Schatten der Kapuze noch vergrößert wurden, hatten etwas Friedliches und Trauriges.

Crainquebille näherte sich ihm leise und sagte mit zögernder schwacher Stimme:

»Verfluchter Polyp.«

Dann wartete er auf die Wirkung dieser berüchtigten Worte. Aber die Wirkung blieb aus. Der Schutzmann blieb stumm. Aus seinen großen, weit geöffneten Augen, die im Dunkel leuchteten, blickte er auf Crainquebille voll Traurigkeit,

Wachsamkeit und Verachtung. Crainquebille war ganz verwundert, aber mit einem Rest von Energie stammelte er:

»Verfluchter Polyp – das gilt Ihnen.«

Ein langes Schweigen folgte. Dann sprach der alte Polizist: »Das müssen Sie nicht sagen. Wahr und gewiß, das müssen Sie nicht sagen. Wenn man so alt ist wie Sie, sollte man vernünftiger sein. Gehen Sie Ihrer Wege.«

»Warum arretieren Sie mich nicht?« fragte Crainquebille.

Der Schutzmann schüttelte den Kopf unter seiner nassen Kapuze: »Wenn wir all die Krakeeler einstecken wollten«, sagte er, »die sagen, was sie nicht sagen dürfen, dann hätten wir viel zu tun!«

Crainquebille knickte zusammen bei dieser ungeheuren Verachtung. Betäubt und stumm blieb er lange Zeit im Rinnstein stehen. Ehe er weiterging, versuchte er eine Erklärung.

»Es war auch nicht für Sie, daß ich ›Verfluchter Polyp‹ gesagt habe, und auch für keinen andern – es war nur so eine Idee.«

»Das ist ganz einerlei, warum Sie es gesagt haben«, erwiderte der Schutzmann mit herber Sanftmut. »Aber wenn ein Mensch seine Pflicht tut und viele Strapazen ausstehen muß, so soll man ihn nicht durch müßige Worte beleidigen. Ich wiederhole, gehen Sie Ihrer Wege.«

Crainquebille senkte den Kopf und wankte langsam mit hängenden Armen durch den Regen in die finstere Nacht hinein.

UNGARN

György Moldova

Diener des Gesetzes

Die Herren fragen mich, welcher Verbrecher mein schwerster Widersacher gewesen ist in den dreißig Jahren, die ich im Dienst der Polizei verbracht habe. – Markos, der pensionierte Kriminalbeamte, dachte nach. – Mit Hunderten von Mördern, Dieben, Gaunern und schweren Ganoven hatte ich zu tun, aber wenn wir alle auf einen Haufen brächten, würde keiner dem ›Diener des Gesetzes‹ an Beherztheit, Logik, kluger Handlungsplanung und Ausführung das Wasser reichen können.

Der ›Diener des Gesetzes‹ meldete sich zum ersten Mal Anfang der siebziger Jahre, da dachte ich noch nicht, daß ich vor einem mehr als fünfjährigen, oft hoffnungslos scheinenden Kampf stünde. Doch kommen wir zur Sache. Eines Nachts fand man am Stadtrand auf der Straße nach Budakeszi, dort wo die aus Budapest kommenden Autos gewohnt sind, plötzlich zu beschleunigen, und die städtische Beleuchtung schlechter als anderswo ist, einen etwa fünfundzwanzig Jahre alten Mann auf der Fahrbahn. Man hatte ihn niedergeschlagen, und es war das reinste Wunder, daß ihn keiner tödlich überfahren hatte. Der junge Mann, er gehörte, wie sich später herausstellte, zur Fußballauswahlmannschaft, kam im Krankenhaus schnell zu sich, konnte aber keine Personbeschreibung von seinem Angreifer geben. Er hatte in einer Waldschenke zu Abend gegessen, war gerade vom Parkplatz losgefahren, als nach einigen Metern ein Kreuzbalken die Straße versperrte. Er stieg aus, bückte sich, um den Balken fortzuschieben, da wurde er von hinten niedergeschlagen. Der Attentäter rührte das Auto nicht an und nahm dem Fußballer weder das Portemonnaie fort noch andere Wertgegenstände: Materielle Gründe hatten ihn offenbar nicht geleitet. Wir fragten den Fußballer, ob er Feinde habe, Widersacher, die er verdächtige, er zuckte nur die Achseln.

Der zum Tatort gebrachte Hund nahm die Witterung auf und lief, an der Leine zerrend, einen Waldweg entlang, zuckte aber nach einigen hundert Metern winselnd zurück. Der Fliehende hatte einen herkömmlichen und sicheren Trick angewandt, er hatte gemahlenen Pfeffer hinter sich gestreut. Der Täter hinterließ keine Spur, sofern man nicht ein rundes Bild berücksichtigt, die Darstellung der Justitia, ausgeschnitten aus einem Heft oder dem Einband einer Broschüre. Es zeigte die Göttin der Gerechtigkeit in der üblichen Pose mit verbundenen Augen, die Waage in der Hand. Auf der Rückseite der Papierscheibe standen drei, mit der Maschine geschriebene Worte: DIENER DES GESETZES. Man konnte nicht mit voller Sicherheit bestimmen, ob das Stück Karton zufällig aus einem fahrenden Auto gefallen war, oder ob es absichtlich an den Straßenrand gelegt worden war.

Erst einige Monate später wurde das am Schauplatz eines neuen Verbrechens klar. Der ›Diener des Gesetzes‹ hatte dieses Mal die Villa eines Chefingenieurs in Brand gesteckt. Während das Attentat auf den Fußballer von einer bewußten Grausamkeit gekennzeichnet war, konnte man in diesem Fall von einer auf humane Art ausgeführten Brandstiftung reden. Der Brandstifter wählte die einzige Stunde des Tages, in der sich niemand in der Villa aufhielt. Die Art der Durchführung hätte einem professionellen Feuerwerker zur Ehre gereicht: Die

Brandsätze waren in nicht sofort erkennbare Speicher- und Kellerecken gelegt worden, und aus sieben oder acht Nestern loderte gleichzeitig das Feuer auf, so daß sich dem von unten und von oben brennenden Haus die Feuerwehrmänner nicht mehr nähern konnten. Am Tatort blieb, wie ich bereits sagte, nur ein Hinweis: Das runde Papieremblem, die Abbildung der Justitia mit der Inschrift auf der Rückseite.

Diesem Emblem begegneten wir danach immer häufiger, ohne daß wir vorher Schutzmaßnahmen treffen konnten, weil der Täter in unregelmäßigen Zeitspannen auftrat und die Schauplätze wechselte. Sein Aktionsradius erstreckte sich von der Budapester Innenstadt bis zu den Feriensiedlungen in den Bergen. Auch die Gewichtigkeit der durch die Embleme gekennzeichneten Straftaten bewegte sich in weiten Grenzen: Einer leichten Körperverletzung folgte unter Umständen ein lebensgefährlicher Anschlag. Eine Anzeige, der ›Diener des Gesetzes‹ habe anonym eine erhebliche Geldsumme – viele tausend Forint – einer Werksbücherei geschickt, machte den Fall total irreal. Wir sahen uns die Zahlkarte an, auf der Rückseite der mit Schreibmaschine ausgefüllten Anweisung, in der Spalte für private Mitteilungen des Absenders, stand tatsächlich: Zur Förderung der Bücherei, hochachtungsvoll, ›Diener des Gesetzes‹.

Mit dem Fall ›Diener des Gesetzes‹ beschäftigte sich nicht nur einer, sondern wie es der gewachsenen Gewohnheit der Polizeiarbeit entspricht, denn die Zeit der einsamen und genialen Meisterdetektive ist, wie wir wissen, vorbei, eine acht- bis neunköpfige Gruppe. Während unserer sich viele Stunden hinziehenden Sitzungen fand ich, daß nur ein Gedanke – der Dienstälteste unserer Gruppe hatte ihn – Aufmerksamkeit verdiente: Die präzise Technik, die der ›Diener des Gesetzes‹ beim Niederbrennen der Villa angewandt hatte, sein schnelles und entschlossenes Handeln deuteten darauf hin, daß er bei einer bewaffneten Formation, möglicherweise bei der Polizei, gearbeitet hatte. In der praktischen Detektivarbeit erreichten wir ebenfalls nicht viel, deckten nur einige Kleinigkeiten auf, zum Beispiel die Herkunft der Embleme. Sie waren aus den Deckeln broschierter Ausgaben über elementare Rechtskenntnisse geschnitten. Diese Publikationen aber hatten eine Auflagenhöhe von anderthalb Millionen.

Die sich hinschleppende Fahndung nahm den Leuten den Mut. Sie erhielten zwar keine offizielle Abberufung von dem Fall, aber sie beschäftigten sich immer weniger und nur gezwungenermaßen mit ihm. Nur ich konnte mich nicht aus dem Zauberkreis lösen. Nach annähernd dreißigjähriger Dienstzeit war ich die analphabetischen Mörder, die durchsichtigen Gauner leid. Ich stand kurz vor der Pensionierung und hätte mich gern mit einem denkwürdigen Glanzstück verabschiedet. Bei diesem Fall, das spürte ich, stand ich einem ebenbürtigen Gegner gegenüber. Es ist vielleicht eigenartig, so etwas von einem Polizeioffizier zu hören, aber unbewußt schätzte ich diesen korrekten Verbrecher, den keine materiellen Belange leiteten.

Nach zwei Jahren entdeckte ich ein Element, das in allen Fällen vorhanden war: Jeder Geschädigte hatte einige Monate vor dem Zugriff des ›Dieners des Gesetzes‹ mit dem Gericht zu tun gehabt, war so oder so in einen Prozeß verwickelt gewesen, und zwar vor derselben Kammer eines der Budapester Bezirksgerichte. Es schien unverständlich und unfaßbar, daß sämtliche Betroffenen über einen die Fahndung so fundamental beeinflussenden Umstand geschwiegen hatten. Aber darüber wollte ich nicht nachgrübeln. Die Entdeckung hatte mich in solche Erregung versetzt, daß ich nicht abwarten wollte, bis das fragliche Prozeßmaterial offiziell angefordert war, sondern selber zum Gericht lief. Selbstverständlich meldete ich mich zuerst beim Gerichtspräsidenten. Ich wollte von ihm die Erlaubnis und die Anweisung zu meinen Nachforschungen erwirken.

Der Präsident zuckte die Achseln: In sechs Etagen dieses Gebäudes verhandelt man die Prozesse aus vier Budapester Bezirken, mindestens tausend Menschen arbeiten hier ständig, und zu Tausenden verkehren hier Rechtsanwälte, Zeugen, Verdächtige. Schließlich empfahl er mir, mich an Richter Gimesy zu wenden, denn ein unter seiner Leitung stehender Senat hatte sich mit den meisten, mich interessierenden Fällen beschäftigt. Er riet mir noch, nicht mit einem allzu freundlichen Empfang zu rechnen.

Gimesy war ein großer, magerer Mann mit gebeugtem Rükken, seine Zähne waren gelb vom vielen Rauchen – selbst während unseres kurzen Gesprächs steckte er sich mindestens drei Zigaretten an. Als ich ihm meinen Dienstausweis zeigte, zuckten seine Augen feindlich, und starr verschloß er sich jeder Hilfeleistung. Er sagte, daß alles, was er für wichtig befunden hatte, in den Prozeßakten angemerkt sei und verwies mich ins Archiv. Ich fand sein Verhalten eigenartig, aber da er intra dominium war, sah ich mich gezwungen, zu gehen.

Das Archiv führte ein Gelegenheitsadministrator, ein ehemaliger Amtsdiener, der von seinem Rentendasein zu einer achtundzwanzigstündigen Arbeit im Monat zurückgekehrt war. Während er die Akten suchte, kamen wir ins Gespräch, und es tat gut, nach den schlechten Manieren des Gimesy freundliche Worte zu hören. Der Alte hieß Matthias Kantor, er hatte wenige Monate zuvor noch als Saalaufsicht bei Gericht gedient und erzählte lächelnd, daß er ohne besondere Anstrengung den Verhandlungssaal oder die Gänge von randalierenden und sich zankenden Subjekten hätte freiräumen können. Tatsächlich deutete sein Äußeres nicht darauf hin, daß er bereits hoch in den Sechzigern stand. Zu meiner Überraschung fanden wir auch nicht einen der gesuchten Akten an ihrem im

Verzeichnis angegebenen Platz. Der alte Amtsdiener geriet außer sich.

»Sehen Sie bitte selber nach. Hier auf dem Regal fehlt eine ganze Serie. Eine Sauwirtschaft ist das. Hier geht jeder ein und aus, nimmt mit, was er will, und ich plage mich umsonst ab.«

Ich mußte ihn trösten. Ich fragte ihn, ob er sich denken könnte, warum einer diese Akten mitgenommen hatte, und ob er irgendeinen im Verdacht habe. Der Alte schüttelte nur den Kopf. Ich fand Matthias Kantor liebenswürdig und hielt ihn für zuverlässig. Ich bat ihn, ohne alles Aufsehen nach den verschwundenen Akten zu forschen. Wir vereinbarten, daß ich ihn nach ungefähr drei Wochen wieder aufsuchen würde.

Es gelang, wenn auch unter Schwierigkeiten, einen großen Teil der Akten, nach denen ich mich erkundigt hatte, wieder herbeizuschaffen. Die Betroffenen in Sachen ›Diener des Gesetzes‹ hatten meist ein Exemplar behalten.

Als ich die Prozeßakten durchlas, fiel es mir schwer, aufkommende spontane Anerkennung und Sympathie gegenüber dem ›Diener des Gesetzes‹ zu unterdrücken. Jedes seiner Opfer war zwar siegreich aus seinem Prozeß hervorgegangen, die Beschlüsse aber waren ganz offensichtlich sowohl durch rechtsanwaltliche Spitzfindigkeit und Paragraphenreiterei wie auch durch die Unfähigkeit und Hilflosigkeit der Geschädigten, sich zu verteidigen, beeinflußt.

Der Fußballer, der vom ›Diener des Gesetzes‹ niedergeschlagen und auf die Fahrbahn geworfen worden war, hatte mit seinem Auto einige Monate zuvor einen alten Mann auf dem Fußgängerstreifen überfahren. Der Mann war gestorben. Aus den Akten war zu ersehen, daß sich im Interesse des Fußballers verschiedene hochrangige Persönlichkeiten und Organisationen stark gemacht hatten, und selbst das Ministerium war bemüht gewesen, das Überfahren eines Menschen als belanglos hinzustellen. Vorher nicht benannte Zeugen bekundeten, daß sie das Unfallopfer öfters betrunken gesehen hatten, der Mann kurzsichtig gewesen sei, aber keine Brille getragen habe. So konnte es geschehen, daß der gutgläubige aber überarbeitete Senat nur drei Monate Gefängnis mit Bewährung verhängt hatte für das Überfahren eines Menschen.

Der Fall des Chefingenieurs, dessen Villa auf dem Rosenhügel der ›Diener des Gesetzes‹ in Brand gesteckt hatte, hinterließ einen ähnlichen Eindruck. Hier hatte die Mutter gegen ihren Sohn einen Schadenersatzprozeß angestrengt, in dem sie klagte, sie habe ihr Dreizimmer-Landhaus auf das Versprechen ihres Sohnes hin, sie als Entgelt zu sich zu nehmen und für sie zu sorgen, verkauft. Der Ingenieur hatte die Verkaufssumme bekommen und für sein Haus verwendet. Ein halbes Jahr später jedoch ließ er seine Mutter unzurechnungsfähig erklären und in eine Irrenanstalt sperren. Die alte Frau nahm aus der Anstalt heraus den Kampf auf, aber das Urteil begünstigte den Chefingenieur.

Ich fand auch Material über die Bibliothekarin, an die der ›Diener des Gesetzes‹ Geld zur Förderung der Bibliothek überwiesen hatte, denn auch sie war vor Gericht als Klägerin aufgetreten, sie hatte den Direktor ihres Betriebes angezeigt. Er hatte nach ihren Angaben eine sechsbändige, volkswirtschaftliche Themen behandelnde Textsammlung aus der Bücherei entliehen, sie nicht zurückgebracht, die Leihfrist aber auch nicht verlängern lassen. Die Bibliothekarin meinte, die Verleihordnung träfe genauso auf den Direktor zu, wie auf den aus Szabolcs kommenden Hilfsarbeiter. Sie schickte einen Mahnbrief, und beauftragte, als sie auf wiederholtes Erinnern keine Antwort bekam, die Lohnabteilung, den Preis der Bücher vom Gehalt des Direktors abzuziehen. Ihr Vorgehen war vorschriftsmäßig, der Direktor konnte nichts dagegen einwenden, aber er fand einen Weg, sich zu rächen: Er erhöhte viele Jahre das Gehalt der Bibliothekarin nicht. Die Klägerin aber empfand es als noch benachteiligender, daß sie mit der Bücherei in einen Raum des nicht mehr benützten Versammlungsgebäudes umziehen mußte, und ein großer Teil der Bücher dort durch Feuchtigkeit zerstört wurde. Der Schaden belief sich auf mehrere tausend Forint, und trotzdem konnte das Gericht nichts anderes tun, als die Klage der Bibliothekarin abzuweisen. Sie mußte anerkennen, daß ein Direktor absolut darüber entscheiden kann, wo die verschiedenen Abteilungen seines Betriebes unterzubringen sind.

Nach dem Lesen der Prozeßakten war mir klar, warum die Betroffenen geschwiegen hatten; sie schämten sich ihrer Rolle. Weiteres klärte sich nicht auf, ich fühlte vielmehr, daß die Fahndungsarbeit drohte, noch verwickelter zu werden, denn in jedem Aktenstück steckten ein paar Menschen, die mit einigem Grund zu den gewaltsamen Methoden des ›Dieners des Gesetzes‹ hätten greifen können, um das ihnen zugefügte Unrecht zu vergelten. So gern ich bis zur Wahrheit vorgedrungen wäre, ich war am Ende meiner Kraft und konnte nur hoffen, bei dem Gericht, wo man diese Urteile gefällt hatte, eine brauchbare Spur zu finden.

Fortan verbrachte ich fast meine ganze Zeit bei Gericht, spazierte durch die Gänge, wohnte Verhandlungen bei. Manchmal traf ich auch Gimesy, ich zuckte zwar vor seinem bissigen, schlechten Benehmen zurück, sah aber ein, daß ich mich über mein Widerstreben hinwegsetzen mußte. Ich hielt ihn bei passender Gelegenheit an und bat ihn um ein Gespräch. Aber schon während er sich eine Zigarette anzündete, zeichnete sich Mißmut auf seinem Gesicht ab.

»Sie wünschen?«

»Wie erklären Sie, daß der ›Diener des Gesetzes‹ immer von solchen Fällen ausgeht, die in diesem Gerichtsgebäude verhandelt wurden, häufig sogar durch den Ihrer Führung unterstehenden Rat?«

»Ich weiß es nicht.«

»Was vermuten Sie?«

»Kann die Polizei neuerdings auch vorschreiben, daß ich etwas zu vermuten habe?«

Ich schluckte schwer. »Wer hat Zugang zu den Akten?«

»Jeder hatte und hat Zugang zu ihnen. Das wird sich auch nicht ändern, solange Rentner und die am schlechtesten bezahlten Administratoren des Landes sie verwalten. Im übrigen möchte ich Ihnen mitteilen, daß ich nicht gewillt bin, die Arbeit der Polizei zu erledigen. Wenn Sie sich für den Täter interessieren, dann ermitteltn Sie selber. Meine Arbeit beginnt, wenn Sie die Ihre beendet haben.«

Zu den erholsamen Stunden während meines unersprießlichen Nachforschens zählte die Zeit, die ich im Archiv zubrachte. Ich hatte mich mit dem alten Amtsdiener angefreundet. Er war ein einsamer Junggeselle mit weitverzweigten Interessen. Ich fragte ihn nach seiner Meinung über Gimesy. Der Alte antwortete ausweichend. An der Art aber, wie er seinen Kopf schüttelte, konnte man erkennen, daß er nicht begeistert von ihm war.

Möglich, daß mich Wut leitete, ausgelöst durch Gimesys unerträgliches Benehmen, jedenfalls begann ich die Fahndung mit ihm. Ich verschaffte mir einen Brief, den man auf der Schreibmaschine in seinem Büro geschrieben hatte und übergab ihn unseren Fachleuten zu einem Vergleich mit der auf der Rückseite der Justitia-Embleme gefundenen Maschinenschrift. Die Fachleute hielten es für möglich, daß beide Schriften von derselben Maschine stammten. Ich beschloß, zum Gerichtspräsidenten zu gehen und um Gimesys Personalakte zu bitten. Indessen kam etwas dazwischen und ich konnte erst nach zwei Wochen zum Gericht gehen. Mir fiel auf, daß an der Straßenfassade des Gebäudes eine schwarze Fahne hing. Ich fragte den Gerichtspräsidenten, wen man betrauere.

»Wir haben unseren alten, guten Kollegen Dr. Gimesy verloren. Ein Infarkt hat ihn weggerafft. Die mit seiner verantwortungsvollen Arbeit verbundene Aufregung, die vielen Zigaretten . . .«

Ich konnte in meiner Bestürzung nichts sagen, konnte auch nicht sofort entscheiden, ob es sich lohnte, Ermittlungen gegen einen Toten anzustellen. Aber ich wollte den nunmehr seit Jahren sich hinschleppenden Fall ›Diener des Gesetzes‹ zum Abschluß bringen, deshalb bat ich den Präsidenten mir zu erlauben, Einsicht in Gimesys Personalakte zu nehmen und seinen Schreibtisch zu untersuchen. Der Präsident willigte nach einigem Zögern ein.

In den Personalakten fand ich wenig Interessantes. Alle Angaben deuteten darauf hin, daß Gimesy zu den gebildetsten, aber auch zu den am schwierigsten zu behandelnden Menschen zählte. Möglicherweise war sein arroganter und verletzender Ton, in dem er mit mir geredet hatte, ein generelles Charakteristikum. Ich ging in sein Büro und verriegelte die Tür hinter mir. Der Gerichtspräsident hatte mir einen Schlüsselbund übergeben, mit ihm öffnete ich der Reihe nach die Schreibtischladen und sah alle Papiere durch. Ich förderte nichts Wichtiges zutage und begann, in meinem Hoffen ein wenig ernüchtert, mit der Prüfung der Regale. Unvermutet fand ich nach ungefähr dreistündigem Suchen die restlichen Akten, nach denen ich bisher Monate vergebens geforscht hatte. Die unberührte Staubschicht auf ihnen deutete an, daß sie dort bereits seit langem lagerten. Auf dem Nebengestell fand ich die Broschüren, aus denen die runden, die Göttin der Gerechtigkeit darstellenden Embleme herausgeschnitten waren. Daraufhin durchsuchten wir Gimesys Wohnung und fanden einige Zündkapseln, wie sie die im Bergwerk arbeitenden Hauer, die »Gedinghäuer«, zum Absprengen benutzten. Nach Meinung unserer Fachleute war anzunehmen, daß die Villa des Ingenieurs mit solchen Zündkapseln in Brand gesetzt worden war.

Damit hatte sich mein Auftrag erledigt. Ich ging ins Archiv, um mich von dem alten Amtsdiener zu verabschieden und ihm von den Geschehnissen zu berichten. Matthias Kantor war aufrichtig erschüttert.

»Ich hätte Ihnen gern schon früher etwas erzählt, Genosse Hauptmann, aber ich hatte Angst, die Ermittlungen damit in eine falsche Richtung zu lenken. Ich verstand mich leidlich gut mit Richter Gimesy. Ich reparierte in seiner Wohnung die Wasserleitung, die Öfen, wir sprachen viel miteinander, ich kannte verschiedene Episoden aus seinem Leben. Eine, denke ich, erklärt nachträglich manches. Gimesy ist in einer kleinen Grenzstadt geboren. Er stammte aus einer alten Juristenfamilie, ein beträchtliches Vermögen war vorhanden, er aber nahm seit seiner Schülerzeit an einer linksgerichteten Bewegung teil. Man sperrte ihn ein, trotzdem machte er weiter. Man schickte ihn mit einer Strafkompanie nach Serbien, er floh dort und ging zu den Partisanen. Zu Hause verhafteten die sich in Richtung Österreich absetzenden Pfeilkreuzler seine Eltern als kommunistische Sympathisanten und exekutierten sie in den letzten Kriegstagen. Gimesy kam zurück, als Partisan, mit der Waffe in der Hand. 1945 ernannte man ihn zum Polizeihauptmann seiner Geburtsstadt. In der kleinen Grenzstadt erwischte er immer wieder Faschisten, die sich nach Westen absetzen wollten. Er selber begleitete sie in Gruppen nach Budapest. Das Volksgericht dort aber sprach diese Pfeilkreuzler einen nach dem anderen frei, verhängte höchstens eine Gefängnisstrafe mit Bewährung. Nachdem die vierte Gruppe straffrei ausgegangen war, beschloß Gimesy, keinen mehr nach Budapest zu bringen, sondern die Sache selber in die Hand zu nehmen. Er wollte die Gefangenen aber nicht grundlos vor seinen Untergebenen und den Wärtern erschießen, deshalb suchte er Händel mit ihnen, provozierte sie so lange, bis sie handgreiflich wurden und zu fliehen versuchten. Er konnte dann vorschriftsmäßig von seiner Waffe Gebrauch machen. Irgendwer zeigte die Vorfälle an und Gimesy wurde verhaftet. Im Hinblick auf seine Verdienste und seine Jugend, er hatte zur Zeit der Verhandlungen sein zwanzigstes Lebensjahr noch nicht vollendet, kam er mit einigen Monaten davon. Das Gericht hätte ihn möglicherweise sogar freigesprochen, Gimesy aber dachte nicht daran, seine Schuld zu beschönigen, er sagte, wenn er könnte, täte er alles noch einmal.

»Konnte er mit dieser Vergangenheit Richter werden?«

»Er war schon fast dreißig, als er zur Universität ging und hat danach noch viel auszustehen gehabt. Vielleicht war er deswegen ein so verbitterter Mensch.«

Gimesys Neigung zur Selbstjustiz paßte in das Bild, das sich in uns vom ›Diener des Gesetzes‹ gerundet hatte. Ich dankte dem alten Amtsdiener für seine Aufklärung. Er bat mich, zu keinem etwas über unser Gespräch verlauten zu lassen, er befürchtete, Ärger zu bekommen.

Der Fall war damit abgeschlossen, es war nur noch ein zusammenfassender Bericht zu schreiben, um endgültig Protokolle und Fahndungsberichte ablegen zu können. Die Aufgabe blieb an mir hängen, da ich mit dem Fall am besten vertraut war, und noch einmal sah ich die Ergebnisse der fünfjährigen Fahndung durch. Anstatt mich zu beruhigen, wuchsen in mir während meiner Arbeit Fragen, auf die ich keine befriedigende Antwort fand. Wie hatte der körperlich schwächliche Gimesy die Kraft verlangenden Aktionen als ›Diener des Gesetzes‹ bewältigen können? Vielleicht hatte er, wie früher von uns bereits angenommen, nicht allein gearbeitet, sondern mit Verbündeten. Wer aber waren sie, und was war mit ihnen geschehen? Es gab noch einen anderen, ungelösten Punkt: Es ist fast unmöglich, daß ein Richter, selbst wenn er eine so extrem erregbare Natur ist, wie Gimesy sie war, seinen eigenen Urteilsspruch in dieser Art entwertet und ihm Kontra bietet. Es gab während meiner polizeilichen Laufbahn keinen Fall, der nicht ein Fragezeichen hinterlassen hat. Hier aber erschienen Anzahl und Gewicht höher als zulässig. Ich wandte mich an meinen unmittelbaren Vorgesetzten und meldete ihm, daß es mir unter diesen Umständen unmöglich sei, den Fall ›Diener des Gesetzes‹ zu einem befriedigenden Abschluß zu bringen.

»Welche Vorstellungen hast du?« fragte mein Vorgesetzter.

»Ich möchte einen letzten Versuch machen. Man müßte auf dem Gericht einen Fall in Umlauf setzen, der die Aufmerksamkeit derer auf sich zieht, die möglicherweise mit Gimesy, beziehungsweise mit dem ›Diener des Gesetzes‹, in Verbindung gestanden haben.«

»Was erwartest du davon?«

»Daß sie anbeißen und auftauchen. Den ›Köder‹ müßten natürlich einige Leute absichern, damit nicht passiert.«

»Bist du verrückt geworden? Sollen wir etwa einen Provokationsprozeß beginnen?«

»Ein Prozeß ist nicht nötig. Wir werden lediglich Akten in Umlauf setzen. Die Mühe lohnt, meiner Meinung nach, damit wir den Fall beruhigt abschließen können.«

Der Vorgesetzte erteilte die Genehmigung nicht, ich mußte gegen meine bessere Überzeugung den Abschlußbericht vorbereiten, aber ich ging an meinem ersten freien Tag aufs Bezirksgericht. Ich war sicher, wenn überhaupt eine Lösung zu finden war, dann nur dort. Ich hoffte, den alten Amtsdiener im Archiv anzutreffen, der auch glücklicherweise gerade seine Dienstwoche hatte.

Er sah mich verwundert an. »Was ist geschehen, Genosse Hauptmann?«

Es war nicht nötig, vor Matthias Kantor geheimnisvoll zu tun, er kannte den Verlauf der Ermittlungen. Ich sagte ihm, daß meiner Meinung nach der Fall nach dem Tod des Richters nicht aufgeklärt worden sei, wir noch nach einem, beziehungsweise nach mehreren Helfern fahnden müßten. Der Alte dachte nach.

»Ja, das ist möglich. Ich hoffe nur, Genosse Hauptmann, Sie haben die Geschichte, die ich Ihnen von Gimesy erzählte, nicht weitergegeben. Man hat mich ohnehin schon zu oft mit Ihnen gesehen.«

»Soll ich künftig das Archiv meiden?«

»Das ist nicht nötig. Ich sehe Sie immer gern. Ich habe das auch nur im Interesse der Fahndung gemeint.«

Ich ging immer wieder zum Gericht, setzte mich in Verhandlungen, las Prozeßakten durch.

Eines Tages traf ich Matthias Kantor nicht im Archiv an, obwohl er dem Arbeitsplan nach hätte da sein müssen. Ich hatte Gewissensbisse, mir fiel seine ständige Angst ein. Ich erkundigte mich nach seiner Adresse und ging noch am selben Abend zu ihm. Ich klopfte vergebens an, die herauskommenden Nachbarn berichteten, daß man ihn am Morgen im Rettungswagen fortgebracht hatte. Gasvergiftung. Dem Alten ging es schlecht, wir konnten erst nach einigen Tagen miteinander reden.

»Wie konnten Sie nur so unachtsam sein?«

Matthias Kantor dachte nach, als ob er abschätzte, wieviel auszusagen für mich wichtig sei.

»Ich habe, bevor ich mich hinlegte, nachgesehen, der Gashahn war geschlossen.«

»Wer hat ihn dann geöffnet?«

Er griff unter sein Kissen, legte die bekannte Papierscheibe auf die Decke.

Dieses niederträchtige Attentat war empörend. Mit dem ›Diener des Gesetzes‹ abzurechnen, war für mich nun eine persönliche Sache geworden. Ich machte mich bei meinen Vorgesetzten stark, um die Durchführung meines alten Planes zu erreichen, eine provokative Prozeßakte im gesamten Geschäftsbereich des Gerichts in Umlauf zu setzen. Ich bat, mir die Formulierung des Materials anzuvertrauen. Unserer Erfahrung nach waren es zumeist solche Fälle gewesen, in denen ein sozial und materiell überlegener Mensch seinen schwachen Gegner erniedrigt und gedemütigt hatte. Ich konnte unter mehreren Möglichkeiten wählen und nahm schließlich eine zehn Jahre zurückliegende, in der Provinz abgeschlossene Strafsache auf und formte sie der Situation entsprechend um. In dieser »Prozeßakte« unterläuft einem Chirurgen ein Fehler, an dessen Folgen der Patient stirbt. Die Angehörigen zeigen den Arzt an, der Fall kommt vor das zuständige Kreisgericht. Der Chirurg aber verteidigt sich so erfolgreich, daß er freigesprochen wird.

Die Rolle des Beklagten übernahm ein Freund von mir, ein junger Arzt. Ihn interessierte das Abenteuerliche dieser Aufgabe, er spielte gern den ›Köder‹. Da der ›Diener des Gesetzes‹ anscheinend sein Strafmaß nach dem biblischen ›Aug um Auge, Zahn um Zahn‹ festlegte, mußten wir uns auf den härtesten Gegenschlag gefaßt machen.

Die Tage vergingen, das Aktenstück hatte schon lange seine Runde gemacht und im Archiv einen Ruheplatz gefunden, aber der ›Diener des Gesetzes‹ meldete sich nicht. Ich kam dahinter, daß sich der Arzt wahrscheinlich in einem viel zu kleinen Umkreis bewegte, er ging meistens direkt von der Klinik nach Hause. Ich beschloß, dem ›Diener des Gesetzes‹ ein größeres Feld für seine Aktionen anzubieten. Wir gingen ins Theater, ins Kino, in Restaurants. Eines Abends wählten wir die Waldschenke hinter der Stadtgrenze von Budapest, in deren Nähe der ›Diener des Gesetzes‹ den Fußballer niedergeschlagen und auf die Fahrbahn geworfen hatte. Für diesen unübersichtlichen Ort hätte ich mindestens eine vierköpfige Einsatzmannschaft anfordern müssen. Die aber hätte Aufsehen erregt. Ich wollte selber die Sicherung meines Schutzbefohlenen übernehmen und hielt allein in der dämmrigen Beleuchtung, angelehnt an einen Baum, Wache. Alles verlief wie abgesprochen. Der Arzt aß zu Abend, hörte Musik und blieb mit den letzten Gästen. Wenige Minuten vor Mitternacht zahlte er und ging zum Parkplatz. Ich folgte ihm lautlos. Er griff in die Tasche, holte den Autoschlüssel heraus, beugte sich vor. In diesem Augenblick schnellte eine Hand unter dem Auto hervor und riß das Bein des Arztes weg. Ich sprang hinzu, schoß mit der Pistole in den Boden und rief unter das Auto: »Kommen Sie heraus!«

Nach kurzem Warten kroch Matthias Kantor, der alte Amtsdiener, unter dem Auto hervor.

Später, beim Verhör, sagte er: »Richter Gimesy wußte nichts von meinen Aktionen. Sie, Herr Hauptmann, haben mich erst mit Ihrem Verdacht auf die Idee gebracht. Vertraut allerdings machte ich mich mit ihm, nachdem Gimesy bereits tot war. Da brachte ich die Prozeßakten und die Broschüren, aus denen ich die Embleme ausgeschnitten hatte, in sein Büro und die Zündkapseln in seine Wohnung.«

»Sie haben von Gimesy erzählt, er hätte in den Westen fliehende Pfeilkreuzler gefangen genommen und erschossen. Oder ist das auch Ihre Geschichte?«

»Ja. Mit dem Unterschied, daß man mir nie verziehen hat. Es verfolgte mich mein ganzes Leben. Die Juristerei hätte mich brennend interessiert, ich durfte aber nicht zur Universität. Ich mußte Bergmann werden, wurde Fördermann, Hauer und hörte als Sprengmeister auf. Als ich fünfzig war, ging mein Kreuz kaputt, man setzte mich auf Rente. Jetzt endlich konnte ich meine Sehnsucht befriedigen. Ich meldete mich beim Gericht als Saalaufsicht. Tagelang verfolgte ich Verhandlungen. Ich gewann den Eindruck, daß es im Gesetz doch immer Hintertürchen gibt, durch die der Schuldige entwischen kann. Ich versuchte, mit dem einen oder anderen Richter ins Gespräch zu kommen, wollte von ihm eine Erklärung bekommen, aber ich entdeckte, daß es keine solche Erklärung gibt. Doch wenn ein Richter, vom Recht, vom Staat ernannt, seine Aufgabe nicht erkennt, ist es da nicht richtig, wenn ein Laie an seine Stelle tritt? Deshalb nahm ich die Akten abgeschlossener Fälle mit nach Hause, arbeitete sie erneut durch, sprach, wenn ich unzufrieden war, ein neues Urteil und fällte es auch.«

»Hatten Sie keine Angst?«

»Ich habe keine Familie und keinen Beruf mehr. Ich hatte nichts zu verlieren. Wenn ich könnte, finge ich heute noch einmal von vorn an.« Er nickte mir zu. »Im übrigen, ich gratuliere, Sie haben gut gearbeitet.«

»Die Sache mit dem Arzt war mein letzter Versuch. Wenn Sie sich nicht darauf gestürzt hätten, wären Sie vielleicht nie erwischt worden.«

»Möglich, aber das ist nicht wichtig. Ich sehe keinen Unterschied, auf welcher Seite des Gefängnisgitters wir leben. Alles Gute.«

Wie ich Ihnen, meine Herren, bereits sagte, war das auch mein letzter großer Fall. Ich habe in den restlichen Jahren bis zu meiner Pensionierung oft an den ›Diener des Gesetzes‹ gedacht, und ich muß sagen, ich habe nie wieder mit solcher Entschlossenheit gearbeitet.

POLEN

Jerzy Edigey

Die sieben goldenen Fragen

Aufgabe eines Untersuchungs- oder auch Ermittlungsverfahrens ist die genaue Aufklärung sämtlicher Umstände einer Tat oder einer Unterlassung. Die Feststellung also, ob es in dem gegebenen Fall um eine strafbare Handlung geht, die von gesetzeswegen zu bestrafen ist, die Auffindung des Täters dieser Tat, sowie die Untersuchung, in welcher Art und Weise diese Tat begangen worden ist. Um ein möglichst gerechtes Urteil fällen zu können, muß das Gericht das gesamte Untersuchungsmaterial – ergänzt durch die Tätigkeit der Verteidigung – in Händen halten.

Es ist also nicht verwunderlich, daß man von frühester Zeit an versuchte, die Methodik von Ermittlungen in irgendeiner Weise zu ordnen. Den Römern, deren Verdienste bei der Entwicklung des Zivil- und Strafrechtes außer Zweifel stehen, genügte die Definition »is fecit cui prodest« – der ist der Täter, dem es genützt hat. Dieser in seiner Einfachheit so geniale Grundsatz ist aber in unserem so komplizierten Zeitalter nicht mehr ausreichend. Deshalb bedienen sich auch die Kriminologie und die Kriminalistik bei der Untersuchung eines Deliktes heute anderer Methoden: sie suchen die Antwort auf sieben Fragen. Hier sind sie:
Was? Wer? Warum? Wo? Wann? Wie? Womit?

Nur eine detaillierte und erschöpfende Antwort auf alle

diese Fragen stellt einen Beweis dafür dar, daß das Untersuchungsverfahren unparteiisch und fehlerlos durchgeführt worden ist und das »Hohe Gericht« Unterlagen erhalten hat, aufgrund derer es – nach Durchführung einer Hauptverhandlung auf der Basis dieses Materials – das gerechtestmögliche Urteil fällen kann. Natürlich kann man theoretische Überlegungen anstellen, welche von diesen »sieben goldenen Fragen« – wie sie von den Autoren diverser Abhandlungen auf dem Gebiet der Kriminalistik gewöhnlich genannt werden – die wichtigste ist.

Mir scheint es allerdings, daß die Arbeit des Untersuchungsbeamten unvollständig ist, wenn auch nur eine einzige dieser Fragen unbeantwortet bleibt – und in einem solchen Fall kann der Erfolg der Gerechtigkeit Zweifel erwecken.

Hat man einmal festgestellt, worin die strafbare Handlung besteht und wer, auf welche Weise, wann, wo und womit sie begangen hat, dann könnte man meinen, daß die Antwort auf die letzte Frage, das »warum?« sehr einfach ist – da müßte doch die eben von mir zitierte römische Definition genügen. Und dennoch gibt es Untersuchungsverfahren, ja sogar Gerichtsurteile, bei denen niemand auf diese Frage eine Antwort zu geben wußte.

Natürlich muß man hier Delikte, die auf Rowdytum hinweisen, sowie Sexualdelikte ausklammern, in diesen Fällen ist ja die Antwort auf das »warum?« tatsächlich sehr einfach. Da geht es immer um eine Befriedigung des eigenen entarteten Geschlechtstriebes, oder auch um eine Zur-Schau-Stellung der eigenen Stärke oder Rücksichtslosigkeit. Das gleiche gilt für alle Taten, die in alkoholisiertem Zustand begangen worden sind.

Auch im Falle von sogenannten »Fahrlässigkeitsdelikten« – wie z. B. einer fahrlässigen Tötung durch einen Autolenker – ist die Antwort auf das »warum?« ziemlich einfach: der Lenker hat das Delikt infolge eines Fehlers beim Lenken des Fahrzeugs, oder auch infolge einer Übertretung der Vorschriften der Straßenverkehrsordnung begangen.

Im Laufe meiner recht langen Karriere als Rechtsanwalt und Gerichtsberichterstatter habe ich an einer großen Anzahl von Prozessen unterschiedlichster Natur teilgenommen und eine noch größere Anzahl von Prozeßakten gelesen und durchstudiert. Doch nur in einem einzigen Fall wurde ich mit der Tatsache konfrontiert, daß weder der Angeklagte, noch sein Verteidiger, weder der Untersuchungsrichter, noch der Staatsanwalt auf das »warum?« eine Antwort wußten.

Auch das Gericht fand in seiner Urteilsbegründung keine Antwort auf diese Frage. In Klammern möchte ich hinzufügen, daß bei der Antwort auf das »warum?« der Angeklagte und sein Verteidiger meist nach möglichst vielen »mildernden Umständen« suchen, die das Strafausmaß wesentlich beeinflussen können.

Dieser eine Fall ist jedoch für immer ein Rätsel geblieben, das nur in formeller Hinsicht gelöst worden ist.

Es war in Lodz. In einer der Vorstädte, in einem kleinen Häuschen mit Garten, wohnte ein gewisser Josef N. Er arbeitete in der nahegelegenen Textilfabrik. Er hatte eine Frau, Irene, und drei kleine Kinder. Zwei Söhne und ein Töchterchen. Der älteste Sohn war knapp sieben Jahre alt, der jüngste wurde bald drei. Die Frau arbeitete nicht, sie kümmerte sich um das Haus und die Kinder. Natürlich ging es der Familie nicht allzu gut. Ein kleiner Gemüsegarten, ein paar Hühner und ein ewig quiekendes Schweinchen besserten das Haushaltsbudget ein bißchen auf.

Nach Meinung der Nachbarn war Josef N. ein ruhiger, anständiger Mensch. Er trank nicht, er stritt mit niemandem und schlug auch seine Frau nicht. Die Ehe galt als gut. Andere Frauen beneideten sogar Frau Irene um ihren Mann.

Sie ging aus dem Haus und kam nicht mehr zurück

Eines Tages erschien Josef N. bei der Miliz und meldete das geheimnisvolle Verschwinden seiner Frau. Frau Irene sei in der Früh aus dem Haus gegangen und hätte den jüngsten Sohn mitgenommen. Die Frau hätte eine gewisse Summe Geld bei sich gehabt und beabsichtigt, nach Tuszynek zu fahren – ein Städtchen auf halbem Weg zwischen Lodz und Piotrków – um dort ein paar Ferkel zu kaufen, was der Familie einen Fleisch- und Fettvorrat für den ganzen Winter garantieren sollte. Seit Frau Irene das Haus verlassen hätte, seien nun schon zwei Tage vergangen. Sie sei nicht zurückgekommen und hätte auch kein Lebenszeichen von sich gegeben.

Die Meldung wurde aufgenommen, und die Miliz begann mit den in solchen Fällen üblichen routinemäßigen Ermittlungen. Es wurde festgestellt, daß in Tuszynek an dem betreffenden Tag tatsächlich ein Markt abgehalten worden ist. Zu diesem Markt sind viele Leute angereist. Kaufleute aus Lodz und Piotrków, und Bauern aus den umliegenden Dörfern. Es sind viele Ferkel verkauft worden. Niemand hat allerdings die Namen der Käufer oder Verkäufer notiert. Unter den Käufern sind auch Frauen gewesen. War auch Frau Irene unter ihnen? Niemand konnte diese Frage beantworten. Es wurde auch überprüft, daß unter den Personen, die an dem betreffenden Tag einen Unfall erlitten hatten und in ein Krankenhaus eingeliefert worden sind, der Name von Josefs Frau nicht zu finden war. Sie war auch unter jenen Personen nicht zu finden, die von der Miliz angehalten wurden. Weder in Lodz, noch in Tuszynek, ja nicht einmal in Piotrków. Nichtsdestoweniger wurde dem verzweifelten Ehemann versprochen, daß die Miliz die Verschollene weiterhin – nun schon im gesamten Landesgebiet – suchen würde.

Es waren acht Tage vergangen, und wieder erschien Josef N. bei der Miliz. Er brachte einen Brief mit, den er nach der

Rückkehr von der Arbeit in seinem Postkästchen gefunden hatte. Der Poststempel auf dem Umschlag wies darauf hin, daß der Brief drei Tage zuvor in Piotrków aufgegeben worden war. Der Brief begann mit den Worten »Lieber Josef« und war mit »Irene N.« unterzeichnet. Frau Irene verständigte darin ihren Mann, daß sie dieses elende Vegetieren und dieses hoffnungslose Leben in Lodz satt hätte. Deshalb hätte sie sich auch entschlossen, mit dem jüngsten, von ihr am meisten geliebten Kind ihren Mann zu verlassen und ihr Glück anderswo zu versuchen. Sie hätte übrigens eine gute Stelle in Stettin in Aussicht. In ihrem Schreiben ließ Irene auch noch wissen, Josef N. sei stets ein guter, liebender Mann gewesen, es wäre jedoch für beide besser, wenn sie auseinandergingen.

Josef N. stellte fest, daß er hinsichtlich der Echtheit des Briefes keinerlei Zweifel hätte. Er hatte sogar irgendeinen alten Brief bei sich, den seine Frau einmal aus Danzig geschrieben hatte, wo ihre Eltern wohnten. Die Schrift schien vollkommen identisch zu sein. Graphologische Spezialuntersuchungen wurden allerdings nicht durchgeführt. Das war ja wirklich nicht notwendig. Jeden Tag laufen doch hunderte Frauen ihren Männern davon. Das ist doch keine Sensation. Auf Drängen von Josef N. wurde ihm also lediglich versichert, die Miliz würde sich an die zuständigen Behörden wenden, um die gegenwärtige Adresse von Frau Irene auszuforschen. Was jedoch ihre Rückkehr in das eheliche Heim anlange, das wären Dinge, die ausschließlich die betreffenden beiden erwachsenen Menschen untereinander auszumachen hätten.

Kurz darauf wurde festgestellt, daß Frau Irene sich an keinem neuen Wohnort angemeldet, und auch nicht aus Lodz abgemeldet hätte. Und dabei blieb es zunächst.

Nachrichten aus Stettin

Doch Josef N. wollte sich nicht so leicht mit seinem Verlust abfinden. Einen Monat später stattete er der Miliz neuerlich einen Besuch ab. Denn er hatte eben den nächsten Brief erhalten. Diesmal war er in Stettin in den Briefkasten geworfen worden. Frau Irene bat darin ihren Mann, er möge sie nicht suchen. Sie hätte eine Wohnung und eine gute Stelle gefunden. Der Sohn sei gesund und brav. Für alle Fälle schicke sie ihre Sozialversicherungskarte zurück. Sie würde sie nicht mehr benötigen, da sie sich eine neue beschafft hätte. Er hingegen könnte sie brauchen, falls eines der in Lodz verbliebenen Kinder krank würde und ärztliche Hilfe in Anspruch nehmen müßte.

Josef N. teilte der Miliz auch mit, daß er an seine Schwiegereltern in Danzig geschrieben habe. In dem Brief hätte er sie von Irenes Verschwinden verständigt und sie gebeten, ihm Irenes Adresse mitzuteilen. Doch leider, Irene hatte zwar an ihre Eltern geschrieben und sie von ihrer Entscheidung in Kenntnis gesetzt, doch auch ihnen hatte sie ihre Adresse nicht verraten.

Auch diesmal brachten die Bemühungen der Miliz, die Ausreißerin auszuforschen, nicht den geringsten Erfolg. Irene N. war in Polen nirgends gemeldet, oder sie bediente sich falscher Dokumente.

Die Monate vergingen. Der hartnäckige Arbeiter war häufiger Gast im Gebäude der Miliz. Immer wieder kam er mit der Forderung, man möge seine Frau finden und sie nach Lodz zurückholen. Er schrieb in dieser Sache sogar an den Rundfunk. Nach Ablauf eines Jahres beschloß die Miliz, das Verfahren einzustellen. Es wurde ja schließlich festgestellt, daß Irene N. laufend Briefe an ihre Eltern schrieb und durch deren Vermittlung über den Gesundheitszustand der beiden Kinder, die bei dem Ehemann geblieben sind, informiert wurde. Daß sie nicht zu ihm zurückkehren wollte und weder ihm, noch ihren Eltern ihre Adresse bekanntgab, das war schließlich ihre Sache. Offenbar befürchtete sie, Josef N. könnte in seinem Zureden, sie möge unter das eheliche Dach zurückkehren, zu weit gehen.

Auf alle Fälle holte die Miliz genaue Erkundigungen über den Arbeiter ein. Es wurde festgestellt, daß er seit über acht Jahren in der gleichen Fabrik arbeitete und dort einen ausgezeichneten Ruf genoß. Um die beiden älteren Kinder kümmerte er sich besonders sorgsam und bemühte sich, ihnen gleichzeitig Vater und Mutter zu sein. Es wurde auch noch festgestellt, daß Josef N. von Zeit zu Zeit sehr diskret einer gewissen Arbeitskollegin einen Besuch abstattete, doch war diese Beziehung erst nach Irenes Verschwinden entstanden. Das ist ja schließlich nur menschlich. Man kann schwer verlangen, ein noch junger Mann solle in Lodz so leben, wie einst der heilige Antonius in der Wüste.

Es gibt keine abgeschlossenen Fälle

Seit dem Verschwinden von Irene N. waren nun schon zwei Jahre vergangen. Ihr Mann erschien immer seltener bei der Miliz, um eine Auffindung seiner Frau zu verlangen. Es gab überhaupt keinen Grund dafür, das Untersuchungsverfahren wieder aufzurollen. Es waren keine neuen Umstände in der Sache bekannt geworden.

Doch weder bei der Miliz, noch bei der Staatsanwaltschaft gibt es definitiv abgeschlossene Fälle. In regelmäßigen Abständen werden alle eingestellten und nicht aufgeklärten Fälle noch einmal aufmerksam überprüft. Sie werden nochmals durchleuchtet, die Arbeit der Beamten, die den betreffenden Fall bearbeitet haben, wird nochmals analysiert, und es wird kontrolliert, ob nicht doch irgendein Fehler begangen worden war, der die Lösung des Rätsels unmöglich gemacht hatte.

Es ist an sich nicht verwunderlich, daß die Akte »Irene N.« das Interesse des Revisors, der die eingestellten Verfahren in der zuständigen Bezirksanwaltschaft zu überprüfen hatte, erweckte. Er leitete die Sache an die nächste Instanz weiter, d. h. an die Wojewodschaftsanwaltschaft. Zuvor schrieb er auf den Aktenumschlag: »Ein Mensch kann in Polen nicht spurlos verschwinden, wie ein Stein im Meer.«

In der Wojewodschaftsanwaltschaft kam die Sache in die Hände des Staatsanwaltes Marian Niesyto. Er überprüfte die Akten peinlich genau und kam zu dem gleichen Schluß wie der Revisor.

Auch ihm schien die Sache ein bißchen vernachlässigt worden zu sein. Man mußte Irene N. finden, um jeden Preis, lebendig oder tot. Auf Ersuchen des Staatsanwaltes begann die Miliz mit neuer Energie die Verschollene zu suchen. Und auch diesmal fand man keinerlei Spuren, die darauf hinwiesen, was mit dieser jungen, hübschen Frau geschehen sein könnte, oder warum sie sich immer versteckt hielt und sowohl ihrer Familie als auch ihrem Mann die Bekanntgabe ihrer Adresse verweigerte. Nach einigen Monaten erfolgloser Suchaktionen war aber die Sache neuerlich an einem toten Punkt angelangt.

Wird man die graue Aktenmappe wieder mit einer Schnur umbinden und sie auf das Regal mit der Aufschrift »eingestellte Fälle« legen müssen?

Doch der Staatsanwalt Marian Niesyto war ein sehr eigensinniger Mensch. Die Entscheidung über die Einstellung des Verfahrens befriedigte ihn ganz und gar nicht. Er beschloß daher, noch eine, eher riskante Hypothese zu prüfen. Er wandte sich also an die Eltern von Irene N., mit der Bitte, ihm die Briefe zu übermitteln, die ihre Tochter ihnen sowohl vor ihrem Verschwinden, als auch nach Verlassen der ehelichen Wohnung geschrieben hatte.

Warum hat der Buchstabe einen Bauch gekriegt?

Kaum hatte der eigensinnige Staatsanwalt den ganzen Stoß von Briefen in Händen, vertiefte er sich auch schon in das Studium dieser Schreiben. Ihres Inhalts und ihrer Form. Das Papier und die Umschläge waren immer die gleichen. Wie man sie in jedem Papiergeschäft in Polen kaufen kann. Der Stil und der Inhalt waren auch sehr ähnlich und erweckten keinerlei Zweifel. Der Schriftzug selbst war auf den ersten Blick auch identisch.

Und dennoch entdeckte der Staatsanwalt, der ja kein Graphologe war, nach einer sehr genauen Betrachtung aller mit Bleistift oder Kugelschreiber beschriebenen Blätter einen ganz bestimmten, wenn auch nur geringen Unterschied. Der Buchstabe »J« hatte in diesen letzten Briefen einen seltsamen Bauch gekriegt. Ursprünglich schrieb Frau Irene diesen Buchstaben mit einem ganz kleinen Bäuchlein. In den Briefen hingegen, die nach ihrer Abreise aus Lodz geschrieben worden sind, konnte sich das »J« bereits eines ganz schön runden, kreisförmigen Bauches rühmen.

Der Staatsanwalt fuhr also in die Fabrik, in der Josef N. arbeitete, und verlangte in der Personalabteilung die Herausgabe der Personalakte dieses Arbeiters. Unter diesen Dokumenten befand sich auch ein eigenhändig geschriebener Lebenslauf des Textilarbeiters, sowie auch andere von ihm verfaßte Schriften. Eines fiel dem Staatsanwalt Niesyto sofort auf. Die Handschrift beider Eheleute war scheinbar fast gleich. Und das bei einem Vergleich der Handschrift des Mannes mit den Briefen der Frau. Jenen früheren und jenen, die nach ihrem Verschwinden geschrieben worden waren.

Die Staatsanwaltschaft beschloß, die Lösung dieses Rätsels dem Institut für Kriminalistik in Warschau anzuvertrauen. Und so wurde der ganze Stoß von Schriften, sowohl jenen von Josef N. als auch jenen von seiner Frau, mit dem Ersuchen um ein graphologisches Gutachten nach Warschau geschickt.

Gleichzeitig wurde eine diskrete Beobachtung von Josef N. durchgeführt. Der Arbeiter hatte seinen Lebensstil nicht geändert. Er kümmerte sich auch weiterhin voller Sorgfalt um seine beiden Kinder. Er machte die ganze Hausarbeit selbst, einschließlich der Wäsche und der Ausbesserung von Kinderkleidung. Auch an seiner Arbeitsstätte hatte sein Fleiß nicht nachgelassen. Nur die Beziehung mit der Freundin war offenbar abgerissen. Sie arbeiteten zwar weiterhin in der gleichen Fabrik, doch der verlassene Ehemann besuchte sie nicht mehr. Er lebte einsam. Nicht einmal zu den allernächsten Nachbarn unterhielt er einen näheren Kontakt.

Die Gutachten aus Warschau stellten in seitenlangen Ausführungen der graphologischen Gutachter fest, daß alle Briefe von Irene N., die aus der Zeit nach ihrem Verschwinden stammten, sowie der Lebenslauf ihres Mannes von der gleichen Hand geschrieben wurden. Die Graphologen unterstützten ihre Behauptung durch die Ergebnisse der Vergrößerungen dieser Schriften, wodurch die vollkommene Gleichheit gewisser Buchstaben außer Zweifel gestellt wurde. Nicht nur jenes »J«, das die Aufmerksamkeit des Herrn Staatsanwaltes auf sich gelenkt hatte. Die Briefe mit früherem Datum hatte jemand anderer geschrieben.

Nun steckte der Staatsanwalt allerdings echt in der Klemme. Er hatte den Beweis eines Verbrechens in Händen, doch war dieser Beweis in den Augen des Gerichtes nicht viel wert. Nach den Regeln der modernen Kriminologie kann ein graphologisches Gutachten bloß einen ergänzenden Beweis darstellen, niemals jedoch einen ausschlaggebenden. Auf einen derartigen Beweis allein darf man eine Verurteilung nicht stützen. Es gibt diesbezüglich entsprechende Entscheide des Obersten Gerichtshofes. Und leider war in diesem Fall das graphologische Gutachten das einzige Beweisstück, das die Untersuchungsbehörde vorweisen konnte.

Der Überraschungseffekt

Man beschloß, die Methode der Überraschung anzuwenden. Als Josef N. eines Tages aus der Fabrik kam, traten zwei Beamte der Miliz zu ihm und baten ihn, mitzukommen. Auf alle Fragen betreffend den Grund der Anhaltung wurde ihm immer wieder nur kurz geantwortet: »Sie wissen schon selbst, warum.« Nach vierzig Stunden, die Josef N. in der Milizhaft verbracht hatte, wurde er in das Gebäude der Staatsanwaltschaft überstellt. Hier überreichte Staatsanwalt Niesyto Josef N. das Gutachten des Institutes für Kriminalistik. Kein Wort wurde gesprochen.

Der Textilarbeiter betrachtete zunächst neugierig die Aufnahmen bestimmter Fragmente der Briefe und des Lebenslaufes, die dem Gutachten beigeschlossen waren. Das waren vor allem vielfach vergrößerte einzelne Buchstaben. Vor allem jene unglückseligen »J«. Schließlich begann er den Text des Gutachtens selbst zu lesen. Als er zu der Schlußfolgerung kam, daß nämlich alle Briefe aus der Zeit nach dem Verschwinden seiner Frau von seiner eigenen Hand stammen – erblaßte er. Von der Stirne dieses Menschen begann der Schweiß in Strömen zu fließen. Der Staatsanwalt und die Untersuchungsbeamten sagten kein Wort.

Schließlich brach der Staatsanwalt das Schweigen.

»Warum haben Sie Ihre Frau umgebracht?«

Josef N. antwortete nicht, er wischte sich nur den Schweiß von der Stirne.

»Wo haben Sie die Leiche versteckt?«

Wieder Schweigen. Der Staatsanwalt wiederholte die Frage. Der Arbeiter antwortete nicht. Er wurde nur immer blasser. Es schien, als würde er gleich das Bewußtsein verlieren.

»Wo ist die Leiche Ihrer Frau?«

»Im Garten unter dem Apfelbaum«, stieß Josef N. hervor und fiel in Ohnmacht.

Im Zuge der darauffolgenden Einvernahmen beschrieb der Verdächtige den Mord an seiner Frau und seinem jüngsten Sohn in allen Einzelheiten. Die Leichen hatte er zunächst in seinem Garten unter dem Apfelbaum vergraben. Doch schon sehr bald war er zu dem Schluß gekommen, daß die Miliz ihn dieses Verbrechens beschuldigen und die Leichen bei ihm zu Hause oder in seiner unmittelbaren Umgebung suchen könnte. Deshalb hatte er auch nach ein paar Tagen die beiden Säcke mit den Leichen wieder ausgegraben und sie in der Nacht in den nahegelegenen Wald transportiert. Im Zuge eines Lokalaugenscheines zeigte er der Miliz die Stelle.

Auf eine Frage aber gab Josef N. niemals eine Antwort – weder dem Staatsanwalt, noch seinem Verteidiger: Warum er den Mord begangen hatte.

Sowohl der Vertreter der Anklage, als auch der Verteidiger erklärten dem Verbrecher eindringlichst, daß ein Schweigen seine Position bei der Verhandlung nur unvergleichlich schlechter machen würde. Vielleicht gibt es doch irgendwelche mildernden Umstände? Hat er seine Frau vielleicht umgebracht, weil er sie der Untreue verdächtigte? Oder hat er vielleicht während eines Streites die Kontrolle über sich selbst verloren?

»Mensch, rette doch Deinen Kopf«, versuchte der Verteidiger Josef N. klarzumachen.

Bei der Hauptverhandlung im Wojewodschaftsgericht in Lodz fiel Josef N. nicht mehr in Ohnmacht, er schwitzte auch nicht mehr. Er war ganz ruhig. Er zeigte weder Schmerz noch Reue. Er beschrieb den Tathergang so, als ginge es dabei nicht um ihn und um Personen, die früher seine Nächsten waren, sondern so, als würde er den Inhalt eines Action-Filmes nacherzählen. Als das Todesurteil verkündet wurde, lächelte er nur ganz leicht.

Die Verteidigung meldete Nichtigkeitsbeschwerde an.

Doch nicht einmal nach der Urteilsverkündung versuchte Josef N. sich zu verteidigen und verriet er das Geheimnis – warum? Er sagte es auch den Gefängniswärtern nicht. Auch auf seinem letzten Weg, von der Todeszelle zum Galgen, schwieg er.

Er nahm das Geheimnis mit ins Grab.

Betrachtet man die Tatsachen und Dokumente, die die Untersuchungsbehörde angesammelt hat, betrachtet man die Hauptverhandlung – dann erscheint das Urteil gegen den Doppelmörder gerecht. Wäre jedoch das Urteil genauso ausgefallen, hätte Josef N. auf alle sieben goldenen Fragen geantwortet?

Dennoch zog er es vor, zu schweigen.

Warum?

VEREINIGTE STAATEN

Helen Nielsen

Kein verläßlicher Zeuge

Es war Mord, obwohl Totschlag ein treffenderer Begriff gewesen wäre – vielleicht auch Meuchelmord. Naomi Shawn blieb bei ›Mord‹, da ihr dieses Wort seltsamerweise vertraut war. Das Verbrechen, wie man es auch nennen mochte, wurde an einem verwirrten Bürger begangen, einem gewissen Henry Babcock, dessen Hinrichtungsplatz der Zeugenstand in Judge Duttons Kammer war.

Henry Babcock befand sich in einer ähnlichen Situation wie die verstorbene Agnes Thompson, Hausfrau, die von einem Mercedes-Benz überfahren und daraufhin beerdigt wurde. Auch Henry wurde beerdigt, hatte indes den unbequemen Nachteil, nicht tot zu sein.

Naomi verfolgte, von ihrem Platz im Zuschauerraum aus, mit faszinierten Augen die Verhandlung. Arnold Shawn war ein Mann von erregender Männlichkeit, überwältigendem Charme und intellektueller Gewandtheit. Er war Dramatiker, Stratege, Psychologe und konnte, falls nötig, eine poetische Ader offenbaren. Mit fünfzig sah er besser aus als mit fünfundzwanzig, war zuversichtlicher, erfolgreicher, gefürchteter und gehaßter. Er war ein Rechtsanwalt, der sich seine Klienten mit peinlicher Sorgfalt aussuchte, wobei seine Entscheidung einzig und allein von ihrer Zahlungsfähigkeit abhing. Sobald jedoch ein Vorschuß eingegangen war, konnte der Angeklagte so beruhigt sein, wie es einem Angeklagten nur möglich ist: sein Schicksal lag in den Händen eines so durchtriebenen Juristen, wie man ihn mit Geld nur kaufen kann.

Und des größten Schufts.

Naomi Shawns Wortschatz war nicht so umfangreich wie der ihres Gatten. Er hätte eine kennzeichnendere Beschreibung seines Charakters zustandegebracht. Ja, eigentlich hatte er genau dies vor ein paar Stunden getan.

»Ich bin nicht grausam, Naomi; ich bin aufrichtig. Ich könnte dich belügen. Das wäre ganz einfach, meine Liebe; einfacher als du denkst. Ich könnte deine innersten weiblichen Zweifel besiegen und dir beweisen, daß ich ein unschuldiger, loyaler, treu ergebener Ehemann bin, der dich leidenschaftlich liebt, und daß alles, was du Gegenteiliges erfahren zu haben glaubst, pure Einbildung ist. Aber ich lüge nicht. Es gibt eine andere Frau.«

Naomi versuchte, nicht auf Echos zu hören. Arnold sprach, und Arnold erzwang Aufmerksamkeit, wenn er sprach.

»Nun, Herr Babcock«, sagte er, »Sie haben ausgesagt, daß Sie gesehen haben, wie das Auto meines Mandanten bei Rot über die Kreuzung fuhr und Frau Agnes Thompson tödlich verletzte – etwa fünfzig Yard weiterfuhr, anhielt, bis in Höhe der Leiche zurücksetzte und dann weiterfuhr, ohne daß mein Mandant, Herr Jerome, das Fahrzeug verlassen hätte . . .«

Herr Jerome. Er war neunzehn. Eben neunzehn, mit einem fast kindlichen Gesicht und schuldhaften Augen, die trostlos auf seine vor ihm auf dem Tisch liegenden verschränkten Hände starrten. Seine blonden Haare waren sorgfältig zurückgekämmt, und er trug einen konservativen Schlips, ein weißes Hemd und einen dunklen Anzug: alles nach Arnolds Instruktionen.

Kenneth Jerome sah mehr wie ein ehrbarer Bibelforscher als ein kaltblütiger Killer aus. Und doch war er's; Naomi wußte als einzige im Zuschauerraum, daß er das war. Sie war eines Morgens in Arnolds Büro gegangen. Er war die ganze Nacht nicht nach Hause gekommen – was erschreckend häufig wurde. Es war an der Zeit, eine Aussprache herbeizuführen. Doch der junge Jerome und sein Vater waren an jenem Tag ins Büro gekommen, und so wurde sie in einen anderen Raum gewiesen. Sie hörte die Geschichte mit an. Kenneth Jerome konnte nicht leugnen, sein Opfer angefahren zu haben: die Polizei hatte seinen Wagen bereits in einer Werkstatt aufgespürt, wo er repariert wurde.

»Ich hab' nicht gewußt, daß ich eine Frau angefahren habe«, erklärte Kenneth Jerome. »Ich hab' niemanden gesehn. Mir war, als hätt' ich einen Aufprall gespürt, aber es ist freies Gelände da draußen beim Flughafen. Manchmal überfährt man spät nachts ein Kaninchen oder eine Katze. Und spät war's. Halb vier oder so, glaube ich. Jedenfalls hab' ich gedacht, das wäre passiert, als ich heimkam und meine rechte vordere Stoßstange sah. Ich hab' gedacht, ich hätt' ein Kaninchen oder eine Katze angefahren.«

Und Arnolds Stimme hatte ihn über den Schreibtisch hinweg in die Zange genommen.

»Haben Sie das der Polizei erzählt?«

»Klar. Was hätte ich denen sonst erzählen können?«

»Ist an der Kreuzung eine Ampel?«

»Ja – aber es war kein anderes Auto in Sicht.«

»Hatten Sie freie Fahrt oder nicht?«

»Ich hatte freie Fahrt – die Ampel war grün.«

»Haben Sie das der Polizei erzählt?«

»Klar. Ich hab' gesagt, die Frau muß bei Rot über die Straße gewollt haben. Ich hab' sie überhaupt nicht gesehn.«

Und dann hatte Arnold gelächelt. Aus dem Nebenzimmer konnte Naomi das Lächeln natürlich nicht sehen, aber sie konnte es in seinen Worten hören.

»Sehr gut, Herr Jerome. Und wenn Sie nicht wollen, daß ich grob werde und Ihnen den Fall zurückgebe, dann erzählen Sie mir jetzt, was gestern nacht tatsächlich passiert ist. Mit Klienten, die mir gegenüber nicht aufrichtig sind, gebe ich mich nicht ab . . .«

›Aufrichtig‹ war eins von Arnolds Lieblingsworten. Es hatte eine außergewöhnliche Bedeutung für ihn.

»Um ganz aufrichtig zu sein, Naomi: ich habe dich nie geliebt. Nicht so, wie ein Mann eine Frau lieben will. Dein Vater hatte Einfluß, und ich brauchte einen Start. So einfach war das.«

Echos. Sie schob sie aus dem Sinn. Sie war gekommen, um mitzuerleben, wie Henry Babcock dafür bestraft wurde, daß er ein guter Bürger war.

Arnolds Stimme kam wieder. »Zur Zeit des Unfalls standen Sie auf dem Gehsteig nahe der Kreuzung, stimmt das?«

Henry Babcock war in diesem Stadium des Kreuzverhörs nur nervös. Er war ein ziemlich schmächtiger Mann mit schütter werdendem Haar, hatte ein glattrasiertes Gesicht und trug eine Brille mit dicken Gläsern, die seine Augen eulenhaft vergrößerten. Er mochte etwa so alt wie Arnold sein, konstatierte Naomi mit ungläubigem Staunen. Andere Ähnlichkeiten gab es keine.

Henry Babcock sah schäbig und servil aus. Arnolds fester Meinung nach gab es eine natürliche Elite, die dazu prädestiniert war, jegliche Gesellschaft zu regieren. Im Augenblick schien die Gültigkeit dieser These erwiesen.

»Nicht ganz«, antwortete Henry Babcock. »Ich saß auf einer Bank an der Bushaltestelle und wartete auf einen Bus.«

»Und wie weit ist die Bank von der Kreuzung entfernt, Herr Babcock?«

Henry Babcock zögerte. »Ich weiß nicht, ob ich das so genau sagen kann. Nicht sehr weit.«

»Nicht sehr weit.« Arnold lächelte. Er war gefährlich, wenn er lächelte. »Das dürfte den Geschworenen keine große Hilfe sein, wie, Herr Babcock? Könnten Sie sich nicht etwas genauer ausdrücken? War es so weit . . .«, er drehte sich langsam um, ließ seine Augen durch den Gerichtssaal schweifen, bis sie zur Ruhe kamen, ». . . wie von da, wo Sie sitzen, bis dort, wo der Angeklagte sitzt?«

»Tja, wissen Sie, das ist schwer zu sagen . . .«

»Ja oder nein, Herr Babcock?«

Die Frage war wie eine Peitsche. Henry Babcock richtete seine Brille und setzte sich gerade.

»Nun – ja«, sagte er.

»Die Bank war so weit von der Kreuzung entfernt, wie Sie jetzt von Herrn Jerome entfernt sind?«

»Jawohl, Sir.«

»Sehr gut. Fahren Sie nun bitte fort und erzählen Sie den Geschworenen genau, was geschah . . .«

Was war geschehen? Naomis Gedanken wanderten, einerlei, wie sehr sie sich auch dagegen sträubte. War es tatsächlich so einfach, wie Arnold gesagt hatte – eine bloße Vernunftehe? Es war schwer zu glauben.

Sie wußte, weshalb sie Arnold geheiratet hatte. Sie hatte ihn geliebt. Sie liebte ihn noch immer, trotz allem, was aus ihm geworden war. Ob sie auf irgendeine Weise dafür verantwortlich war? Sie hatte versucht, eine gute Ehefrau und eine pflichtbewußte Mutter zu sein; sie versuchte, mit Arnolds blendendem Erfolg Schritt zu halten . . .

»Herr Babcock . . .« Arnolds Stimme drang wieder in die Erinnerungen ein. ». . . ich möchte Sie bitten, eine Einzelheit zu klären. Sie sagen, daß Sie Frau Thompson vor dem Unfall nicht gesehen haben. Sie saßen auf der Bank, warteten auf einen Bus. Frau Thompson kam von Osten auf die Kreuzung zu . . .«

Man hatte eine Tafel vor dem Richter und den Geschworenen aufgestellt. Auf ihr war die Kreuzung eingezeichnet, und Kreuzchen bezeichneten die Lage der Bank mit Henry Babcock, die Stelle, wo sich der Unfall zugetragen hatte, und auf Arnolds Anweisung hin kam jetzt ein neues Kreuz für Frau Thompson hinzu, wie sie sich der Kreuzung näherte.

»Wir wissen, daß sie aus östlicher Richtung kam«, fuhr Arnold fort, »weil wir wissen, daß sie ein krankes Enkelkind besucht hatte und nun nach Hause zurückkehrte, sechs Blocks entfernt, nachdem der Enkel Besserung erkennen ließ und eingeschlafen war. Vermutlich war Frau Thompson von den Anstrengungen der Nachtwache erschöpft; vermutlich ging sie mit schwerem Schritt – sie war eine ziemlich kompakte Person. Wie erklären Sie sich, daß Sie nicht gehört haben, wie Frau Thompson sich der Kreuzung näherte, Herr Babcock?«

Henry Babcock schien verwirrt. Nachdenklich rieb er sich das Kinn, und das Licht blitzte auf seinen Brillengläsern. Die starrenden Augen der Geschworenen und der übrigen im Gerichtssaal schienen ihn zu irritieren. Auch die Frage irritierte ihn.

»Ich hab' ja nicht gesagt, daß ich sie nicht *hörte*«, antwortete er.

»Dann haben Sie sie also gehört.«

»Das hab' ich auch nicht gesagt. Vielleicht hab' ich sie gehört. Ich erinnere mich nicht. Ich war ja *auch* müde. Ich kam grad von der Arbeit.«

»Im Century Club?«

»Jawohl, Sir. Ich mach' da Ordnung, wenn sie um zwei Uhr schließen.«

»Zwei Uhr früh, nicht wahr?«

»Jawohl, Sir.«

Zwei Uhr früh. Es war schwierig, einen Unfallzeugen am hellichten Tag zu finden; doch als Arnold ein paar Tage nach

Übernahme des Falls zu ähnlicher Zeit an einem anderen Morgen einen dringenden Anruf von Jerome sen. bekommen hatte, wußte er, daß Arbeit bevorstand. Es war in der Halle zu ebener Erde. Arnold war gerade heimgekommen. Er trug noch seinen schwarzen Homburg und schwarzen Mantel über dem Smoking. Naomi war die Treppe herabgestiegen, als sie ihn nach Hause kommen hörte. Er nahm den Anruf schweigend entgegen, beendete das Gespräch mit der knappen Versicherung, die Sache zu regeln. Er legte den Hörer auf, nahm ihn nach einer kleinen Weile wieder ab und wählte eine Nummer.

»Fran? Hier Arnold. Verzeih, daß ich jetzt anrufe, aber es gibt was Neues. Fall Jerome. Ein Zeuge. Doch, die Polizei hat ihn im Griff, aber der alte Jerome hat grad auf einer Cocktailparty Wind davon bekommen und was läuten lassen. Ich möcht' jetzt, daß du folgendes tust. Mach alles mobil. Besorg alles, was du in die Finger kriegst, über Henry Babcock. Richtig. Babcock. Ist Portier oder Hilfskraft oder sonst was im Century Club. Hat auf einen Bus gewartet, als der Unfall geschah. Ich will *alles* von ihm wissen, vom Jahre null an. Du weißt schon.«

Arnold hatte den Hörer auf die Gabel gelegt und sich umgedreht. Naomi war inzwischen die Treppe heruntergekommen. Er starrte sie an, ohne sie jedoch zu sehen, wie es schien.

»Ist sie das?« hatte Naomi gefragt. »Ist's Fran, deine Sekretärin?«

Arnold zog, wenn er verärgert war, seine Augenbrauen auf eine ganz bestimmte Art und Weise zusammen. In diesem Augenblick hätte sie nicht sagen können, was ihn *mehr* ärgerte: ihre Frage oder Jeromes Anruf. Wahrscheinlich jedoch letzteres. Sie besaß nicht einmal mehr die Fähigkeit, ihm lästig zu fallen.

»Ist sie *was*?« hatte er gefragt.

»Die Frau, mit der du heute zusammen warst.«

Sie hatte die Hand ausgestreckt und seine Krawatte gerichtet. Altmodisch war das. Und Arnold konnte nichts Altmodisches ausstehen.

»Du redest Unsinn, Naomi. Geh zu Bett.«

So wimmelte man ein Kind ab. Er war nach oben gegangen, in Gedanken mit Henry Babcock beschäftigt, einem guten Bürger, der so närrisch war, seine Pflicht zu tun . . .

Und nun waren sie im Gerichtssaal, und Arnold löste sein Problem.

». . . so, gegen halb vier also, als Sie mit Ihrer Arbeit im Century Club fertig waren, saßen Sie auf einer Bank an der Bushaltestelle und warteten darauf, nach Hause fahren zu können. Wo wohnen Sie, Herr Babcock?«

Es war eine harmlose Frage. Henry Babcock beantwortete sie ohne Zögern.

»In Inglewood«, sagte er. »Dort habe ich eine Dreizimmerwohnung.«

»Und wohnen Sie allein?«

»Jawohl, Sir. Seit meine Frau vor drei Jahren gestorben ist.«

»Seit Ihre Frau gestorben ist«, wiederholte Arnold. »Mein Mitgefühl, Herr Babcock. Sie müssen sich doch sehr einsam fühlen, wenn Sie in die leere Wohnung heimkommen.«

Der Anklagevertreter machte eine Bewegung des Unbehagens. Er schien irgendeine versteckte Motivierung hinter dieser Frage zu spüren. Ehe er noch Einspruch erheben konnte, hatte Henry Babcock, der nur die Unbequemlichkeit des Zeugenstandes spürte, bereits geantwortet.

»Jawohl, Sir, so ist es«, sagte er.

»Aber Sie haben ja Freunde.«

»Freunde?«

»An Ihrer Arbeitsstelle. Ich glaube, der Century Club beschäftigt Unterhalter, darunter etliche sehr attraktive junge Damen. Wie ich höre, tun Sie ihnen ab und zu mal einen Gefallen, bringen ihnen zum Beispiel Kaffee in die Garderobe . . .«

Der Anklagevertreter sprang auf.

»Euer Ehren, ich erhebe Einspruch gegen diese Richtung des Verhörs. Wir sind nicht hier, um die Geselligkeit des Zeugen zu ermitteln oder in seinem Privatleben zu schnüffeln.«

Arnold wandte sich lächelnd an ihn.

»Und warum nicht?« fragte er. »Die Aussage des Zeugen steht in direktem Gegensatz zu der beeidigten Darstellung meines Mandanten. Offensichtlich irrt sich einer dieser beiden – oder lügt. Ich halte es für durchaus vertretbar, daß ich versuche, den Charakter des Zeugen zu ergründen. Und ebenso vertretbar finde ich übrigens – obwohl der Herr Anklagevertreter in diesem Punkt mit meiner Ansicht nicht übereinzustimmen scheint –, daß ein einsamer Witwer Kaffee in einen Damenumkleideraum bringt.«

Arnold hatte, wenn er in seinem Fahrwasser war, etwas Diabolisches an sich. Das merkte Naomi jetzt allmählich. Mit ein paar Worten hatte er aus dem Ankläger einen unwissentlichen Verteidiger gemacht. Der Mann setzte sich, zurechtgewiesen und verwirrt.

Arnold wandte sich wieder Henry Babcock zu.

»Agnes Thompson kam von Osten her auf die Kreuzung«, mit diesen Worten nahm er den Faden wieder auf. »Was bedeutet, daß sie für Sie von hinten kam, nicht wahr?«

»Jawohl, Sir«, antwortete Babcock.

»Ja, denn Sie saßen auf einer Bank parallel zu einer Straße, die von Norden nach Süden verläuft. Die Bank . . .«, Arnold wies wieder auf die Tafel, ». . . befindet sich an der Südostecke der Kreuzung. Die Ampel, die Ihrer Aussage nach auf Rot stand, als das Auto meines Mandanten Frau Thompson anfuhr, ist annähernd zehn Fuß nördlich der Bank, was von Ihnen aus gesehen rechts gewesen wäre, da Sie mit dem Gesicht zur Straße saßen. Stimmt's?«

Henry Babcock richtete seine Brille und beugte sich vor, um Arnolds Angaben auf der Tafel zu verfolgen.

»Jawohl, das stimmt«, pflichtete er bei.

»Und so saßen Sie also auf der Bank, müde von der Nachtarbeit.«

»Jawohl, Sir.«

»Und allein?«

»Jawohl, Sir.«

»Und Sie warteten auf einen Bus, um in Ihre Wohnung zu fahren, die Sie allein bewohnen.«

Babcocks Stirn zeigte Falten der Verlegenheit und Verwirrung. Aber er antwortete.

»Jawohl, Sir.«

»Sie haben auf die Ampel geschaut und gesehen, daß sie rot war.«

»Jawohl, Sir.«

»Und ehe sie zu Grün wechselte, raste das Auto meines Mandanten über die Kreuzung und fuhr Frau Thompson an, die Sie vor dem Unfall nicht bemerkt hatten . . .« Arnold legte eine Pause ein, so, als hätte er erst in diesem Augenblick einen Haken in der Darstellung entdeckt. »Na, das ist aber doch wohl merkwürdig«, dachte er laut. »Sie haben Ihren Kopf nach rechts gedreht und gesehen, daß die Ampel Rot zeigte. Wieso haben Sie da nicht auch Frau Thompson gesehen, als sie sich anschickte, die Straße zu überqueren?«

Im Gerichtssaal erhob sich leises Gemurmel. Arnolds Strategie begann, Boden zu gewinnen.

»Ich weiß nicht«, gab Babcock zur Antwort. »Ich schätze, sie war noch nicht da, als ich hinguckte.«

»Dann müssen Sie eine Weile von der Ampel fortgeschaut haben.«

Babcock, eine Falle witternd, zögerte.

»Die Ampel war rot!« beharrte er.

»Aber Frau Thompson haben Sie nicht gesehen.«

»Es war dunkel.«

»Ist an der Kreuzung keine Laterne? Denken Sie nach, Herr Babcock.«

»Eine Laterne ist da, aber sie leuchtet nur auf eine gewisse Entfernung. Danach ist's dunkel.«

»Und doch hätte Frau Thompson in diesen Lichtkreis treten müssen, nicht wahr?«

»Vielleicht kam sie so schnell, daß ich sie nicht sehen konnte. Vielleicht ist sie gelaufen.«

»Gelaufen?« Arnold griff das Wort auf und ließ es vor den Ohren des Gerichtes baumeln. »Je nun, weshalb sollte sie gelaufen sein, Herr Babcock? Haben wir nicht bereits festgestellt, daß es spät war, sehr spät, und daß sie recht erschöpft gewesen sein muß, da sie lange bei ihrem kranken Enkelkind hatte warten müssen?«

Henry Babcock war ein unkomplizierter Mensch, der höchstwahrscheinlich noch nie im Leben im Zeugenstand gewesen war. Er war gekommen, um seine Pflicht zu tun, und doch hatte er sich – indem er ein paar unwichtige Fragen, die er nicht durchdacht hatte, aus dem Stegreif beantwortete – in Schwierigkeiten begeben. Bittend blickte er zu dem Vertreter der Anklage hinüber, der im Augenblick hilflos war, und begab sich dann in noch größere Schwierigkeiten. – »Vielleicht hat sie Angst gehabt.«

»Aber wovor sollte sie denn Angst gehabt haben?« fragte Arnold herausfordernd.

»Weil's so spät war. Für eine einzelne Frau ist's um die Zeit nicht ungefährlich. Es passiert allerlei. Sie lesen dauernd von so was in der Zeitung.«

Arnold hörte Henry Babcock aufmerksam zu, so aufmerksam, daß der ganze Gerichtssaal es ihm gleichtat und alle ebenfalls aufmerksam zuhörten.

»Ich lese so was?« sagte er. »Von was lese *ich*?«

Das akzentuierte Pronomen zwang Henry Babcock zu einer Korrektur.

»Ich mein, *man* tut's«, erklärte er. »Ganz allgemein.«

»Ich glaube, was Sie meinen, ist«, schaltete Arnold ein, »daß Sie dauernd so etwas lesen. Nun, was lesen Sie?«

Henry Babcock schwitzte. Er gab sich nicht damit ab, seine Stirn zu trocknen.

»Was so passiert«, sagte er. »Räubereien, Überfälle . . .«

»Und solche Dinge lesen Sie immer, stimmt's, Herr Babcock? Wenn Sie Ihr Tagwerk hinter sich haben, Kaffee in die Damengarderobe gebracht und den leeren Club aufgeräumt haben, dann fahren Sie in Ihre Wohnung, allein, und lesen die scheußlichen Dinge, die Frauen widerfahren, die nachts auf die Straße gehn . . .«

Arnolds Stimme war ein Instrument, auf dem er mit fachmännischem Können zu spielen verstand. Es war unmöglich, nicht mitgerissen zu werden. Weiter jedoch kam er nicht, da der Anklagevertreter aufsprang und laut Einspruch erhob. Arnold lächelte ihn mit einem Ausdruck gnädiger Toleranz an, und nur Naomi begriff, was hier vorging. Der Unschuldige muß immer dahin gebracht werden, daß er schuldig wirkt. Das war das Geheimnis von Arnolds Erfolg.

». . . Ich will keine Szene, Naomi. Diese Frau hätte nie zwischen uns zu treten brauchen, wenn du nicht auf einer Auseinandersetzung bestanden hättest. Ich habe nicht die Absicht, mich von dir scheiden zu lassen, und in ein Scheidungsersuchen von dir werde ich nicht einwilligen. Ich kann mir keinen Skandal erlauben, und du solltest an die Kinder denken, auch wenn dir meine Karriere nichts bedeutet . . .«

Der Unschuldige muß immer dahin gebracht werden, daß er schuldig wirkt.

»Euer Ehren«, fuhr Arnold mit heuchlerischer Untertänigkeit fort, »ich würde es zutiefst bedauern, wenn meine Bemerkungen bei den Geschworenen ein Vorurteil verursacht haben sollten. Es lag nicht in meiner Absicht zu unterstellen, daß der Zeuge sozial unerwünschten Tendenzen huldigt. Desungeachtet möchte ich aber immer noch wissen, wieso es möglich ist, daß Herr Babcock seinen Kopf gedreht hat, um die Ampel zu beobachten, und dabei die Frau nicht sah, die auf den Fußgängerstreifen trat. Wenn er müde war, mochte er vielleicht vor sich hin dösen; aber dann hätte er die Ampel nicht gesehen. War er jedoch munter genug, die Ampel aufmerksam zu beobachten – weshalb hat er dann Frau Thompson nicht gesehen?«

Bei diesen Worten wandte Arnold sich wieder an Henry Babcock. »Oder haben Sie sie doch gesehen, Herr Babcock?«

Henry Babcock, im Zeugenstand, zuckte zusammen.

»Nein«, sagte er.

»Sind Sie sicher, Herr Babcock? Vor ein paar Minuten wußten Sie genau, daß Sie sie nicht gesehen haben. Ein paar Minuten später meinten Sie, sie möglicherweise gehört zu haben. Und nun scheinen Sie nicht erklären zu können, weshalb Sie sie nicht gesehen haben. Ist's vielleicht nicht *doch* möglich, daß Sie sie gesehen haben? Daß Sie vielleicht ein paar Worte mit ihr sprachen?«

»Nein . . .«

»Daß Sie sich ihr näherten?«

»Nein! Ich bin nicht von der Bank aufgestanden!«

»Sie sind nicht von der Bank aufgestanden, und trotzdem trat Frau Thompson auf die Straße und lief vor ein herankommendes Automobil, dessen Scheinwerfer sie doch gesehen haben muß. Weshalb tat sie das, Herr Babcock – wenn sie nicht, wie Sie ja selber zu bedenken gaben, maßlos erschreckt worden war? War zu dieser Zeit irgend jemand sonst in der Nähe?«

Babcock war nicht mehr verwirrt, er war wütend. »Nein!« schrie er.

»Dann kann also niemand Frau Thompson erschreckt haben – außer Ihnen.«

»Ich habe ja gar nicht behauptet, daß sie erschreckt war.«

»Sie gaben es jedoch zu bedenken. Sie gaben zu bedenken, daß sie möglicherweise gelaufen ist. Das ist doch ein interessanter Gedanke, wenn man bedenkt, daß außer Ihnen niemand in der Nähe war. Da Sie von sich aus so viel Licht auf das Geheimnis geworfen haben, das den Tod von Frau Thompson an der Kreuzung in jener Nacht umgibt, erinnern Sie sich vielleicht der Tatsache, daß Sie unter Eid stehen, und sagen die ganze Wahrheit!«

Arnold erwartete eine Antwort, und das ganze Gericht wartete mit ihm. – »Ich *habe* die Wahrheit gesagt!« beteuerte Babcock. »Die *ganze* Wahrheit.«

»Danke, Herr Babcock.«

Arnold trat zurück. Er schien den Zeugen entlassen zu wollen. Nur Naomi wußte, daß dies ein Trick war. Erst heute früh war wieder ein Anruf gekommen. Sie hatte genug mit angehört, um zu wissen, daß Henry Babcock nicht so leicht davonkommen würde. ». . . Ja, Fran, er wird schwer zu knacken sein – ist einwandfrei. Nichts zu machen, wenn ich nicht irgendwas von seiner Arbeitsstelle kriege, das ich verwenden kann. Was? Bist du sicher? Großartig! Gut gemacht! Natürlich genügt das. Dafür werd' ich schon sorgen.«

Und dann blickte er auf und sah, daß Naomi ihn anklagend anstarrte.

»Was hast du mit dem armen Kerl vor?« hatte sie gefragt.

»Ich will meinen Fall gewinnen«, hatte er geantwortet.

»Dein Mandant ist schuldig.«

»Nicht, bis ihn die Geschworenen für überführt halten. – Guck nicht so schockiert, Naomi. So naiv kannst du doch nicht sein! Ein Gerichtssaal ist genau wie ein Schlachtfeld. Wenn ein Soldat den Befehl kriegt, ein Ziel zu nehmen, kann er sich nicht darum kümmern, ob Unschuldige leiden. Es gibt keine Unschuldigen – es gibt nur Fixe und Tote. Ich gehöre zu den Fixen. Deshalb wohne ich in einem hübschen Haus, trage erstklassige Anzüge, fahre einen kostspieligen Wagen . . .«

»Wer ist die Frau, Arnold?«

Und da hatte er aufgehört, ihr auszuweichen.

»Ich bin nicht grausam, Naomi; ich bin aufrichtig. Ich könnte dich belügen. Es wäre einfach, einfacher als du denkst . . .«

Naomi, unter den Zuschauern im Gerichtssaal sitzend, erfuhr, wie einfach es war.

»Herr Babcock . . .«, Arnold wandte sich wieder dem Zeugen zu, und seine plötzliche Bewegung und der Klang seiner Stimme zogen die Aufmerksamkeit aller magisch an, ». . . wie lange sind Sie im Century Club beschäftigt?«

Der Taktikwechsel verwirrte Babcock.

»Zehn Monate«, sagte er.

»Ich könnte mir denken, daß Ihr Gehalt nicht gerade fürstlich ist.«

»Ich brauch' nicht viel.«

»Dennoch ist's nicht zu vergleichen mit dem, was ein – nun, sagen wir, Lehrer für Mathematik und technisches Zeichnen an der Freeman High School bekommt. Diese Stellung hatten Sie vor Ihrer Tätigkeit im Century Club vierzehn Jahre lang inne, nicht wahr? – Sagen Sie mal, Herr Babcock, weshalb arbeitet ein Mann Ihres Bildungsgrades als Portier in einem billigen Nachtclub? Weshalb sind Sie so tief gesunken, daß Sie Ihren Lebensunterhalt mit einem Besen verdienen müssen – und für Showgirls den Laufburschen spielen? – Oder erklärt's dies besser?«

Niemand war auf Arnolds nächsten Schritt vorbereitet, am wenigsten Henry Babcock. Als Arnold seinen Arm ausstreckte und Babcock die Brille vom Gesicht riß, sprang er auf, griff in die leere Luft und konnte sich gerade noch so eben an der Brüstung festhalten.

»Meine Brille . . .«, keuchte er.

»Ihre *Augen*, Herr Babcock!« korrigierte Arnold. »Stimmt es etwa nicht, daß Sie Ihren Beruf aufgegeben haben, weil Sie blind wurden?«

»Nein! Ich hatte den grauen Star . . .«

»Weil Ihre Sehkraft um fünfundachtzig Prozent geschwächt war, als Sie sich vor acht Monaten einer Operation unterzogen? Weil Sie absolut *farbenblind* waren?«

Arnold hatte seinen Fall gewonnen. Naomi konnte das Gefühl des Gerichtssaals spüren, ehe ihre Ohren das Gemurmel aufnahmen. Unterdes versuchte Henry Babcock zu erklären, daß eine Operation die Sehkraft eines Auges wiederhergestellt habe und daß er das erforderliche Jahr warte, ehe eine zweite Operation die des anderen wiederherstelle. Aber kaum jemand hörte zu.

»Ich werd' so gut wie neu sein!« sagte er hartnäckig. »Ich werde meine Lehrtätigkeit wieder aufnehmen . . .«

»Aber Sie waren nicht ›so gut wie neu‹, als Sie meinen Mandanten neulich nachts bei Rot über die Kreuzung haben fahren sehn wollen!«

»Mit meiner Brille kann ich Farben erkennen!«

»Mit welchem Auge?«

»Mit dem linken. Das ist operiert.«

»Die Ampel war aber zu Ihrer Rechten.«

»Ich hab' mich umgedreht.«

»Aber Sie haben Frau Thompson nicht gesehen.«

»Konnte ich nicht. Ich kann nicht seitwärts sehn – nur geradeaus.«

»Nur geradeaus!« Arnold stürzte sich auf diese Einschränkung, als habe er die ganze Zeit darauf gelauert. »Und wie weit geradeaus, Herr Babcock? So weit, wie von da, wo Sie sitzen, bis zum Beklagten? – So haben Sie doch gesagt, nicht wahr?«

Henry Babcock beugte sich vor: die groteske Gestalt eines Mannes, der versucht, Nebelschwaden zu durchdringen.

»Mit meiner Brille . . .«, fing er an.

»Euer Ehren«, verkündete Arnold, »ich beantrage, daß die Aussage des Zeugen aus dem Protokoll gestrichen wird. Es ist allen in diesem Gerichtssaal klar, daß er nicht in der Lage ist, zuverlässige Angaben über irgendwelche Dinge optischer Natur zu machen. Die Entfernung vom Zeugenstand bis zum Beklagten, die Herr Babcock unter Eid mit der Entfernung von der Bank, auf der er zur Zeit des Unfalls saß, bis zu der Stelle, an der der Unfall geschah, gleichsetzte, kann unmöglich über dreißig Fuß betragen. Ich bitte die Anklagevertretung, mich in diesem Punkt zu überprüfen.« Es war nicht nötig. Naomi erinnerte sich, merkte, wann Arnold seine Falle gestellt hatte. Er war immer gefährlich, wenn er lächelte. »Die Entfernung zwischen Bank und Unfallstelle habe ich bereits überprüft«, fügte er hinzu, »und sie beträgt, meine Damen und Herren Geschworenen, genau zweiundsechzig Fuß! Der Zeuge ist nicht nur farbenblind, ist nicht nur unfähig, aus den Augenwinkeln zu sehen – nein, er ist auch völlig unfähig, einfache Entfernungen zu schätzen. Wenn er nicht vorsätzlich lügt, wenn er nicht die Bank verließ und einen Grund weiß, weshalb Frau Thompson vor ein schnell fahrendes Auto trat, dann ist die nachsichtigste Folgerung, zu der wir kommen können, diese: daß des armen Mannes Geist von der doppelten Tragödie geschwächt ist, seine Frau verloren und seine Sehkraft fast verloren zu haben – und daß er untauglich ist, vor einem Gericht auszusagen!«

Der Anklagevertreter protestierte lautstark. Arnold wandte sich ihm mit einer Geste geringschätziger Abweisung zu.

»Ihr Zeuge«, sagte er.

Die Geschworenen waren fünfzehn Minuten im Beratungszimmer. Nach dem Freispruch nahm Arnold die Glückwünsche mit seiner obligaten Gleichgültigkeit entgegen. Der Gerichtssaal leerte sich. Naomi sah einen vernichteten kleinen Mann der Tür zustreben: Henry Babcock, ex-guter Bürger. Sie sah seine Augen, durch die Brillengläser vergrößert, als er vorbeiging. Es war Mord gewesen. Er ging hinaus, und sie wartete allein auf Arnold.

»So also nimmst du ein Ziel«, sagte sie, als er kam. »Mußtest du außer seiner Zeugenaussage auch sein Leben zerstören? Glaubst du, daß er jetzt jemals seinen Lehrauftrag wiederbekommt?«

»Wenn er Manns genug ist«, sagte Arnold. »Das ist *seine* Sorge, nicht meine.«

»Deine Sorge ist nur, wie du eine lästige Ehefrau loswirst, ja?«

Arnold schien diese Frage einer Antwort nicht für würdig zu halten. Gemeinsam gingen sie hinaus. Der Gehsteig war jetzt verlassen; nur ein niedergeschlagener Mann wartete an der Bushaltestelle – ein Mann, für den Arnold nicht einmal einen Blick hatte. Am Eingang zum Parkplatz schaute er auf und blickte finster zum Himmel. Es fing sacht an zu regnen.

»Wie schön, daß du heute mal eine Verhandlung miterlebt hast, Naomi«, sagte er. »Ich hab' um fünf Uhr eine Verabredung, und bei solchem Wetter kriegst du ums Verrecken kein Taxi.«

»Um fünf?« sagte Naomi. »Da hast du ja noch Zeit, ein paar Blumen zu besorgen. Soll ich an einem Blumenladen anhalten?«

»Nein danke, Naomi. Hol nur deinen Wagen, bitte. Ich warte.«

Und Arnold wartete. Er stand auf der Parkplatzeinfahrt derart dreist und selbstsicher, daß er nicht einmal zurücktrat, als Naomi mit dem Wagen kam. Er hatte keine Zeit, den Ausdruck der Selbstzufriedenheit in Erstaunen umzuwandeln, als sie plötzlich einschlug und auf den Gashebel trat.

Als der Polizeibeamte Arnolds Leiche unter den Rädern hervorzerrte, versuchte Naomi zu erklären.

»Es war ein Irrtum!« schluchzte sie. »Ich wollt' auf die Bremse treten, nicht auf den Gashebel! Es ist ein entsetzlicher Irrtum!«

Eine kleine Menschenmenge hatte sich angesammelt. Es war jedoch nur ein einziger Augenzeuge vorhanden. Der Beamte wandte sich an ihn, und eine Sekunde lang fing Naomi einen Blick des Mannes auf. Das Mitgefühl, das sie ihm im Gerichtssaal gegeben hatte, lag darin.

»Wenn sie die Ehefrau des Opfers ist, sagt sie doch bestimmt die Wahrheit«, sagte er. »Außerdem spielt's keine Rolle, was ich vielleicht gesehen haben könnte.« Henry Babcock nahm seine Brille ab und sah den verschwommenen Fleck an, der der Polizist war. »Es ist ja aktenkundig«, sagte er, »daß ich kein verläßlicher Zeuge bin.«

DEUTSCHLAND

Herbert Rosendorfer

Knabe, mit einer Katze spielend

Der alte Oberstaatsanwalt F. erzählt:

Wenn Sie von hier aus zum Café ›Hippodrom‹ gehen, das Sie ja, meine lieben jungen Kollegen, besser kennen als die Strafprozeßordnung, kommen Sie an einem alten Brunnen vorbei. Gleich neben dem Brunnen öffnet sich die Häuserfront ein wenig, denn dort mündet eine stille Gasse in den Lärm des vorüberflutenden Verkehrs – einer der wenigen stillen Winkel, die wir hier herum noch haben. Die stille Gasse erweitert sich drinnen ein wenig und bildet an der ziemlich schäbigen Hinterfassade eines großen Hotels einen dreieckigen Platz, den die alten Leute ›Blasiusbergl‹ nennen; kein Mensch weiß warum, denn es geht dort weder bergauf noch bergab. Es ist wohl auch längst gleichgültig, denn die Gasse heißt inzwischen Straße und benennt sich nach irgendeinem vermutlich verdienstvollen Bürgermeister oder Bischof.

Das ›Blasiusbergl‹ wird von der erwähnten schmutzigen sechsstöckigen Fassade der Hotelrückseite beherrscht, aber in ihrem Schatten gibt es ein paar alte Häuser, und in einem dieser Häuser würden Sie, ohne lange suchen zu müssen, einen jahraus, jahrein verschlossenen Laden finden, über dem in langsam abblätternden Goldbuchstaben ›Kunsthandlung Krantz‹ steht. Im Mordfall Krantz hat es nie ein Urteil gegeben, obwohl nicht nur ich den Mörder kenne. Ob allerdings der Mörder heute noch lebt, weiß ich nicht, denn die Sache liegt viele Jahre zurück.

Anselm Krantz, der alleinige Inhaber der Kunsthandlung Krantz, war ein Sonderling gewesen. Ich habe ihn noch als Lebenden gekannt, war hie und da in seinem Laden und habe natürlich nicht geahnt, daß ich ihn eines Tages als Toten, als gräßlich verstümmeltes Opfer eines Mordes würde sehen müssen. Krantz lebte ganz allein, war unverheiratet, hatte keine näheren und, wie sich nach seinem Tod herausstellte, kaum entferntere Verwandte, hatte keinen Anhang und, jedenfalls schien es so, auch keine Freunde. Er war, sooft man in seinen Laden kam, gleichbleibend unfreundlich und strahlte ein penetrantes Mißtrauen aus, wie ich es sonst kaum jemals bei einem Menschen beobachtet habe. Es mag sein, daß das auf sein körperliches Gebrechen zurückzuführen war: der große, füllige Mann war verwachsen. Er hatte einen Buckel wie der Glöckner von Notre Dame. Mag sein, dies war schuld an seinem ständigen Mißtrauen, mag sein, auch etwas anderes . . .

Er war übrigens ein wirklicher Kunsthändler, ein Fachmann von Rang und nicht etwa einer von den zahlreichen größenwahnsinnigen Gemüsehändlern, die jetzt alte Kaffeemühlen verkaufen, so wie sie früher Gurken und Zichorie verkauft haben. Krantz galt als Spezialist für Ostasiatica und handelte außerdem sehr viel mit moderner Graphik.

Der Mord an Anselm Krantz wurde deswegen in Anbetracht der Krantzschen Lebensgewohnheiten verhältnismäßig rasch entdeckt, weil die Inhaber der Nachbarläden bemerkten, daß Krantz' Laden einige Tage lang geschlossen blieb, wobei nur das Scherengitter vor den beiden Auslagen und der Tür geschlossen war, während Krantz, wenn er – was öfter vorkam – verreiste, stets auch die Rolläden herunterzog und an der Tür einen Zettel anzubringen pflegte, auf dem er für seine Kunden die Dauer seiner Abwesenheit vermerkte. Nie, ohne jede Ausnahme in all den Jahren, in denen er sein Geschäft betrieb, hatte er einen Angestellten oder eine Aushilfe, einen Buchhalter und nicht einmal eine Putzfrau beschäftigt.

Man fand Krantz in seinem Schlafzimmer. Die Wohnung lag hinter seinem Laden, auch zu ebener Erde. Wohnung ist dabei fast zuviel gesagt. Krantz hatte offenbar schon vor Jahren die hinteren Nebenräume seines Ladens zu einem Schlafzimmer, einer Art Wohnküche und einem Bad ausbauen lassen. Mehr brauchte Krantz wohl nicht, denn eigentlich lebte er im Laden zwischen seinen antiken Möbeln, von denen er immer nur soviel verkaufte, daß eine notdürftige Einrichtung zurückblieb.

Die hinteren Räume waren finster, verwinkelt und glichen einem Fuchsbau. Es gibt solche Häuser, die sich, an der Straßenfront schmal und engbrüstig, wie Kitt in einer verzahnten Fuge hinziehen und ausdehnen, an der unglaublichsten Stelle einen Innenhof haben und vielleicht sogar – wo man es am wenigsten erwartet – einen Garten. So ein Haus war das, in dem Krantz seinen Laden hatte. Sein Schlafzimmer war gewissermaßen das hintere Ende seines ›Fuchsbaues‹, und von dort aus führte nach einem kleinen Flur ein Separateingang auf eine ganz andere Straße hinaus. Eines war von vornherein klar, aber das half nicht viel, daß der Mörder durch diese hintere Tür die Wohnung nach der Tat verlassen haben mußte. Ob er die Wohnung auch durch diese Tür betreten hatte, war schon ungewiß.

Krantz lag mit dem Gesicht zur Erde mitten im Zimmer auf dem Boden. Er war nur mit Unterwäsche und einem Morgenmantel bekleidet. Die Arme waren seitwärts ausgestreckt. Die rechte Hand umklammerte die Lehne eines umgefallenen Stuhles. Krantz' Schädel war völlig zertrümmert. Die Obduktion ergab, daß fünfzehn bis zwanzig Schläge mit einem stumpfen Gegenstand gegen den Schädel geführt worden waren. Da seit der Tat fünf bis sechs Tage vergangen waren, ehe man die Leiche fand, war sie schon in Verwesung übergegangen. Vor allem der zertrümmerte Schädel war grünlich verfärbt, und, mit allem Respekt vor dem lebenden Krantz, der tote stank bereits fürchterlich, als ich mit der Mordkommission – ich war damals Erster Staatsanwalt und hatte eines der Kapitaldeliktsreferate – das Zimmer betrat.

Der Polizeiphotograph war gerade dabei, die Leiche und den Tatort zu photographieren. Ich bemühte mich, den toten Krantz möglichst wenig zu sehen und vor allem nicht zu riechen, und schaute mir das Zimmer an. Ein großes, schweres Eichenbett war zerwühlt, aber nicht von einem Schlafenden, sondern so, als wäre jemand mehrmals auf das gemachte Bett geworfen worden. Das Bettzeug war blutverschmiert. Ein großer Blutfleck hatte den wertvollen alten persischen Seidenteppich getränkt, der offensichtlich vom gewaltigen Fall Krantz' zusammengeschoben und aufgefaltet war. Neben der übrigen Unordnung, die, wie es so heißt, darauf schließen ließ, daß sich das Opfer verzweifelt gewehrt hatte, fielen vor allem drei Dinge auf: eine große bronzene Buddha-Statue, die mit Blut verschmiert und vermutlich der stumpfe Gegenstand war, mit dem der Mörder sein Opfer erschlagen hatte, weiter die Scherben einer großen chinesischen Vase, die keine Blutspuren aufwies, also vielleicht von Krantz dem Mörder auf den Kopf geschlagen worden war, und schließlich ein zierlicher Biedermeier-Sekretär aus Kirschbaumholz, dessen Schubladen durchwühlt worden waren. Es ergab sich also, um hier gleich spätere Erwägungen vorwegzunehmen, die Frage, ob der Mord an Krantz ein Raubmord war. Ob der Mörder in Krantz' Sekretär nach Geld gesucht hatte oder nach etwas anderem, wußten wir nicht. Unter den ganzen Papieren, die verstreut an, in und um den Sekretär lagen, befand sich kein Geld. Ob der Mörder kein Geld gefunden oder aber das vorhandene Geld mitgenommen hatte, konnten wir nicht feststellen, weil ja niemand über Krantz' Vermögensverhältnisse Bescheid wußte und ob und wo er Geld aufbewahrt hatte. Die Polizei neigte zur These ›Raubmord‹, denn auf dem Stuhl vor dem Sekretär lag eine große leere Geldtasche, eine Geldtasche, wie sie etwa Kellner haben: aus schwarzem Leder, ziehharmonikaartig gefaltet, mit vielen Fächern. Mir schien aber diese Geldtasche so auffällig, so absichtsvoll und ins Auge springend hingelegt, als habe der Mörder seinen künftigen Verfolgern keinen Zweifel an seiner Raubabsicht lassen wollen. Diese leere Geldtasche war förmlich aufgepflanzt wie eine Fahne des Eroberers auf der gefallenen Festung. Das ist, drängte es sich mir auf, eine absichtliche Fährte, also eine falsche Fährte. Brauchbare Fingerspuren und ähnliches gab es übrigens nicht. Das Türschloß zur Wohnung war unversehrt, das hieß, das Opfer mußte seinen Mörder freiwillig in die Wohnung gelassen haben. Hatte das Opfer ihn gekannt?

Mit meinem Verdacht über die falsche Fährte kam ich bei der Polizei nicht recht an. Es war ja auch nur ein unwägbares, kaum zu schilderndes Gefühl bei mir. Demgegenüber brachte die Polizei sehr bald heraus, daß der Mörder tatsächlich etwa achthundert Mark mitgenommen haben mußte. Das war ziemlich einfach zu ermitteln, denn man überprüfte Krantz' Bankkonten und seine recht sorgfältige Buchführung und kam so auf den fehlenden Betrag. Gut, sagte ich, der Mörder hat das Geld mitgenommen. Das besagt aber lange noch nicht, daß er es auf das Geld abgesehen hatte.

Es war da nämlich noch etwas anderes. Die große Buddha-Statue, mit der der Mörder Krantz erschlagen hatte, gehörte nicht zum Mobiliar von Krantz' Schlafzimmer, sondern hatte vorher vorn im Laden gestanden. Der Buddha hatte einen eigenartig achteckigen Sockel mit geschweiften Ecken. Wir fanden vorn im Laden eine Stelle, einen Fleck, wo genau achteckig-geschweift weniger Staub war als rundherum. Der Sockel paßte genau auf den Fleck. Der Buddha mußte dort gestanden haben, und das war unmittelbar neben einer alten, gußeisernen Registrierkasse. In dieser Kasse waren 4000 Mark. Es war nämlich offenbar so, rekonstruierten wir, daß Krantz seine Tageseinnahmen jeden Abend mit nach hinten nahm und in die große Geldtasche tat. Alle zwei oder drei Wochen zahlte er, wenn er nicht irgend etwas ankaufte, das gesammelte Geld bei der Bank ein. Etwa zehn Tage, bevor er getötet wurde, hatte Krantz das letztemal etwas auf die Bank eingezahlt. In den zehn Tagen hatte er dann die vom Mörder mitgenommenen achthundert Mark eingenommen. (Angekauft hatte er in dieser Zeit nichts, das hätte er, wie stets, in seiner Buchführung vermerkt.) Am Tag seines Todes aber hatte Krantz ein größeres Stück verkauft. Es war ein alter chinesischer Wandteppich. Der Käufer, ein alter Kunde von Krantz, meldete sich auf den Suchaufruf hin bei der Polizei. Da sich der Käufer an den Tag erinnern konnte, an dem er das Stück gekauft hatte, wußten wir dann auch den Tag des Mordes. Aber was half das schon?

Der besagte Käufer hatte 4000 Mark für den chinesischen Teppich bezahlt; diese 4000 Mark waren in der Ladenkasse. Der Mörder hatte zwar die 800 und soundsoviel Mark aus der Geldtasche mitgenommen, die 4000 aus der Ladenkasse aber dagelassen, sagte ich zur Polizei, obwohl er im Laden vorn gewesen sein mußte, um seine Mordwaffe, den bronzenen Buddha, zu holen.

– Von den 4000 hat der Mörder eben nichts geahnt, sagte der Kriminalbeamte.

Ich deutete auf den oberen Teil der Registrierkasse. Dort stand noch die zuletzt registrierte Kassensumme: 4-0-0-0, in großen, deutlichen Emaille-Ziffern. Deutlicher, sagte ich, kann man es einem Raubmörder doch nicht sagen, daß Geld in der Kasse ist. –

Vielleicht, sagte der Inspektor, war der Mörder – wäre ja

nicht verwunderlich – etwas verwirrt, in Eile, hat nicht daran gedacht? Außerdem – vielleicht war der Mörder gar nicht vorn im Laden? Vielleicht hat Krantz selber noch, aus irgendeinem Grund, den Buddha nach hinten getragen?

– Gut, sagte ich, aber merkwürdig ist es schon.

Es gingen Jahre ins Land. Der Mordfall Krantz wurde nicht geklärt. Man fand die eine oder andere Spur. Keine führte zu etwas. Es stellte sich heraus, daß Krantz eine etwas abartige Neigung zu ganz jungen Mädchen gehabt hatte, aber was half das weiter? Dienstlich hatte ich sehr bald nichts mehr mit der Sache zu tun, denn ich kam vom Kapitaldeliktsreferat weg. Die Öffentlichkeit hatte ohnedies den Mordfall nach kurzer Zeit vergessen.

Eines Tages besuchte ich die große Kunstausstellung, die, wie Sie wissen, jedes Jahr im Sommer mit Bildern und Plastiken zeitgenössischer Künstler veranstaltet wird. Ich ging, wie es meine Gewohnheit ist, zunächst einmal schnell und kursorisch durch die Räume der Ausstellung, dann ein zweitesmal langsam und gründlich. Dabei sah ich in einem der kleineren Nebensäle ein Bild, dessen Anblick mich wie der sprichwörtliche Keulenschlag traf.

Damals nämlich im Schlafzimmer von Krantz, im Mordzimmer, gab es noch etwas, was ich absichtlich bisher noch nicht erzählt habe. Der Tatort wies, wie es in den betreffenden Polizeiberichten immer heißt, Spuren heftigen Kampfes auf. Das habe ich schon erwähnt. Diese Spuren befanden sich naturgemäß größtenteils am Boden und waren vom Polizeiphotographen im Bild festgehalten worden. Er hatte auch das Bett und einen halb heruntergerissenen Vorhang photographiert, nicht aber das – es schien zugestandenermaßen unwesentlich –, was der Vorhang verdeckt hatte: ein Bild. Es war ein eigenartiges Bild, ein Ölbild von etwa eineinhalb mal einem Meter Größe im Hochformat. Es war das Porträt eines Kindes, eines sehr schönen Knaben von etwa sechs Jahren. Das Bild war offensichtlich von einem tüchtigen Porträtmaler der alten Schule des 19. Jahrhunderts gemalt, wies allerdings, wenn man so sagen kann, einen Anflug von Jugendstil auf: die Haltung des Kindes war ein wenig starr und geziert, die Staffage zum Ornament geronnen; die typischen pastosen Grün-, Lila- und vor allem Goldtöne herrschten vor. Der Knabe auf dem Bild blickte über die Schulter zum Beschauer und hielt mit der linken Hand einer Katze einen Ring hin. Die Katze langte spielerisch mit einer Pfote nach dem Ring, schaute aber, wie der Knabe, aus dem Bild heraus.

Und dieses Bild, ›Knabe, mit einer Katze spielend‹, sah ich in der großen Kunstausstellung wieder, das heißt: nicht das Bild, die Darstellung sah ich wieder. Das Bild, das in der Kunstausstellung hing, war wohl etwas größer als das Krantzsche. Es war in der Manier des neuen ›Phantastischen Realismus‹ gemalt, die Farben waren kräftiger, es waren sowohl ein anderes Kind als auch eine andere Katze abgebildet. Aber sonst war auf diesem Bild alles so wie auf jenem: der Knabe blickte über die Schulter zum Beschauer. In der linken Hand hielt er der Katze den Ring hin . . ., die Katze langte mit der Pfote spielerisch nach dem Ring . . .

Als ich diesen Knaben, mit einer Katze spielend, wiedersah, lag der Mordfall Krantz vier Jahre zurück. Vielleicht hatte mich die Sache, ohne daß ich es selber recht wußte, sozusagen unterschwellig die ganzen Jahre hindurch beschäftigt. Auch hatte ich mich oft ganz bewußt an den Fall erinnert, stets dann nämlich, wenn ich an dem Krantz'schen Laden am Blasiusbergl vorbeiging. Nicht lange bevor ich jene Kunstausstellung besuchte, hatte ich bei so einer Gelegenheit gesehen, daß der Laden immer noch geschlossen war. Weinlein, um das hier anzufügen, hieß der Maler des Bildes in der Kunstausstellung: Sascha Weinlein.

Im Katalog stand, daß er gerade vierzig Jahre alt war, schon mehrere Preise gewonnen hatte und draußen in St. Xaver, einem Ort an einem See, lebte. Da diese Ausstellung stets auch eine Verkaufsausstellung ist, bekam ich, den Vorwand vorgebracht, ich interessiere mich für das Bild, unschwer die genaue Adresse des Künstlers. Aber was heißt Vorwand: ich interessierte mich ja wirklich brennend für das Bild, allerdings in einer Weise, die die Sekretärin im Ausstellungsbüro, die mir die Adresse gab, nicht ahnte.

Als ich die Ausstellung verließ, begann sich der Tag, ein schöner, warmer Sommersonntag, in einer sanften, breiten Rampe aus Zeit allmählich zur Dämmerung hinabzusenken. Sie wissen, ich bin Junggeselle, ich lebe allein, ich bin nicht mehr der Jüngste: so habe ich es nie eilig. Der Weg zu einem Restaurant, in dem ich häufig zu Abend esse, führte mich ohne einen großen Umweg am Blasiusbergl und an Krantz' ehemaligem Laden oder, besser gesagt: an dem Laden des ehemaligen Krantz vorbei. Manchmal, in glücklichen Stunden, siegt die Vergangenheit. Am Blasiusbergl ist wochentags schon nicht mehr viel los. Am Sonntag rührt sich dort überhaupt nichts. Die Türme und die grüne Kuppel der Kajetanskirche leuchteten über den Dächern, während in den engen Gassen eine Dämmerung aus Umbratönen die Häuserfassaden auflöste. Hie und da blinkte ein halboffenes Fenster in einem zufälligen Sonnenstrahl, und aus dem Schaufenster einer Bäckerei – dem Nachbarladen von Krantz – schimmerte wie aus der Tiefe eines Aquariums eine große goldene Brezel. Manchmal gibt es solche glücklichen Stunden, wo Augenblicke einer alten Zeit herüberwehen, wo in einem Winkel einer Stadt das zweite Gesicht der Fassaden herausbricht und die Gegenwart überstrahlt. Bei uns hier ist es dann meist eine Biedermeier-Vedute, in zarten Farben handkoloriert, mit lebhaft gegliederten, aber eleganten Fassaden und einem lichtgelben, ins blasse Violett spielenden

Himmel. Ich blieb vor Krantz' Laden stehen. Das Gitter war heruntergelassen. Dicker Staub lag auf allen Gegenständen, die man durch das schon fast blinde Fenster sehen konnte. Es war wohl alles so geblieben, wie es am Tag des Mordes vor vier Jahren war. Die buckelige alte Schaufensterscheibe spiegelte das wellige Gitter und nicht mein Bild, nein: einen Archivarius Lindhorst oder so etwas Ähnliches. Ich starrte lange in den düsteren Laden, bis ein einzelner Viertelstundenschlag vom Turm der Kajetanskirche den Bann zerriß. Ich wandte mich ab, ging hinaus auf den M.-Platz. Die Biedermeier-Vedute bröckelte ab und sank zurück in die Tiefe der Zeit.

Es hatte nicht Father Browns kleiner grauer Zellen bedurft, meine sicher bescheideneren hatten genügt, und auch die hatte ich nicht über Gebühr strapazieren müssen, als ich nachher – ich saß in meinem Restaurant und aß, wenn ich mich recht erinnere, ein Salbeischnitzel und Morcheln auf Toast – alles, fast alles von dem Mord wußte. Sie werden es sich ja auch schon zusammenreimen. Was ich dann am nächsten Tag über den Fall in Erfahrung bringen konnte (ich setzte mich natürlich sogleich mit meinem Nachfolger im Kapitaldeliktsreferat in Verbindung, ließ mir die Akten bringen, beanspruchte ein wenig die Mühe der Kriminalpolizei), bestätigte nur, daß ich richtig überlegt hatte.

Um Krantz' Vermögen, das nicht unbeträchtlich war und zu dem auch das Haus seines Ladens gehörte, stritten sich immer noch die Erben, entfernte Verwandte von Krantz. Ein komplizierter Prozeß schwebte beim oder, besser, ruhte im Schoße des Oberlandesgerichtes. Es ging dabei, soviel ich weiß, um grundsätzliche erbrechtliche Fragen. Der Nachlaß war noch nicht einmal inventarisiert. Das Nachlaßgericht hatte zur Sicherung des Nachlasses den Laden versiegeln lassen. Niemand, außer in den allerersten Tagen nach dem Tod des Inhabers der Nachlaßpfleger, vielleicht der Gerichtsvollzieher hat den Laden und die Wohnung Krantz' betreten. Vorher, zu Krantz' Lebzeiten, war, wie wir wußten, auch so gut wie niemand in seine Wohnung gekommen. Außerdem war das merkwürdige Bild von dem Vorhang verhüllt gewesen, den erst in der Verzweiflung des Kampfes das Opfer, wohl beim Versuch, sich irgendwo festzuhalten, heruntergerissen hatte. Es gab also nach menschlichem Ermessen nur einen einzigen, der das Bild kennen konnte: der Mörder. Und der Maler jenes Bildes, das ich eben in der Ausstellung gesehen hatte, mußte das Bild in Krantz' Schlafzimmer gekannt haben. Es war eine Kopie aus dem Gedächtnis. Ein Zufall, eine Erfindung von so genauer Parallelität, erscheint mir, das muß ich auch bei strengster Beanspruchung der gebotenen juristischen Zweifel sagen, jenseits jeder denkbaren Wahrscheinlichkeit.

Als der Mörder, der Maler Sascha Weinlein, mit der schweren bronzenen Buddha-Figur ausholte, Krantz, der massige, bucklige alte Mann, im Sturz den Vorhang vor dem Bild mit sich riß und dann der Metallfuß der Figur wie ein gräßlicher Hammer auf den Schädel des Opfers niederkrachte, enthüllte der sterbende oder schon tote, verwachsene, häßliche und verstümmelte Krantz das Bild jenes schönen Kindes, das mit so merkwürdigen Augen über die Schulter aus dem Bild herausschaut. Es ist alles, stelle ich mir vor, so gut wie im gleichen Moment geschehen, und das Krachen des Mordwerkzeuges auf den Kopf des Opfers hat den Blick des Knaben auf dem Bild im Gedächtnis des Malers festgenagelt, unauslöschlich, ganz unauslöschlich fixiert. Es war, ich weiß nicht, ob Sascha Weinlein das gewußt hat, ein Porträt Krantzens, ein Porträt des häßlichen Krantz, als er noch ein schönes Kind war.

Ich besuchte dann natürlich auch den Maler Weinlein ganz scheinheilig draußen in St. Xaver am See. Er war sehr freundlich, freilich, er vermutete in mir einen Kunden. Ich hätte auch fast ein Bild von ihm gekauft . . . Der Besuch in seinem Atelier überraschte mich nicht. Er konnte zwar auch ein paar andere Bilder herzeigen, den überwältigend größeren Anteil seines Schaffens aber machten Bilder aus, die ein Kind darstellten, das einer Katze einen Ring zum Spielen hinhält. Die Darstellung gab es in großen und kleinen Formaten, mit verschiedenen Hintergründen, verschiedener Aufteilung der Proportionen, verschiedenen Farben, einige waren spiegelverkehrt, offensichtlich hatten unterschiedliche Katzen und unterschiedliche Kinder als Modelle gedient. Im wesentlichen war das Bild aber immer das gleiche.

Auf meine Frage, die mir angesichts der wohl jedem Beschauer auffallenden Häufung jener Darstellung in den Bildern Weinleins ganz harmlos erschien, warum er so oft dieses merkwürdige Sujet wähle, zuckte der Maler nur mit den Schultern. Ich habe nichts weiter gesagt. Fast hätte ich eines von den Kind-Katze-Bildern gekauft. Aber dann habe ich mir gedacht: besser vielleicht doch nicht.

Ja, das ist die Geschichte. Zu einem Prozeß gegen Sascha Weinlein ist es nie gekommen. Man sieht, wie wenig ernst die Kunst im sogenannten nüchternen Leben genommen wird. Auf meine Anordnung wurde der Fall zwar nochmals aufgerollt, sogar ein Ermittlungsverfahren gegen Weinlein eingeleitet, der, wohl von einem Verteidiger beraten, von seinem Aussageverweigerungsrecht Gebrauch machte. Ein paar Indizien, die im Laufe der neuerlichen Ermittlungen auftauchten, alarmierten zwar: Sascha Weinlein und Krantz hatten sich, das stand objektiv fest, gekannt. Krantz hatte mehrfach Bilder Weinleins an- und weiterverkauft. Wenige Tage nach der Tat hatte Weinlein eine Summe von 800 und einigen Mark der ›Amnesty International‹ überwiesen, etwa den Betrag also, der nach dem Mord bei Krantz vermutlich entwendet worden war. Und endlich war Weinleins Frau, ein eher üppiges Wesen mit langen schwarzen Haaren – ich habe sie bei meinem Besuch in

St. Xaver kurz gesehen –, gute zwanzig Jahre jünger als Weinlein, das heißt, sie war damals etwa achtzehn, und das war vier, fünf Jahre nach dem Mord. Zur Zeit des Mordes muß sie also dreizehn, vierzehn gewesen sein. Krantz hatte einen Hang, wie ich schon erzählt habe, zu ganz jungen Mädchen. – Aber das alles, sagte bei einer abschließenden Dienstbesprechung, in der wir die Summe aller Verdachtsmomente zogen, der Erste Staatsanwalt Dr. H., der das zuständige Kapitaldeliktsreferat hatte, das alles nimmt uns letzten Endes kein Richter ab. – Ich mußte ihm beipflichten. Wir stellten dann das Verfahren ein.

–Es ist alles ganz schön, sagte Dr. H., Herr Oberstaatsanwalt, zu schön, ich möchte sagen: irgendwie poetisch. Sie sollten einmal eine Geschichte darüber schreiben.

Vielleicht tue ich es noch, eines Tages.

Richter und Mensch

oder

Von der Humanität im Talar

UGO BETTI
ERNST WIECHERT
HENRY CECIL
HERMANN KESTEN
ALBERT DRACH
TITO COLLIANDER

ITALIEN

Ugo Betti

Zwischenfall beim Verhör

Im Raum war es sehr warm. Mit erhobener Stimme, verärgert, sagte der Richter, daß die Kanzlei schlecht funktioniere, daß Unordnung herrsche. Der Sekretär war über den Ton erstaunt. Beim Sprechen starrte der Richter bald da-, bald dorthin, auf den Aschenbecher, auf das Papiermesser. Nur während des Verhörs hob er seine klaren Augen mit den flatternden Lidern. Er unterbrach sich und wandte sich, als kümmere ihn die Unordnung des Büros nicht mehr, zum Fenster, das bereits dunkel war. Er richtete ein seltsames Lächeln an den Sekretär, wollte wohl, wer weiß was, bemerken, etwa daß das Wetter schlecht sei, oder daß die Vernehmungen, die sich in den Nachmittag hinein erstreckten, sehr anstrengend waren. Er suchte nach einer jener Phrasen, wie man sie gerne in Ämtern austauscht, um etwas Freundliches zu sagen. Statt dessen kehrte er zum Tisch zurück und schwieg, beugte das verbitterte, leicht gedunsene Gesicht über die angestrahlten Blätter.

Es ist noch die Erregung über die Beförderung, die ihm die Verdauung stört, dachte der Sekretär und betrachtete ihn neidvoll.

Die Vernehmungen hatten wieder begonnen, die Stimme des Richters beherrschte aggressiv und eindringlich den Saal, mit einem scharfen, keuchenden Ton. Wenn er länger schreiend sprach, so wie jetzt, schwollen ihm die Augen und die Ränder seiner geröteten Lider im bleichen Gesicht.

»Elvira Jomme«, rief der Amtsdiener.

Ein schmächtiger Alter, in einem übergroßen Rock, wurde fortgeführt, ohne verstanden zu haben, ob er verurteilt worden war oder nicht. Ein Mädchen mit krausem Haar wurde zur Bank geleitet. Sie war angeklagt, einen Gendarmen beleidigt zu haben, der sie zu nächtlicher Stunde dabei überrascht hatte, wie sie in einer Allee heimkehrende Herren offensichtlich belästigte.

»Auf welche Weise belästigt?« wollte der Richter wissen.

Der Gendarm, ein stämmiges Mannsbild, wußte nicht wohin mit den behandschuhten Händen und antwortete mit überraschendem Erröten, daß es sich um eine Belästigung im anrüchigen Sinne handelte. Die Fäuste in die Manteltaschen gepreßt, reagierte das Mädchen scharf, mitunter sarkastisch, und löste damit lachendes Gemurmel aus. Sie unterstellte dem Gendarmen, daß es an jenem Abend vielleicht gerade er war, der böse Absichten hatte. Der Mann versuchte, entrüstet und hochrot im Gesicht, ein entschuldigendes Lächeln, schaute den Richter an, offenkundig in der Hoffnung, bei ihm Unterstützung zu finden.

Der Richter hob die Augen von den Akten, in denen er nachgeschaut hatte, denn der Akzent hatte es ihm verraten: das Mädchen stammte aus dem kleinen Ort, wo auch er geboren war. Er beobachtete sie. Eine gewisse Anmut machte ihre stark geschminkten, schon verblühenden Wangen weicher, ebenso den Mund, der einen kindhaften, schmollenden Ausdruck hatte, wenn er geschlossen war; öffnete er sich hingegen zu unbeherrschtem Schreien, zeigte sich ein leichtes Zittern. Die weiße, zarte Kehle blähte sich auf, die Augen wurden plötzlich feucht, als kämen dem Mädchen auf einmal wer weiß welche Ungerechtigkeiten in den Sinn. Aber gleich darauf brachte sie ein sorgloses Lächeln zustande. Man spürte, daß die Zuhörer auf ihrer Seite waren.

Der Richter blätterte noch im Faszikel, sah, daß das Mädchen kaum geboren oder wohl noch in den Windeln war, als er in jungen Jahren das Dorf verlassen hatte. Vielleicht war er einst pfeifend jene Gassen hinunter gegangen und an einer Hausschwelle lag vielleicht an der Sonne, in einer Holzwiege, neben scharrenden Hühnern, jenes Mädchen mit geschlossenen Fäustchen. Er sah die Gartenmauer vor sich, mit Gras bewachsen und still; und gegen Mittag gab es jenes Geräusch aus den Häusern, wenn die Frauen das Salz stießen; und dort unten, am Ende der Straße, das Profil der Hügel und eine Wolke. Oh Gott! Plötzlich, mit einer inneren Bewegung, war seine einstige Geste wieder da, wenn er, voll Appetit, nach Hause kam und die grüne Pforte öffnete. Er merkte, daß man ihn ansah. Die Worte, mit denen er der Angeklagten zu schweigen gebot, brachen mit einem herben Ton aus ihm hervor, mit einer ungerechtfertigten Schärfe, die ihm sofort leid tat.

Die junge Frau blickte ihn einen Augenblick an; dann sagte sie mit rauher Stimme, sie wüßte es schon, daß er und andere eigens dafür bezahlt würden, um arme Teufel wie sie zu bespucken.

Stille trat ein, der Richter schlug mit der Hand auf den Tisch, schrie etwas.

Sein Herz hatte wild zu schlagen begonnen. Auch das Mädchen brüllte jetzt, die Augen voll Tränen. Fahl, etwas mühsam, las der Richter das Urteil und befahl, sie abzuführen.

»Ich gehe von selbst«, sagte das Mädchen, plötzlich mit trockenen Augen, stieß mit dem Ellbogen die Gendarmen zur Seite und ging ihnen voraus. Ihr verwegenes und mutiges Profil verschwand hinter den breiten Schultern eines Gendarmen. Die Tür schloß sich wieder, ein anderer Angeklagter befand sich schon auf der Bank.

»Fühlen Sie sich nicht wohl, Herr Rat?« fragte kurz danach der Sekretär.

Der Richter hatte sich erhoben, versuchte den schweren Atem zu unterdrücken, und antwortete, daß er nur einen Augenblick hinausgehen wolle, um eine Zigarette zu rauchen. Als er dann allein war, ließ er sich jedoch auf einen Sessel fallen und verharrte schnaufend. Vielleicht hatte er sich zu sehr aufgeregt, und dazu kam, daß er sich seit einigen Tagen schon nicht wohl fühlte. Es erleichterte ihn, allein zu sein. Wäre jemand da gewesen, hätte er sich zum Lächeln zwingen, hätte sich aufrecht halten müssen. Das Einzige, was er jetzt gerne gemacht hätte, wäre, das Licht auszulöschen und so zu bleiben, ohne jemanden um sich, nicht einmal seine Frau. Er sah sie vor sich, wie sie zuhause jetzt telephonierte, mit einer Freundin, endlos, von Zeit zu Zeit das Haar in den Nacken streichend. Dann stellte er sich vor, daß die Anwälte die Pause benützten, um eine Zigarette zu rauchen, und jetzt schon auf die Uhr schauten. Er hörte an der Türe pochen und richtete sich auf. Der Sekretär sah ihn mit einem verstohlenen Mäuseblick an und fragte, ob er etwas brauche. Er fügte untertänig hinzu, daß für gewisse Unsauberkeiten (damit spielte er auf das Mädchen mit dem krausen Haar an) die Peitsche nötig wäre, ein paar gute Peitschenschläge, das wäre alles.

»Kehren wir zum Verhör zurück«, meinte der Richter und dachte: ›Welch niedrige Seele!‹ In den sechs Jahren, in denen sie vom Morgen bis zum Abend beisammen waren, hatte der Sekretär nie ein echtes Wort an ihn gerichtet, ein Wort von Mann zu Mann. Aber vielleicht war es seine, des Richters, Schuld. Er war immer etwas schüchtern gewesen, ohne Freunde, und dann hatte er auch viel zu tun; wieviel Papier hatte er doch mit seiner gestochenen Schrift in den vielen Jahren beschrieben, auch noch nach dem Abendessen, bis spät in die Nacht, allein, mit kalten Füßen. Er betrachtete seine Hand, die mit geschwollenen Adern dalag, empfand plötzlich tiefes Mitleid mit sich und fühlte, wie Angst in ihm aufstieg. Was hatte er denn? Er las mit lauter Stimme, unterbrach sich. Er wandte das Gesicht mit einem blassen Lächeln zur Seite und sagte, daß er sich nicht wohl fühle.

Es gab etwas Unruhe im Saal. Sie begleiteten ihn noch in sein Zimmer und ließen ihn auf den Diwan niedersetzen. Er wollte sich hinlegen und erklärte, daß nichts sei. Er fühlte sich nun wirklich besser, war froh darüber, daß sie ihn sorgend umgaben. Gerne hätte er gefragt, wo seine Feder, ein Füllhalter, geblieben war. Aber im nächsten Augenblick dachte er nicht mehr an die Feder. Es waren ihm wieder jene Gassen dort oben in den Sinn gekommen, mit der Linie der Hügel zwischen zwei Dächern und mit einer schönen, festen Wolke. Er glaubte den Duft frischen Brotes zu riechen, er sah die Grashalme auf dem sonnigen Gemäuer des Dorfes, wo er geboren war. Plötzlich rief er den Sekretär.

»Er sagt, daß er jener Frau, jenem Mädchen etwas zu sagen habe«, vermeldete der Sekretär verwundert.

Das Mädchen befand sich schon in der Zelle bei den Gefangenen, und als sie zum Richter geführt und mit ihm allein gelassen, vor dem Diwan stand, starrte sie verängstigt auf den Richter, der sie anschaute.

»Ich wollte dir sagen«, flüsterte der Richter, mühsam atmend, »daß es mir leid tut, was vorhin geschehen ist.«

Das Mädchen betrachtete ihn aufmerksam, ein wenig vorgebeugt.

»Manchmal«, fuhr er fort, »geschieht es, daß ich zornig werde. Es tut mir leid.«

»Ach, es macht nichts«, meinte das Mädchen leise.

Sie schaute durch das dunkle Fenster, starrte dann auf den Richter, hob die Schultern und setzte zu einem unterdrückten

Lachen an, mit der sanft vorgebrachten Erklärung, sie sei eine große Komödiantin. Sie schreie, täusche Verzweiflung vor, aber alles sei nur Komödie. Von den Freundinnen werde sie Zwiebelchen genannt, was zu bedeuten habe, daß sie so, ohne jeden Schmerz, weine, wie beim Zwiebelschneiden; der Herr Richter möge sich keine Sorgen machen, sie sei ein Mädchen, das ein schlechtes Leben führe.

Er war nahe daran, ihr zu sagen, daß sie beide dort oben geboren wurden, er in jenem Hause und sie vielleicht im Hause daneben. Aber er verstand gleichzeitig, daß er sie mit diesem Gespräch nur in Verlegenheit versetzt hätte.

Ja, er verstand das sehr gut, und es schien ihm jetzt so, daß er auch viele andere Dinge mit einer düsteren Schärfe verstehe und sehe, Dinge, die seine Frau, den Sekretär und andere betrafen. Er glaubte jedoch, mit dem Mädchen mit dem krausen Haar vertrauter als mit irgendjemand zu sein. Sie erzählte nun, sich anbiedernd, daß sie zweimal verurteilt worden sei, sie kenne den Weg ins Gefängnis, es sei keine Gefahr, daß er sie zum Stolpern bringe, keineswegs. Er schaute sie an, schwer atmend und ergriff auf einmal ihre Hand.

Und da erfaßte ihn ein tiefes Bedauern, wie ein Stich in der Brust. Oh, Gott, warum war er nicht glücklich gewesen? Er sah vor sich ein Haus, mit breiten, bläulich erleuchteten Fenstern, in einer der neuen Siedlungen, die ihm so gut gefielen. Und hier, wenn er abends nach Hause kam, erwartete ihn seine Frau, klein und heiter, und sie sagten sich lustige Dinge, lachten zusammen, mit lebhaften Augen, mit geröteten Wangen. So war es nie gewesen, und er fühlte eine unerträgliche Qual, wie ein Gewicht auf der Brust, auf dem Arm. Sicherlich hätte er den Füllhalter auf dem Tisch nicht mehr gefunden. Jener Spitzname, Zwiebelchen, schien ihm so komisch, so anmutig! Diese zarte Kehle, der schmollende Mund rührten ihn zu Tränen. Wer weiß, wie dieses Mädchen mit dem krausen Haar starrköpfig und eifersüchtig an einen Mann, an einem Haus gehangen wäre; und mit welch fröhlichem Wirbel sie die Zimmer belebt hätte. Wie war es möglich, daß all das verloren war? Es tat ihm so leid, daß er sich aufrichten wollte. Dabei schien es ihm, als spüre er sein Herz nicht mehr und er glaubte zu verstehen, daß er sterben müsse.

Er sah die weit aufgerissenen Augen des Mädchens. Er wollte ihr zuflüstern, daß sie um Gotteswillen keine Angst haben solle, daß sie ihn nicht allein lassen möge.

Und das Mädchen, wenn auch mit tränennassem Gesicht, ließ seine Hand nicht aus. Warum schauten sie die Augen des Richters so an? Was konnte sie tun? Nicht wissend, was sie machen solle, begann sie, seine Hand zu küssen, überschwemmte sie mit Tränen, und schluchzte.

Wie beruhigt von jenem lebendigen und nassen Empfinden auf seiner Hand, hatte er die Augen geschlossen. Er war ganz verwundert. Denn er war durch eine grüne Pforte geschritten, und es schien ihm, als befände er sich in einem jener Häuser der neuen Siedlung, wo die Zimmer voll Klang, die Fenster blau waren; und er staunte, als es schien, als würden jene Fenster allmählich dunkel.

DEUTSCHLAND

Ernst Wiechert

Der Richter

Die alte Beerenfrau ging mit ihrer Nachricht nicht zur Polizei.

So trat sie, ohne anzuklopfen, in den kleinen, niedrigen Gerichtssaal, aus dem das Bild des Erlösers über dem Richtertisch längst verschwunden war, und sie blieb ein wenig an der Tür stehen und blickte auf die Bauernfrau im Zeugenstand, die in schwarze Seide gekleidet war und mit der erbitterten Wut der in ihrem Besitz Bedrohten sich über die »Ausgeschamtheit« ihrer Magd verbreitete.

Der Oberamtsrichter hatte den Kopf in die linke Hand gestützt und blickte an der Redenden vorbei in den Hintergrund des Saales. Aber jedermann sah, daß er durch diesen Hintergrund bis in eine weite Ferne blickte.

Die Bauernfrau erhob ihre Stimme, weil sie sah, daß der Richter nicht zuhörte, und plötzlich, wie erweckt von dem schrillen Klang ihrer Schmähungen, wendete er seine Augen auf ihr gerötetes Gesicht und fragte leise: »Wie viele Söhne haben Sie, Riederbäuerin?« »Drei!« erwiderte sie empört nach einer Pause, und sie habe es doch schon ein Dutzend Mal gesagt, und der jüngste solle es doch gewesen sein, von dem die »Ausgeschamte« ihre Lügen erzähle.

»Drei sind viel«, sagte der Oberamtsrichter ebenso leise. »Drei Herzen und sechs Hände können viel Schmerz bereiten.«

Es war nun lautlos still im Saal, und selbst der Protokollführer hob seinen grauen Kopf und sah seinen Vorgesetzten mißbilligend an.

Die Riederbäuerin schluckte ein paarmal, wahrscheinlich aus Empörung, und man sah, wie unter dem seidenen Halstuch ihr Kropf sich bewegte. Aber bevor sie den Mund auftun konnte, ging die Beerenfrau auf den Richtertisch zu. Ihr Stock stieß hart auf die Fichtendielen, der Landjäger hob verweisend die Hand, aber sie achtete es nicht.

Sie beugte sich über den grünbespannten Tisch, der mit Akten bedeckt war, und wartete, bis der Richter seine Augen ihr zuwendet. Es geschah ohne Erstaunen oder Mißbilligung, und sie bemerkte mit einem scheuen Mitleid, daß er sie gar nicht erkannte, so oft sie in der Küche bei seiner toten Frau und den beiden Kindern gesessen hatte. So weit waren seine Gedanken von diesem Saal und seinem Amt entfernt.

»Er liegt an der Kiesgruben«, sagte sie leise, »wo sie die Sonnwendfeuer brennen, und das Licht scheint in seine offenen Augen . . . er ist schon kalt.«

Die Augen des Richters versanken in ihrem Blick. Sie waren so müde, daß sie ohne sein Zutun wie in einen kühlen, dunklen Brunnen fielen, und die Beerenfrau merkte, daß es dem Richter schön war, in ihre Augen zu sehen, auch wenn er sie nicht erkannte. Ihr Herz begann zu klopfen, so sehr erfüllte sie das Mitleid, und leise und mahnend sagte sie: »Herr Richter!«

Er erwachte. Sie sah es an seinem veränderten Blick, und einmal sah er sich wie ein heimlich Belauschter im schweigenden Saal um. »Was ist, Veronika?« fragte er leise. »Wer liegt?«

»Der Huber-Joseph«, erwiderte sie ebenso leise. »Und sie haben ihn durchs Herz geschossen.«

Eine Weile starrte der Richter sie an, und eine Weile schloß er die Augen, als könnte er im Dunklen den Sinn ihrer Worte besser finden. Und dann, als er es begriffen hatte, blieb sein

Gesicht so still wie bisher. Aber er beugte sich über den Tisch und legte seine Hand auf die um den Stockgriff gefalteten alten Hände, als wäre es der Sohn der Beerenfrau, der dort im Walde mit offenen Augen liege. »Viele werden heute durchs Herz geschossen, Veronika«, sagte er. »Und ich will nun tun, was nötig ist.«

Sie blickte auf die schmale, feingliedrige Hand nieder, die so blaß unter dem Schwarz des Talares erschien, und es war ihr seltsam und feierlich, daß eine solche Hand auf ihren harten, groben Fingern lag. »Es war eine große Freundschaft früher zwischen Christean und ihm«, sagte sie in ihrer Verwirrung. Und Christean war der Sohn des Richters und ein Jugendführer in dem kleinen Ort. »Viele Freundschaften sind vergangen in dieser Zeit, Veronika«, erwiderte der Richter. »Die Zeit fragt nicht nach Menschenherzen, aber gehe nun, damit er seine Ruhe bekommt.«

Der Richter stand auf und unterbrach die Verhandlung. Während er zum Fernsprecher ging, bedachte er die Reihenfolge, in der er die Meldungen vornehmen sollte. Er tat es nach der alten Ordnung des Gesetzes, so daß zuerst der Staatsanwalt und zuletzt der Kreisleiter es erfuhr. »Huber?« fragte die scharfe Stimme des Parteimannes. »Ist das nicht der Lump, den wir schon vor zwei Jahren fertiggemacht haben? Der Kommunist?«

Es handele sich nicht um eine Parteisache, gab die leise Stimme des Richters zur Antwort, sondern um einen Mord.

Also um das, was für diese Burschen ein tägliches Handwerk gewesen sei, erwiderte die Stimme, noch schärfer geworden.

Die Polizei hatte die Lichtung abgesperrt, und der Richter blieb an ihrem Rande stehen, wo die blauen Glockenblumen aufrecht und ungeknickt um den Toten standen. Der leise Mittagswind bewegte die Kelche, und es war dem Richter, als schwängen auch die Kirchenglocken in den Türmen der Gotteshäuser nicht anders hin und her. Der Tote lag auf dem Rükken, und die hohe Sonne fiel immer noch in seine offenen Augen. Der Richter hatte ihn von Kind auf gekannt. Er war der Sohn armer, sehr frommer Häusler, und sein tapferer, gerechter, fast wilder Sinn hatte ihn früh zu den radikalen Gemeinschaften des Volkes getrieben. Und daran war auch die Freundschaft mit Christean jäh zerbrochen. Später hatte man ihn trotz seiner Jugend verhaftet und für eine Weile verschleppt, und er war finster und schweigsam zurückgekehrt.

Auch jetzt noch, dachte der Richter, liege ein Zug einsamen, fast jähen Schmerzes in dem erloschenen Gesicht, als wäre der Tod aus dem Hinterhalt über ihn gekommen.

Er betete ein Vaterunser und sah die Reihe der Gesichter entlang, die sich auf der Lichtung versammelten. Und er würde wohl ohne ein Wort das Ganze überstanden haben, wenn nicht der Gerichtsarzt, ein junger Mann in schwarzer Uniform, mit der Stiefelspitze den linken Arm des Toten aufgehoben hätte, bevor er sich zur Untersuchung hinabbeugte.

»Lebt Ihre Mutter noch?« fragte der Richter mit seiner leisen Stimme, und nur an der Falte zwischen seinen Augenbrauen war zu erkennen, daß ihn etwas bewegte.

Der Arzt sah ihn befremdet an. »Nein«, erwiderte er kalt. »Weshalb?«

»Weil ich gern wissen wollte«, sagte der Richter, »ob es in Ihrer Familie Brauch ist, die Arme der Toten mit der Stiefelspitze aufzuheben.«

Das Gesicht der Arztes war blaß geworden, aber er beherrschte sich, als er erwiderte: »Zwischen Müttern und Verbrechern gibt es Unterschiede bei uns!«

»Auch bei uns«, sagte der Richter. »Aber der Tod löscht sie aus. Und ein Richter braucht viel Zeit, um einen Menschen einen Verbrecher zu nennen. Selbst den, der hier getötet hat, nennt er nicht ohne weiteres so.«

»Ich habe nicht den gemeint, der getötet hat«, erwiderte der Arzt ungeduldig und beugte sich dann widerwillig zu dem Toten.

Es war bald zu Ende, und es blieb bei Vermutungen und dem lässigen Befehl an die örtlichen Behörden, Nachforschungen anzustellen.

Der Richter nickte, und während man den Toten auf eine Bahre legte, ging er langsam über die Lichtung zu dem steilen Abhang, der mit Brombeeren bewachsen war. »Hier könnte er gut hinabgestiegen sein«, dachte er, und wie er es dachte und auf die Ranken niederblickte, erblickte er das Weiße, das wie von einem Stiefelabsatz halb in die Erde gedrückt war. Aber er sah, daß es ein Briefumschlag war, und als er sich tiefer beugte, konnte er deutlich und ohne Mühe den Namen lesen. Vornamen und Zunamen, und ein grauer, schmutziger Knick lief zwischen beiden hin, als sollten sie getrennt sein, der der Taufe und der des Blutes. Es war kein Tau gefallen, kein Regen, und sie blickten ihn unbeweglich und unverlöscht aus dem grünen Moos an, die beiden Namen, die zusammen mit dem Toten hier gelegen hatten.

Ein wenig schwindelte es den Richter wohl von der Hitze, die aus dem Abhang aufstieg, denn er griff mit der rechten Hand in die Ranken, und die Hand wurde blutig von den scharfen Dornen.

So blieb er, die Augen auf den Marktflecken im Tal gerichtet, und erst als die Bahre und alle Amtspersonen im Gebüsch verschwunden waren, stieg auch der Richter langsam zu Tal, den steilen Hang hinunter.

Er ging langsam und gerade die heiße, schattenlose Straße bis zu seiner Dienstwohnung, und die kleinen Kaufleute und Gewerbetreibenden, die hier und da vor ihren Türen standen, grüßten ihn, manche mit dem alten Gruß, die meisten mit dem neuen, aber er neigte nur stumm die Stirn, und sie sahen ihm alle nach, manche bekümmert und manche mit einer leisen Schadenfreude. Und der Redakteur des Lokalblattes, der sich gern in einem »höheren Stil« ausdrückte, sagte zu dem Drukkereibesitzer: »Er sieht aus, als habe er eine Kugel in den Rükken bekommen.«

Vor den Fenstern des Speisezimmers standen noch voll belaubt die Linden, und ihr grünes Licht tat den Augen des Richters wohl. Barbara saß in ihrem Rollstuhl an der schmalen Seite des Tisches, und wie immer dachte der Richter, daß ein Haus wohlbehütet sei, in dem eine Heilige das Brot mit ihnen breche. Er küßte ihren dunklen Scheitel und fragte, ob Christean noch nicht da sei. Nein, er war noch nicht da. »Wahrscheinlich hat er eine Fahne getroffen«, sagte sie mit ihrem gütigen Lächeln.

Dann küßte sie die Innenseite seines Handgelenks, wo die Adern sich bläulich unter der dünnen Haut verflochten. »Weshalb war es besonders schwer heute?« fragte sie leise. Seit sie ihre Füße nicht mehr bewegen konnte, war es, als gebe es kein Geheimnis mehr vor ihr.

»Sie haben einen durchs Herz geschossen«, erwiderte der Richter.

Zwischen ihren Brauen erschien eine feine Falte des Schmerzes, und sie barg ihre Wange in der Hand des Vaters.

»Joseph«, sagte der Richter nach einer Weile. »Der dir die Windmühlen geschnitzt hat. Und er pflegte zu sagen, daß sie das Abendrot für dich mahlten, zu einer goldenen Krone für deinen Scheitel. Er hatte eine schöne Sprache für seine einfache Herkunft.«

Sie weinte nicht. Sie sah nur gerade vor sich hin, auf die Phloxblüten in der Vase, wo eine Biene von Kelch zu Kelch summte.

»So war es wohl, als die Wölfe die Herren der Erde waren«, sagte sie endlich. »Durch das Herz . . . weshalb immer durch das Herz?« »Weil es wohl Gott am nächsten ist«, erwiderte der Richter.

Dann kam Christean. Er war atemlos, und sein blondes Haar war an den Schläfen feucht. Er war so lustig, daß die Hände des Richters zitterten, mit denen er sein Mundtuch auseinanderfaltete. Und er konnte doch nicht unterlassen, seine Augen immer wieder auf dieses helle Gesicht zu wenden, das Gesicht eines Kindes, dem die Zeit eine Maske vorgebunden hatte, und die Maske war viel zu groß für das kindliche Gesicht.

Der Richter wartete, daß der Name des Toten fiele.

Und dann, während Christean die Hand nach einer Birne ausstreckte, lächelte das junge Gesicht auf eine seltsame Weise, als ob die Maske lächle, und dann sagte er: »Das mit Joseph hast du wohl gehört?«

Es war so still, daß das Summen der Biene um die Phloxkelche den ganzen Raum wie eine tönende Glocke zu erfüllen schien, und Barbara schloß die Augen, nachdem sie das Gesicht ihres Bruders mit einem langen Blick umfangen hatte.

Bevor der Richter antwortete, streckte er die Hand aus und nahm von der Unterseite von Christeans Ärmel ein Blatt, das dort haften geblieben war. Er wendete es zwischen den Fingern langsam hin und her, als betrachte er liebevoll das Vollkommene der Form, der Äderung, der Farbe. »Ein Brombeerblatt . . .«, sagte er dann leise, »und bald werden die Früchte reifen . . .«

Barbara öffnete die Augen und blickte auf das Blatt, und dann sahen sie beide, Vater und Tochter, wie auf einen geheimen Befehl Christean an, dessen Gesicht so weiß geworden war wie das Tuch, das er unter die Birne hielt.

»Ja«, fuhr der Richter wie in Gedanken verloren fort, »das habe ich natürlich gehört . . . es ist mein Amt, solche Dinge zuerst zu hören . . . ich war auch dort und bin durch den Brombeerhang hinabgestiegen . . .«

»Vater . . . lieber Vater . . .«, sagte Barbara. »Mir ist angst . . .«

Der Richter legte das Blatt auf seinen Tellerrand und nahm die durchsichtige Hand des Mädchens zwischen seine kalten Hände. »Fürchte dich nicht, Kind«, sagte er gütig. »Solange dein Herz schlägt, fürchte dich nicht.«

Danach wurde nicht mehr gesprochen.

Erst als sie aufstanden, Vater und Sohn, und der Richter die Hand auf den Krankenstuhl legte, um ihn auf die stille Terrasse zu schieben, sagte er im Hinausgehen: »Du brauchst nicht mehr zu suchen, lieber Sohn . . . ich habe es gefunden, ich allein.« Er wandte sich nicht zurück, um Christeans Gesicht zu sehen.

Der Richter hatte allein zu Abend gegessen, aber er hatte die Speisen kaum berührt. Barbara hatte sich früh niedergelegt, und Christean war seit der Mittagszeit außer dem Hause. Der Richter saß noch eine Weile an Barbaras Bett und hielt ihre rechte Hand zwischen seinen beiden Händen.

»Ach, Vater«, sagte sie schluchzend. »Mit seiner Hand . . . mit einer Kinderhand . . .« »Auch Hände haben sie verwandelt«, sagte er leise. »Kinderhände und Kinderaugen und Kinderherzen . . . wir müssen sie nun noch fester halten als bisher . . .«

Dann hatte er ein Feuer im Kamin anzünden lassen, weil ihn fror. Und dann saß er davor, die Hände um die Knie gefaltet, und wartete.

Als Christean kam, war nur noch das rötliche Licht der Flammen im dunklen Raum. »Es hat keinen Zweck, zu leugnen«, begann er endlich ohne Einleitung. »Und ich will es auch gar nicht leugnen.«

Er versuchte, ruhig und entschieden zu sprechen, aber seine

Stimme war heiser, und sie schwankte wie vor aufsteigenden Tränen.

»Versuche, es ohne Stolz zu sagen, Christean!« sagte der Richter endlich leise. »Für uns liegt Schmerz im Bekennen, nicht Stolz.« »Ich weiß, daß ihr im Alten lebt«, fuhr Christean fort, »aber wir leben im Neuen, und ihr müßt endlich versuchen, es zu begreifen.«

»Was Abel widerfuhr, ist alt«, erwiderte der Richter, »uralt. Und auch das Zeichen ist nicht neu, das Kain trug . . .«

»Er war ein Feind und ein Verräter«, sagte Christean heftig. »Du weißt, daß der Krieg vor der Tür steht, und er wollte es mit den Feinden halten. Er hat es mir gesagt, gestern, dort. Er hat es mir ins Gesicht geschrien, und da . . .«

»Da dachtest du, ein verschlossener Mund sei ein stiller Mund. Aber du weißt nun, daß er nicht still ist, lieber Sohn. Er hat sich aufgetan. Schon die ganze Nacht war er aufgetan, unter den kalten Sternen . . . und nun spricht er immer weiter, immer lauter. Eben jetzt in diesem Raum . . . hörst du ihn nicht, lieber Sohn?«

Der Richter vernahm, daß Christean einmal aufstöhnte, und er sah, daß er einmal die Hände vor das weiße Gesicht schlug. Aber dann ließ er sie wieder sinken und blickte finster auf den Vater. »Ihr wollt uns zurückführen«, sagte er. »Wie mit einem bösen Zauber. In das Alte und die alten Märchen. Ihr wißt nichts von dem, was wir denken.«

Der Richter neigte sich noch tiefer zum Feuer, und sein hageres Gesicht war nun ganz von den Flammen erhellt. »Ihr denkt nicht, lieber Sohn«, sagte er müde. »Ihr werdet gedacht. Denken ist die Frucht eines langen Lebens.«

»Für uns denkt Einer!« erwiderte Christean kalt.

Der Richter nickte. »Als du ein Kind warst«, fuhr er fort, »hat die Mutter dich genährt. Der Arzt wollte es nicht. Sie war zart, und es kostete sie fast das Leben. Aber sie wollte nicht, daß eine Fremde Speise für dich hätte. Wir haben uns immer von unsrem eignen Blut genährt. Und Blut war immer etwas Heiliges für uns . . . auch für seine Mutter wird es etwas Heiliges gewesen sein . . .«

»Es gibt minderwertiges Blut«, erwiderte Christean finster.

»So sagen sie«, antwortete der Richter. »Und der Arzt hob ja auch den Arm des Toten mit der Stiefelspitze auf . . . ach, lieber Sohn, soll ich es nun sein, der mit dem Briefumschlag vor den Tisch der Richter tritt?«

Christean war aufgesprungen und hatte sich vorgebeugt. »Vater!« sagte er heiser. »Du . . . du selbst willst gegen mich zeugen? Du selbst?«

Nun erst sah der Richter auf, so langsam, als müßte er sich aus den Binden eines Toten lösen. Er streckte die Hand aus und ließ sie langsam über die geballten Hände seines Kindes gleiten, zuerst über die rechte und dann über die linke. »Es gibt nur zwei, Kind, die es können«, sagte er voller Liebe. »Der Vater oder der Sohn. Und meinst du nicht, daß es dem Vater zukomme, das Schwere zu tun, wenn der andere noch ein Kind ist?«

Es war nun totenstill im Raum, nur das ersterbende Feuer knisterte leise vor sich hin. Und sie wendeten beide das Gesicht zu dem, was das einzig Lebendige in dieser Nacht schien, als könnten sie sich daran halten in diesem schweren Gespräch über Schuld und Tod. Die aufgeschichteten Scheite waren zusammengefallen und in glimmende Asche verwandelt, und nur dort, wo der Ansatz eines Astes das Holz verhärtet hatte, glühte es in einem bläulichen Licht und hatte die unverkennbare Form eines Menschengesichts. Sie war so deutlich, als hätte ein Maler sie mit einem phosphoreszierenden Licht auf einen dunklen Karton geworfen. Aber das Gesicht ruhte nicht still in sich wie eine Nachbildung der Natur; es war in der Wandlung begriffen, in einer Auflösung durch das Feuer, die wie Verfall und schnelle Verwesung erschien. Zuerst fiel das Kinn zusammen und sank in die Asche, und die nicht mehr gestützten Lippen hingen schaurig wie über einem Abgrund. Dann zerbröckelten auch sie, und die Glut machte eine Gebärde des Lächelns daraus, eines furchtbaren, wesenlosen und gespenstischen Lächelns. Dann vergingen die Augen, so deutlich und sichtbar, daß man sie austropfen sah, und dann neigte sich die Stirn, eine hohe, schimmernde, wie von innen erleuchtete Stirn. Sie neigte sich wie über das Bodenlose, und in einem Aufsprühen winziger Funken stürzte sie in die Nacht. Es wurde dunkel im Raum, und nur ein mattes Nachleuchten ging von der Asche aus wie von einem Totenfeuer. Und die ganze Zeit stand ein singender, klagender Ton über der Glut, wie er manchmal über einem verschwelenden Feuer steht.

Sie starrten beide auf das Ende dieses Spiels der Flammen, und einer wußte vom anderen, daß er dasselbe gesehen hatte. Aber beide bewegte es auf eine verschiedene Weise. Denn während der Richter in seiner Haltung verharrte, vorgebeugt und die Hände zwischen den Knien gefaltet, hob Christean zum zweitenmal an diesem Abend die Hände vor sein Gesicht, und der Richter erbebte unter dem Laut der Qual, der von den jungen Lippen kam.

Vor den offenen Fenstern standen reglos die Linden, und nur in langen Abständen, wenn ein Hauch des Windes über die nächtliche Erde ging, flüsterten die Blätter einmal auf und verstummten. Sie hielten beide den Atem an. Es war, als spreche jemand aus der Ferne zu ihnen.

Dann klopfte es leise, kaum vernehmbar an die Wand des Kamins. Dort stand Barbaras Bett, und es war das Zeichen, daß sie etwas verlangte. Der Richter stand auf und kam nach einer Weile mit ihr wieder. Er hielt sie in den Armen, und ihr langes Nachtkleid zog sich wie ein Schleier hinter ihr her. Er bettete sie sorgsam in seinen Sessel und legte ein Tuch um ihre Schultern. »Mir war angst«, sagte sie leise.

Und dann hörten sie, daß Christean tief aufatmete, so tief wie aus einem tödlichen Traum. Sie konnten nicht sehen, ob er seine Hände bewegte oder seine Stellung veränderte, und es war ihnen, als ob sein ganzes Leben sich in diesem Atem offenbare. »Ich will es selbst tun, Vater«, sagte er. »Ich ganz allein!«

Sie lauschten eine Weile dem Nachklang dieser fremden heiseren Stimme, als ob sie sie niemals vernommen hätten in diesen langen Jahren der Kindheit und der Jugend. Als sei sie nicht ihres Blutes, sondern eines fremden, das wie durch einen Zufall in ihr Leben gekommen war. Aber die nun »Vater« gesagt hatte, und es war, als sei dieses Wort zum erstenmal über die unsichtbaren Lippen gekommen, mit einer besonderen Bedeutung, die niemals vorher in diesem Wort gelegen hatte.

Dann griff der Richter langsam in seine Tasche, nahm den weißen Umschlag aus einer besonderen Hülle und reichte ihn über Barbara hinweg in die ausgestreckte Hand Christeans. »Du wirst nicht allein sein, lieber Sohn«, sagte er gütig. »Auch wenn ich nicht dabei bin.«

Er hob Barbara wieder aus dem tiefen Sessel, und als er sie langsam an Christean vorübertrug, dessen Gesicht wie das einer Maske in dem schwachen Mondlicht war, aufgehängt an eine dunkle Schattenwand, neigte sie sich in seinen Armen vor und schrieb zweimal das Zeichen des Kreuzes mit unendlicher Behutsamkeit über das Schattenbild des Bruders. Einmal über seine Stirn und dann über sein Herz.

Christean empfing das Zeichen bewegungslos, und als der Richter in den Raum zurückkehrte, war er nicht mehr da.

Er sah ihn erst am nächsten Vormittag in einer Verhandlungspause im Amtsgericht. Er stand in dem kleinen Dienstzimmer des Richters am Fenster, die Stirn an die Scheiben gelehnt, und wandte sich erst um, als er die Tür gehen hörte. Sein

Gesicht war bleich und verstört, und der Schmelz der Jugend war wie mit einem harten Tuch abgewischt von ihm. Er streckte die Hand mit dem Briefumschlag aus. »Er wollte ihn nicht nehmen«, sagte er. »Er fragte, ob ich verrückt geworden sei. Ich verdiente eine Belohnung und keine Strafe.« »Wer wollte ihn nicht nehmen?« fragte der Richter.

»Der Kreisleiter.«

Der Richter zog die Uhr aus der Tasche und blickte auf das Zifferblatt. »Ich würde nicht dorthin gegangen sein«, sagte er. »Dort ist kein Gericht. Du kannst nun in die Stadt zum Staatsanwalt. Ich will dir einen Brief mitgeben.«

Als er geschrieben und den Umschlag verschlossen hatte, legte er die Hand auf Christeans Schulter. »Ich weiß nicht, lieber Sohn, ob dort ein Gericht sein wird«, sagte er. »Aber du mußt es versuchen. Und wenn auch dort keines ist, werden wir zusammen versuchen, das letzte Gericht zu finden. Du wirst nicht allein sein, lieber Sohn . . .«

Er sah ihm nach, wie er langsam die Straße entlangging, den hellen Kopf erhoben wie sonst, aber in seinem Gang war etwas Starres, wie in dem Gang eines künstlichen Menschen, und der Richter bemerkte auch, daß er keinen Gruß erwiderte.

Der Richter war es nun, der die Stirn an die kühle Fensterscheibe lehnte und seinem Kinde nachblickte, solange er es sehen konnte.

»Ein Mörder . . .«, sagte der Richter flüsternd vor sich hin. »Dort geht ein Mörder . . . und als er ein Kind war, habe ich doch seine winzigen Hände geküßt . . .«

Christean kam erst am Abend zurück, als sie im Dämmerlicht auf der Terrasse saßen. Ein fernes Wetter warf seinen bläulichen Glanz über den Garten, und die Lautsprecher schrien die Drohung des Krieges über die Dächer hinaus.

Christeans Gesicht war erschöpft, und wenn das Licht hinter den Wolken aufflammte und über seine Züge glitt, sahen sie aus wie die eines Sterbenden.

»Hilf mir, lieber Vater!« sagte er endlich. Er hatte es seit Jahr und Tag nicht gesagt: »Lieber Vater!«, und es ergriff sie mehr als die Verstörung seiner Augen.

Es ergab sich, daß auch dieser Weg umsonst gewesen war. Der Staatsanwalt war schon unterrichtet gewesen. Er hatte den Brief des Richters in den Händen hin und her gewendet und gesagt, daß er angewiesen sei, das Verfahren nicht zu eröffnen. Die Zeiten seien nicht so, daß die Gerichte sich mit einer Marotte zu beschäftigen hätten.

»Eine Marotte . . .« wiederholte der Richter. »Hat er so gesagt?«

»Ja, genau so. Ich habe geantwortet, daß das Recht bei uns keine Marotte sei.«

»Hast du ›bei uns‹ gesagt?« fragte der Richter nach einer Weile.

»Ja, Vater.«

Ein Militärmarsch aus den Lautsprechern fuhr klirrend und dröhnend über die reglosen Lindenwipfel, und sie wendeten alle drei die blassen Gesichter dem Drohenden und Unaufhaltsamen entgegen.

»Komm nun, Christean«, sagte der Richter, als der Marsch geendet hatte, und stand auf. »Wie es ein letztes Recht gibt, so gibt es auch ein letztes Gericht, vor dem Jüngsten Gericht noch, und dorthin wollen wir nun beide gehen.«

Sie gingen durch die belebten Straßen, die wie im Fieber zitterten, bis an den Rand des Ortes, und dann zwischen Feldern in die Nacht hinein.

Als der Richter in einen schmalen Wiesenpfad einbog, blieb Christean stehen. Sie hatten kein Wort miteinander gesprochen. »Vater«, sagte er, »wohin führst du mich?«

Der Richter ließ einmal mit einer scheuen Bewegung seine

Hand über die Schulter des Sohnes gleiten. »Wußtest du nicht, lieber Sohn«, fragte er, »wo das letzte Gericht ist?« Dann gingen sie schweigend weiter.

Der Sarg stand in dem niedrigen Raum, der nur an Sonntagen benutzt wurde. Er war schon geschlossen, und zwei hohe gelbe Kerzen brannten an seinem Kopfende. Auf der Bank unter dem Fenster saßen die Eltern des Toten. In ihren schwarzen Gewändern, klein und gebeugt, sahen sie wie verflogene Vögel aus, die unter fremden Bäumen sich aneinandergedrückt hatten. Sie blickten einmal auf, als die angelehnte Tür sich bewegte, wie zwei Masken, die ein Luftzug berührt, und wendeten ihre Blicke dann wieder auf den Sarg zurück. Der Mann hielt die Hände um den Griff eines Stockes gelegt, die Frau die ihrigen um ein Gesangbuch gefaltet. An diesen Händen blieben nun die Blicke des Richters haften.

Eine Weile standen sie unbeweglich, der Richter und sein Sohn. Die Zeit glitt an ihnen vorbei, lautlos und ewig, zwischen weißen Masken, die an den dunklen Ufern hingen.

Und dann, mit einer schrecklichen, jähen Bewegung trat Christean vor die regungslos Sitzenden und warf sich auf die Knie. Er stützte die Hände auf die weißen Dielen und beugte den Kopf über seine Hände. »Ich habe ihn getötet«, flüsterte er. »Ich allein . . .«

Keine Bitte um Vergebung, keine Träne, kein Aufschrei, aber der Richter schwankte unter der Last der kaum hörbaren Worte: »Ich allein . . .«

Der Mann und die Frau hatten einmal niedergeblickt und die Füße angezogen, als wollten sie dem Knienden Platz machen, und die Frau hatte die Hände mit dem Gesangbuch schnell aufgehoben, wie zur Abwehr oder zur Bannung eines bösen Geistes. Aber dann blickten sie über den gebeugten Scheitel hinweg wieder in die gelbe Flamme der Kerzen, so, als ob ein Buch von dem Wandbrett gefallen wäre und es würde immer noch

Zeit sein, es aufzuheben, wenn der Sarg nicht mehr im Raume stände.

»Ich allein . . .«, wiederholte der Kniende flüsternd. »Ich allein . . «

Der Hauch der Worte erfüllte die Kammer. Er erfüllte sie so, daß er den Lebenden den Atem zu nehmen schien, und deshalb wohl stand der alte Mann endlich auf, stützte sich auf seinen Stock und blickte den Richter an, als läge niemand vor ihm auf den weißen Dielen. Es war kein Vorwurf in seinem Gesicht, nicht einmal eine tiefere Erschütterung als bisher, nichts als das unbewegt Gewordene eines langen Lebens, das auch dieses Flüstern empfing, wie es siebzig Jahre der Zeit empfangen hatte. »Der Herr Richter«, sagte die leise, aus einer weiten Ferne kommende Stimme, »der Herr Richter möchte seinem Sohn sagen, daß er es nicht allein war. Gewalt kommt von Tausend oder Hunderttausend, und nur Buße kommt von einem Herzen, das allein ist. Und auch dies möchte der Herr Richter seinem Sohn sagen, daß kein Herz in dieser Kammer Schwereres zu tragen hat als des Herrn Richters Herz . . .«

Auch der leise Klang dieser Worte erfüllte den Raum. Er erfüllte ihn mit solcher Schwere, daß das Gesicht des Knienden sich fast bis zur Erde neigte. »Ich allein . . .«, flüsterte er noch einmal, und nun war es so, als spräche er es in die Erde hinein, dorthin, wo die Särge aller Getöteten ständen.

Der alte Mann hörte die Stimme nicht, denn er blickte noch immer den Richter an, unverwandt und unbeweglich, als hätte der Richter getötet und nicht der Kniende. Der Richter aber erwiderte seinen Blick nicht mehr. Seine Augen waren längst auf das erloschene Gesicht der Mutter gerichtet, mit einer so beschwörenden und verzweifelten Inbrunst, als wollten sie durch die starre Maske des Gesichtes bis in die dunkle Kammer des Herzens reichen, wo das alte, müde Blut ein- und ausging.

Ein Vogel rief über den nächtlichen Feldern, einer von denen, die unter den Sternen nach ihrer südlichen Heimat zogen. Es war ein ferner, verwehender Ruf, aber in der tödlichen Stille war er wie eine Menschenstimme, eine unbekannte, die den Mund öffnete, um zu den Sternen zu rufen. Es war nicht, als ob ein Vogel riefe, sondern als ob eine ferne Macht jemanden zu rufen bestimmt hätte, damit das geschehe, was dieser Nacht vorbehalten und bestimmt gewesen war seit Anbeginn.

Und noch während der Ruf die Kammer erfüllte, ohne sie noch verlassen zu haben, wendete die alte Frau langsam, ganz langsam ihr erloschenes Gesicht von dem Schein der Kerzen in den Blick des Richters, und ohne ihn von dort zu wenden, löste sie eine ihrer alten, zitternden Hände von dem schwarzen Gesangbuch und ließ sie einmal ganz leise und behutsam über das helle Haar des zu ihren Füßen Knienden gleiten.

Und darauf faltete die Hand sich wieder um das Buch und vereinigte sich mit der anderen, die sich nicht gerührt hatte, so als gehörten sie gar nicht zusammen.

Dann stand Christean auf, und der Richter verließ mit ihm den Raum.

Als drei Tage später der Krieg begann, bald nach der Mitternachtsstunde, war Christean schon jenseits der Landesgrenze, auf einem schmalen, mondbeschienenen Weg, der nach Westen führte und über den Westen hinaus in die Buße, von der der alte Mann gesagt hatte, daß sie nur aus einem Herzen komme, das allein sei, und der Richter setzte an dem Tisch vor dem erloschenen Kamin seinen Namen unter das Schreiben, in dem er sein Amt niederlegte.

»Wo ein Richter sein soll«, stand am Ende des Schreibens, »muß ein Recht sein. Und wo ein Recht sein soll, muß gerichtet werden. Wo aber nicht gerichtet wird, ist auch kein Raum, weder für ein Recht, noch für einen Richter.«

ENGLAND

Henry Cecil

Die Lektion

Der Angeklagte war unschuldig befunden worden, und der Richter Streak wandte sich an ihn mit folgenden Worten:

»William Pellet, die Geschworenen, die allein über die Tatsachen zu urteilen haben, haben Sie für unschuldig erklärt, und infolgedessen werden Sie entlassen. Aber ich halte mich für verpflichtet, Ihnen zu sagen, daß Sie nach meiner Ansicht großes Glück mit Ihren Geschworenen gehabt haben. Ich hoffe jedenfalls, daß Sie durch das Verfahren etwas gelernt haben.«

William Pellet verließ die Anklagebank, feierte seinen Freispruch und ging dann zu einer Anwaltsfirma.

»Was berechtigt ihn, so zu mir zu reden?« fragte er den Anwalt. »Die Geschworenen haben mich freigesprochen und er entläßt mich mit einem Fleck auf meinem Ruf. Sehen Sie sich diese Abendzeitung an. ›Freigesprochener Angeklagter hat Glück mit seinen Geschworenen.‹ Das macht einen netten Eindruck. Werde ich meine Stellung wieder bekommen?«

»Ich habe volles Verständnis für Ihre Lage«, sagte der Anwalt, »aber welchen Rat wollen Sie von mir?«

»Kann ich ihn nicht wegen Beleidigung verklagen?«

»Einen Richter – und übrigens auch einen Anwalt – kann man nicht wegen irgendeiner Bemerkung verklagen, die sie vor Gericht machen.«

»Was? – nicht einmal wegen einer privaten Bemerkung? Wenn ein Anwalt sich herumdrehte und mit seinem Mandanten spräche und irgend jemand hörte, wie er einen anderen verleumdete, könnte er dann nicht verklagt werden?«

»Ja, aber das wäre nicht im Laufe des Verfahrens geschehen.«

»Dies auch nicht. Die Geschworenen hatten mich für unschuldig erklärt. Der Richter hatte mich entlassen. Was für ein Recht hatte er, meinen Namen zu verunglimpfen? Bloß um recht zu behalten, weil die Geschworenen anders dachten als er?«

»Also«, sagte der Anwalt, »ich kann nur sagen, daß einige Richter – nicht viele – gelegentlich so etwas tun. Persönlich bin ich der Ansicht, sie sollten das unterlassen. Aber von einer Klage wegen Verleumdung kann ich mir keinen Erfolg versprechen. Es würde gar kein Verfahren eröffnet werden.«

»Sind Sie sicher?«

»Ich bin mir nie irgendeiner Sache sicher, ohne Rechtsrat einzuholen, und selbst dann nicht immer. Aber so beurteile ich die Sache.«

»Wären Sie bereit, einen Versuch zu machen und abzuwarten, was daraus wird?«

Der Anwalt dachte einen Augenblick nach. Dann sagte er: »Ich muß das mit meinen Partnern besprechen, doch wenn die einverstanden sind, habe ich keine Bedenken, einen Anspruch brieflich geltend zu machen und eine Zustellung zu bewirken. Aber ich mache Sie darauf aufmerksam, Sie werden verlieren und nicht nur unsere Kosten, sondern auch die des Richters zu tragen haben.«

»Kommt das in die Zeitungen?«

»Wenn es bis zum Berufungsgericht geht, kommt es in die Zeitung, aber das wird kostspielig werden.«

»Das ist mir gleich«, sagte Mr. Pellet, »es ist so unanständig.

Es ärgert mich. Ich würde viel dafür geben, mit dem Richter quitt zu werden. Sie können bis zu £ 100 ausgeben. Hier haben Sie gleich £ 50.« Mr. Pellet fing an, fünfzig Pfundnoten aufzuzählen, aber der Anwalt unterbrach ihn.

»Wir werden nicht gleich zu Anfang eine solche Summe brauchen. Natürlich, wenn wir damit bis zum Berufungsgericht gehen, würde es wahrscheinlich annähernd soviel kosten. Aber zehn Pfund sind völlig genug als Anzahlung.«

Infolge dieser Unterredung erhielt der Richter Streak den folgenden Brief von der Anwaltsfirma Pale und Woolley.

»Herrn Richter Streak,
Königliches Gericht,
Strand W.C. 2

Persönlich und vertraulich

Sehr geehrter Herr,

wir schreiben Ihnen mit Bedauern und einer gewissen Verlegenheit auf Veranlassung unseres Mandanten Mr. William Pellet. Unser Mandant wurde kürzlich nach einer Verhandlung im Hauptkriminalgericht unter Ihrem Vorsitz freigesprochen; er beklagt sich darüber, daß Sie, nachdem Sie ihn entlassen hatten, im Gericht zu ihm sagten: ›Sie haben großes Glück mit Ihren Geschworenen gehabt. Ich hoffe jedenfalls, daß Sie durch dies Verfahren etwas gelernt haben.‹ Unser Mandant beklagt sich darüber, daß Sie mit diesen Worten ausdrücken wollten und auch dahin verstanden wurden, daß er tatsächlich des Vergehens schuldig war, von dem er freigesprochen wurde, und er beauftragt uns ferner, die Behauptung vorzubringen, daß die Verhandlung vorüber und er entlassen war, die Worte von Ihnen nicht in Ihrer Eigenschaft als Richter gesprochen wurden und daher nicht unter die Straffreiheit fielen. Unser Mandant beauftragt uns, Sie zu fragen, ob Sie bereit sind, sich öffentlich zu entschuldigen, das Gesagte zurückzunehmen und eine angemessene Summe als Schadensersatz zu bezahlen. Falls Sie nicht bereit sein sollten, diesem Ersuchen zu entsprechen, haben wir Auftrag, eine Klage zuzustellen, und wären dankbar für eine Mitteilung, ob wir mit Recht annehmen, daß wir die Zustellung an die Kanzlei des Treasury Solicitors (des Fiskus) bewirken können.

Wir möchten hinzufügen, daß wir natürlich sehr bedauern, einen Brief dieses Inhalts an Sie richten zu müssen, doch obgleich wir durchaus verstehen, daß möglicherweise Gegengründe gegen den Anspruch unseres Mandanten vorhanden sind, schien es uns richtig, den Anspruch zu erheben.

Ihre gehorsamen Diener
Pale und Woolley.«

Eine Woche nachdem der Richter den Brief erhalten hatte, schrieb der Treasury Solicitor, er würde Zustellungen entgegennehmen, aber sofort beantragen, daß die Eröffnung eines Verfahrens abgelehnt würde, weil jede Äußerung eines Richters absolut straffrei sei. Mr. Pellet bat die Anwälte, die Klage zuzustellen, und innerhalb von vierzehn Tagen hatte Master Trotter (ein Richter unterer Instanz) auf Antrag des Treasury Solicitors die Eröffnung des Verfahrens abgelehnt. Hiergegen erhob Mr. Pellet Beschwerde, der Einzelrichter bestätigte die Entscheidung des Masters, ließ aber die Berufung zu. Zu gegebener Zeit erließ das Berufungsgericht seine Entscheidung. Lord Justice Rowe verkündete das einstimmige Urteil des Gerichts und sagte unter anderem:

»Es kann nicht bezweifelt werden, daß alles, was ein Richter im Zusammenhang mit dem Verfahren und in seiner Eigenschaft als Richter in öffentlicher Verhandlung sagt, ausnahmslos unter die Straffreiheit fällt. Das Gesetz setzt hohes Vertrauen in die Richter und legt ihnen große Verantwortungen auf, und ein uneingeschränktes Straffreiheitsprivileg ist eine wesentliche Voraussetzung für die richtige Erfüllung ihrer richterlichen Aufgaben. Doch ist es in Fällen, wo zum Beispiel, wie hier, die Verteidigung in einem Alibi besteht, höchst unerwünscht, daß ein Richter nach einem Freispruch etwas sagt, das ein schlechtes Licht auf den Freigesprochenen wirft. Wenn das zugegebene Verhalten des Freigesprochenen fahrlässig, unbesonnen, falsch oder unvernünftig war, mögen ein paar Ratschläge oder Bemerkungen des Richters dem Interesse des Angeklagten oder des Publikums dienen. Aber nach unserer Ansicht kann es nie richtig sein, daß ein Richter Zweifel an der Korrektheit eines Freispruchs zum Ausdruck bringt. Trotzdem haben wir keine andere Möglichkeit, als die Berufung unter Auferlegung der Kosten zurückzuweisen.«

Das Berufungsgericht hat normalerweise mit Strafsachen nichts zu tun. Berufungen in Strafsachen kommen vor das Strafberufungsgericht, und ein früherer Oberrichter hat einmal gesagt, dies Gericht könne, wenn es das für richtig halte, über die Ansichten des Berufungsgerichts zugunsten seiner eigenen Rechtsauffassung hinweggehen. Der Richter Streak, der dem Strafberufungsgericht angehörte, war durchaus nicht mit der Kritik einverstanden, die das Berufungsgericht an ihm geübt hatte; das traf auch auf ein bis zwei andere Richter dieses Gerichtshofs zu, unter anderm auf den Richter Crane. Der bemerkte, was auch das Berufungsgericht sagen möge, er werde nach eigenem Ermessen darüber befinden, was er in seinem eigenen Gericht sage, eine Ansicht, welcher der Richter Streak sich von Herzen anschloß.

Andererseits war Mr. Pellet durchaus unzufrieden damit, daß das Gericht nur eine Ansicht geäußert hatte. Das allein machte nicht wieder gut, was der Richter ihm angetan hatte. Später wurde bekannt, daß ein Berichterstatter gehört hatte, wie er nach der Zurückweisung der Berufung sagte: »Ich werde meine Rechnung mit ihm noch bereinigen.«

Der Richter Streak wohnte allein in einem kleinen Haus in

London. Eines Nachts, ein paar Monate nachdem Mr. Pellets Berufung zurückgewiesen worden war, gelang es zwei Männern, in das Haus des Richters einzudringen. Maskiert gingen sie in sein Schlafzimmer. Er lag im Bett. Sie holten ihn heraus, zogen ihn aus, beschmierten ihn mit Teer und wälzten ihn in Federn. Dann legten sie ihn auf die Stufen vor seinem Haus mit einer gedruckten Karte über seinem Kopf: »Diesmal weniger Glück gehabt« und entfernten sich.

Nach verhältnismäßig kurzer Zeit wurde der Richter Streak von einem Polizisten gefunden und im Krankenwagen in ein Krankenhaus gebracht. Es ging ihm zuerst sehr schlecht, aber er erholte sich vollständig. Wenige Stunden nachdem er entdeckt worden war, suchte ein Kriminalinspektor mit einem Polizisten Mr. Pellet auf und forderte von ihm Rechenschaft darüber, wie er die Nacht verbracht habe.

»Seit wann schulde ich der Polizei Rechenschaft?« sagte er. »Bitte gehen Sie fort.«

»Richter Streak ist soeben mit Teer beschmiert und in Federn gewälzt worden. Wissen Sie etwas darüber?« fragte der Inspektor.

»Seit Jahren hat mich keine Nachricht so erfreut«, sagte Mr. Pellet. »Wie ist es ihm denn bekommen?«

»Wir haben Grund zu der Annahme, daß Sie mit diesem schweren Überfall etwas zu tun hatten.«

»Ja? Dann werden Sie mich zweifellos verhaften, wenn Sie genügend Beweise haben. Wenn nicht, gehen Sie bitte fort. Ich möchte weiterschlafen. Vielleicht darf ich noch erwähnen, daß ich zwar stolz wäre, wenn ich dem alten Mann eine Lehre erteilt hätte, mit der Sache jedoch nichts zu tun hatte.«

»Können Sie etwas darüber sagen, wer es etwa gewesen ist?«

»Wenn ich das könnte, würde ich es nicht tun. Aber wenn er jeden Menschen so behandelt wie mich, kann ich mir vorstellen, daß es eine ganze lange Liste von Anwärtern gibt. Im übrigen wäre ich dankbar, wenn Sie jetzt weggingen. Es zieht und ich bin müde.«

Die Polizisten gingen, und Mr. Pellet legte sich wieder ins Bett. Die Polizisten befragten nun die Haushälterin des Richters und hatten mehr Glück mit den Auskünften, die sie von ihr bekamen. Sie brachten ein ganz erhebliches Beweismaterial gegen Mr. Pellet zusammen und hielten es für ausreichend, um eine Anklage gegen Mr. Pellet wegen eines Überfalls und schwerer Körperverletzung zu rechtfertigen; daraufhin wurde er verhaftet. In dem Verfahren vor dem Polizeigericht ergab sich weiteres Belastungsmaterial, und als die Sache zur Verhandlung an das Kriminalgericht verwiesen wurde, sah es sehr ungünstig für ihn aus.

Mr. Crane war der Richter, und seine Rechtsbelehrung sprach sehr gegen den Angeklagten. Aber der Richter sagte vorsichtshalber im Lauf seiner Ausführungen:

»Meine Herren Geschworenen, ein Überfall dieser Art auf einen Mann im Alter des Richters Streak ist eine sehr ernste Angelegenheit – er hätte sogar leicht zu seinem Tode führen können. Trotzdem dürfen Sie sich nicht dadurch beeinflussen lassen, daß dieser widerwärtige Angriff einem hohen Richter galt. Sie haben lediglich zu entscheiden, ob der Angeklagte für die Tat verantwortlich ist. Es tut nichts zur Sache, ob der Angegriffene ein Richter oder ein Straßenfeger war. Sie werden sich nur schlüssig werden, ob die Beweisaufnahme Sie von der Schuld des Angeklagten überzeugt.«

Der Richter referierte weiter über die Beweisaufnahme, und als er zu Ende war, gab es nur wenige, die trotz des hartnäckigen Leugnens des Angeklagten nicht einen Schuldspruch erwarteten. Die Geschworenen zogen sich zur Beratung zurück. Nach drei Stunden kamen sie mit einem Freispruch wieder. Der Richter Crane warf ihnen einen strengen Blick zu und sagte dann: »William Pellet, die Geschworenen haben Sie für unschuldig erklärt. Sie sind entlassen. Nach meiner Meinung sind Sie . . .« Er hielt inne.

»Ja?« sagte Mr. Pellet lauernd.

»Entlassen«, sagte der Richter. – »Der nächste Fall!«

DEUTSCHLAND

Hermann Kesten

Der Mann im Schrank

Anton Laufer saß in seiner Stube und dachte über sein Leben nach. Von Zeit zu Zeit blickte er auf die altmodische Wanduhr und sah, wie ruhig sein letzter Tag in München verging. Bald war es für ihn Zeit, zu seinem Freund Pomp zu gehen, um mit ihm nach Berlin zu fahren. Er hatte sich bereits gestern von der Familie Pflaum verabschiedet, in deren Wohnung er Zimmerherr war. Laufer fühlte sich heut wie ein Gast in seiner Stube.

Die Familie Pflaum liebte ihren Zimmerherrn. Als Laufer gestern, kurz nach seinem gerührten Abschied, überraschenderweise wiedergekommen war, hatte die Familie ihn zum kargen Abendessen eingeladen und ihm das Zimmer für eine weitere Nacht zur Verfügung gestellt, ohne ihm jene mit Groll vermischte Enttäuschung zu zeigen, die man fühlt, wenn einer gegen alle Erwartung nicht abreist oder stirbt.

Laufer saß auf dem roten, quietschenden Diwan, der mit seiner verwüsteten Pracht behaglich melancholisch aussah, und begann zu trällern. Die eigene Stimme tröstete ihn über seine unbehagliche Stimmung hinweg. Da klopfte es an die Tür. Er erwartete keinen Menschen. Es klopfte nochmals. Laufer öffnete und fand die ganze Familie Pflaum vor der Tür. Herr Pflaum hielt eine Karaffe mit rotem Wein, Frau Pflaum ein Tablett mit belegten Broten, und die drei blonden Töchter trugen Gläser und Teller. Alle lächelten auf ihre vertraute und liebe Weise, und der Vater bat um die Erlaubnis für alle, eintreten zu dürfen.

Sie waren gekommen, um ein zweites Mal Abschied zu feiern, ganz inoffiziell, wie Herr Pflaum versicherte.

Da saß also Laufer wieder auf dem roten, quietschenden Diwan, und die lieben, frischen Mädchen zwischen zwanzig und fünfundzwanzig Jahren saßen links und rechts von ihm und drückten sich an ihn und streichelten ihm die Wangen.

Ihm gegenüber saßen Herr und Frau Pflaum. Die Mutter, noch hübsch und straff, zwang alle, die Wurstbrote zu essen, als müßten sie die nächsten Wochen fasten. Wer weiß, wann es wieder Wurst gab?

Herr Arthur Pflaum lächelte wehmütig und schenkte den Tiroler Wein ein. Er schien sich am Anblick seiner zärtlichen Töchter und seines verlegenen Zimmerherrn zu weiden.

Laufer betrachtete mit einer wehmütigen Neugier das tote und lebende Inventar seiner Wohnung.

»Sie werden uns fehlen, lieber Herr Laufer!« versicherte mit Wärme Herr Pflaum. »Wir haben keinen besseren Freund auf Erden.«

Laufer fand dieses Kompliment peinlich. Wenn es stimmte, tat der Mann ihm leid. Denn Laufer war kein Freund vom Herrn Oberlandesgerichtspräsidenten Pflaum. Er hatte den Richter längst verurteilt.

Pflaum schien in Laufers Gedanken zu lesen. Er sah gut aus, dieser Pflaum. Er hatte eine würdige Art zu reden, mit der gesuchten Geläufigkeit eines Universitätslehrers. Er hatte die roten Wangen eines Weintrinkers, weiße Haare, obwohl er erst siebenundvierzig Jahre alt war, und die scharfen Augen eines Jägers oder Richters. Er durchschaute viele Menschen und sogar sich. Er hatte das anständige, aber meist lächerliche Bedürfnis, sich und sein Leben zu rechtfertigen. Er war vielleicht darum Richter geworden, um alltäglich die Rechtfertigungen anderer zu hören und von ihnen zu lernen.

Er hatte es bis zum Oberlandesgerichtspräsidenten gebracht, war aber nach dem Krieg zum Landgerichtsrat degradiert worden, weil er im Jahre 1939 Mitglied der Nationalsozialistischen Partei geworden war, um seiner Kinder willen angeblich. Nun wartete er begierig auf seine Verhandlung vor der Spruchkammer, dem Entnazifizierungsgericht, wo er sich mit Erfolg zu rechtfertigen hoffte. Denn er litt unter seiner Degradierung und rechnete damit, ein neues Leben zu beginnen, sobald er nur wieder zum Oberlandesgerichtspräsidenten ernannt würde.

Herr Pflaum füllte die Gläser wieder, trank selber, stellte das Glas nieder und erklärte plötzlich: »Ich muß mich vor Ihnen rechtfertigen, Herr Laufer. Sie sind ein nobler Mensch. Sie können mich nicht ganz verurteilen, sonst wären Sie nach dem Ende des Krieges nicht zu uns gezogen. Glauben Sie, ich hätte es vergessen, wie Sie im Winter 1944, sechs Monate, bevor Sie dann bei uns eingezogen sind, spät abends einmal in unsere Wohnung kamen und mir erzählten, Sie seien aus einem Konzentrationslager entkommen und die Gestapo sei Ihnen auf den Fersen, und ich sollte Sie in unserer Wohnung verstecken? Und wie ich Ihnen sagte, ich bin Mitglied der Partei, und wie Sie sagten, es geht um mein Leben, Herr Präsident, und wie ich Ihnen sagte, ich bin ein Familienvater, und soll ich auf Kosten meiner Familie ein Held sein? Und wie Sie zögernd fortgingen, als stünde der Henker auf der Stiege?

Ich bin Ihnen dankbar, daß Sie gleich nach dem Ende zu uns gezogen sind, als ich Sie auf der Straße traf und Sie mir sagten, Sie hätten keine Wohnung, keine Adresse, kein Einkommen, sondern nur die Hoffnung auf eine bessere Welt. Und ich sagte, wir haben ein Zimmer frei. Und Sie kamen mit mir, wie Sie standen und gingen. Ich habe Ihnen das nicht vergessen.

Aber seit Sie bei uns wohnen, habe ich Ihnen Tag für Tag unsere Geschichte erzählen wollen und hatte nicht den Mut. Ich weiß nicht einmal, ob das, was ich Ihnen zu erzählen habe, Ihre Meinung von mir und meiner Familie verbessern oder verschlimmern wird. Aber ich leide unter dieser Geschichte. Und vielleicht werden Sie mir sagen können, ob ich ein schlechter Mensch bin, ja ein Mörder bis zu einem gewissen Grad, oder ob ich das moralische Recht habe, auch weiterhin ein hoher Richter meines Landes zu bleiben. Helfen Sie mir, lieber Herr Laufer! Sie sind mir gut. Ich weiß es. Aber Sie achten mich nicht. Widersprechen Sie mir nicht!«

Frau Pflaum widersprach an Laufers Stelle.

»Ich weiß viel besser als du, was Herr Laufer denkt. Er ist ein guter Mensch. Darum denkt er dasselbe wie ich. Nicht wahr, Herr Laufer?«

Sie bot ihm ein Wurstbrot an, und Laufer begann in seiner Verlegenheit zu essen.

Bella Pflaum war eine gute Frau, und sie sagte es oft. Sie liebte ihre Töchter, ihren Mann, ihren Zimmerherrn und den lieben Gott. Mit allen stand sie auf vertrautem Fuß und sprach zu ihnen von gleich zu gleich. Jeden Abend schlief sie in den Armen ihres Mannes ein und erwachte jeden Morgen mit dem Gedanken an Gott. Im Grunde ihres Herzens glaubte sie, die Welt sei für sie geschaffen worden, und ihre Wohnung schien ihr der Mittelpunkt des Lebens. Daß es mit ihr einmal ein Ende nehmen werde, glaubte sie einfach nicht. Die Zeitungen mit ihren Berichten von Frieden und Krieg las sie wie einen spannenden Fortsetzungsroman, es kam ihr alles gut erfunden vor. Von Zeit zu Zeit entdeckte sie Neuigkeiten. »In Deutschland«, versicherte sie etwa, »sitzen nach dem Krieg mehr Menschen in Konzentrationslagern als unter Hitler, und zum Teil sind es wieder dieselben.«

Als ihr Mann und ihre Töchter über solche Neuigkeiten nur

bitter lachen konnten, dachte sie, man glaube ihr nicht, und versicherte mit Nachdruck: »Es steht in der Zeitung.«

Sie gewöhnte sich gründlich an Menschen und Meinungen und wollte sie nicht mehr hergeben, auch den Zimmerherrn nicht, als sei alles eigens für sie bestimmt, wie ihr Küchenherd, ihre seidene Bluse oder einer ihrer Finger, die sie auch nicht weggeben wollte.

Ihr Mann hatte ihr und den Töchtern strengstens verboten, je von der alten Geschichte zu sprechen, die er jetzt erzählen wollte. Also winkte sie ihm bedeutsam mit dem Finger und sagte: »Sprich nicht davon, Arthur. Du weißt . . .!«

Arthur war nicht aufzuhalten. »Du bist ja schuld«, erwiderte er, »daß wir Siegfried in deiner Kleiderkammer einquartiert haben.«

Herr Pflaum wandte sich an Laufer.

»Ich hatte einen Schulfreund namens Siegfried Rosen. Er ging später nach Kassel und wurde Direktor der Städtischen Gemäldegalerie. Dabei sah er mit seiner Glatze wie ein Oberkellner in einem vegetarischen Restaurant aus, mager und fanatisch. Er hat ein gutes Buch über den Maler Altdorfer veröffentlicht. Im Januar 1939 erschien er eines Abends in unserer Wohnung. Er war in keinem guten Zustand. Seinen Posten hatte er schon lange verloren, das hatte ich mal in der Zeitung gelesen. Nun erzählte er, daß man ihn im November 1938 aus seiner Wohnung herausgeholt und in ein Konzentrationslager gebracht habe, wegen der Ermordung des Herrn von Rath, eines Angestellten in der deutschen Gesandtschaft zu Paris. Ein Jude hatte diesen von Rath zu Paris ermordet, und mein Schulfreund Siegfried Rosen in Kassel war auch ein Jude. Deshalb wurde er bestraft.

Er wollte mir zuerst nichts erzählen, er sagte, sie hätten es ihm bei Todesstrafe verboten. Später erfuhr ich, daß sie ihn gefoltert hatten und er nur entlassen worden war, weil er versprochen hatte, ein Visum auf dem peruanischen Konsulat in Berlin abzuholen und Deutschland zu verlassen. Das hatte ihm seine Frau besorgt, eine Christin, die inzwischen die Scheidung eingereicht hatte, weil man ihr nicht zumuten konnte, weiterhin mit einem Juden zu leben. Sie wünschte ihm Glück für Peru.

Rosen hatte sich in Berlin das peruanische Visum und in Kassel alle Ausreisepapiere und Fahrkarten besorgt und war, statt in Hamburg sich einzuschiffen, nach München gekommen, in unsere Wohnung, um mir mitzuteilen, daß er Deutschland nicht verlassen könne, hier seien dreißig Generationen seiner Ahnen begraben, hier wolle er sterben!

Er wollte aber nicht sterben.

›Was willst du von mir?‹ fragte ich ihn.

›Du bist nicht in der Partei?‹ sagte er.

›Aber ich habe meinen Beruf‹, sagte ich, ›ich bin ein Familienvater, ich bin ein Deutscher.‹

›Das bin ich auch‹, sagte er. ›Gib mir einen Rat!‹

›Das muß man beschlafen‹, sagte ich.

›Gut‹, erwiderte er, ›ich komme morgen abend wieder.‹

›Wo willst du übernachten?‹ fragte ich.

Er zuckte die Achseln.

›Fragen wir Bella‹, schlug ich vor.

Meine Frau fragte sogleich, dank ihrer glücklichen Gabe fürs Wesentliche: ›Sind Sie in den Mordfall verwickelt?‹

›Was für einen Mord?‹ fragten Rosen und ich zugleich.

›An diesem Pariser Botschaftsrat!‹

›Keineswegs!‹ versicherten Rosen und ich.

›So sind Sie unschuldig‹, erklärte Bella mit überraschend gesunder Logik. ›Sie werden also im Zimmer von Marianne schlafen, unserer ältesten Tochter.‹

›Um keinen Preis‹, erklärte Rosen sogleich.

›Verstehst du nicht die Folgen?‹ fragte ich leise meine Frau.

Sie antwortete laut: ›Fürchten wir die Menschen mehr als Gott? Er ist dein Schulfreund? Hast du nicht selber gesagt, daß er unschuldig ist? Und bist du nicht ein Richter? Und kann er im Regen schlafen?‹

Kurz, er schlief im Bett unserer ältesten Tochter und Marianne auf dem Diwan im Zimmer ihrer jüngeren Schwester Edith. Wir kannten die Gefahr recht gut. Einen Juden in einer christlichen Wohnung im Jahre 1939 in München zu beherbergen, dazu gehörten viel Freundschaft und Mut.

Am andern Morgen beschloß ich, ein Ende zu machen. Ich wollte ihn auffordern, Deutschland zu verlassen. Da lasen wir in der Zeitung, in Hamburg hätte die Gestapo viele Juden vom Schiff heruntergeholt und in Konzentrationslager überführt.

›Das sind nur Ausschreitungen‹, erklärte ich meinem Schulfreund.

Rosen sah am Morgen besser aus. Er hatte ausgeschlafen. Er sagte, am Abend werde er uns verlassen. Er werde schon eine Unterkunft in München finden.

›Wo?‹ fragte meine Frau.

Ich hätte ihn fortgehen lassen. Meine Frau erlaubte es nicht. ›Ausschreitungen gehen vorüber‹, sagte sie. ›Das deutsche Volk wird auf die Dauer nicht zulassen, daß man unschuldige Menschen bestraft.‹

Wir gewöhnten uns an Rosen. Und er verlor den Mut. Wir sahen, daß er jeden Tag beschloß, am andern Tag endgültig wegzugehen. Er bewies uns täglich, daß er dieses schreckliche Opfer von uns nicht annehmen dürfe.

›Du hast eine Frau. Du hast Kinder‹, sagte er. ›Mich werden sie totschlagen. Gut. Aber was werden sie euch tun?‹

Wir verboten ihm, davon zu reden. Wir verboten ihm, aus Gründen der Sicherheit, sein Zimmer zu verlassen. Nur nachts durfte er ins Badezimmer. Er durfte nie Licht in seinem Zimmer machen.

Wenn man ihn entdeckte, würde man ihn töten, das war klar.

Aber wir? Würde man uns den Prozeß machen, uns foltern, köpfen?

Siegfried war ein lieber Mensch. Er war ein deutscher Patriot. Seine Frau hatte inzwischen einen Sturmbannführer geheiratet. Siegfried erklärte uns oft, das Leben im Exil stelle er sich ärger als den Tod vor. Meine Frau und meine Tochter bewunderten ihn. Ich wünschte mir manchmal, daß ihm eine Existenz in Basel oder Zürich nicht so unvorstellbar erschienen wäre! Freilich hätten ihn die Schweizer gar nicht hereingelassen.

Der Mangel an Bewegung machte den armen Siegfried nervös.

Er schrieb ein Buch über Grünewald, er pflegte meinen Töchtern daraus vorzulesen, später haben wir aus Angst das Manuskript verbrannt.

Natürlich verliebte sich Siegfried in meine Frau und Töchter. Das konnte nicht anders kommen. Freilich war auf ihn Verlaß. Er war ein Mann von Grundsätzen. Aber mit jungen Mädchen im Haus und den Judengesetzen im Land, besonders dem Gesetz gegen Rassenschande, war die Gefahr doppelt groß. Aber es war schon kein Unterschied.

Vier Wochen nachdem Siegfried sich bei uns eingenistet hatte, trat ich in die Partei ein, sogar Siegfried konnte mir nicht abraten. Als Parteimitglied war ich über jeden Verdacht erhaben, dachte ich damals. So konnte ich Siegfried schützen, auch wollte ich meinen Beruf behalten, und ich tat es auch um meiner Kinder willen.

Als der Krieg begann, wurden wir ängstlicher. Einmal kam der Hauswart, um die Wohnung wegen Feuersgefahr bei Bombardements zu inspizieren. Da versteckte Bella den armen Siegfried zwischen den Kleidern in ihrem Ankleideraum hinter unserm Schlafzimmer: Es ist ein fensterloser, enger Raum, im Grunde nur ein Kleiderschrank. Der Hauswart merkte nichts.

Am selben Abend noch fragte ich Siegfried, ob er nicht doch versuchen wolle, in die Schweiz zu entkommen. Da bat er mich um Gift. Es war an dem Tag, da Hitler in Paris den Apachentanz des Eroberers tanzte. Wir haben uns fast geschlagen, Siegfried und ich. Gleich darauf haben wir fast geweint.

Damals kamen oft Freundinnen und Freunde unserer Mädchen zu uns. Natürlich war Siegfrieds Zimmer immer versperrt. Einmal kamen wir in große Gefahr. Ein junger Mensch, der in Rußland gekämpft und sich ein Herzleiden zugezogen hatte, studierte an unserer Universität Kunstgeschichte. Sein Vater war ein reicher Gutsbesitzer in Pommern, er war der einzige Sohn, er machte allen drei Mädchen den Hof und bewarb sich nacheinander bei jeder um ihre Hand, auf ganz altmodische Weise. Er fing bei unserer Jüngsten an, aber Gusti gab ihm bald zu verstehen, sie wolle einen Mann mit einem gesunden Herzen. Gusti erwartete sich große Dinge in der Ehe. Die armen Mädchen! Es gibt keine jungen Männer in Deutschland! Auch Edith gab unserm Studenten schließlich einen Korb. Nun machte er sich an Marianne heran, ihr gefiel er ganz gut, sie konnte sich nur nicht entschließen.

Eines Abends kam er zum Essen und erzählte uns, er habe endlich ein Thema für seine Doktorarbeit gefunden, er schreibe über Altdorfer und werde insbesondere ein Buch eines Juden über Altdorfer in Grund und Boden reißen, eines gewissen Siegfried Rosen. Wir schwiegen natürlich. Er sah uns aber kurios an und fragte mehrmals, ob wir das Buch oder den Autor kennten? Mir begann das Herz schneller zu schlagen, Bella wurde blaß. Meine Mädchen begannen von andern Dingen zu sprechen. Er kam aber wieder auf Altdorfer und Siegfried Rosen zurück und erklärte, er werde den Menschen vernichten, er hasse das Buch.

›Kennen Sie das Buch wirklich nicht?‹ fragte er mich spöttisch.

Ich murmelte nein und Altdorfer sei ein großer Maler.

Da trat der Student an unsere Bücherregale und zog wie zufällig ein Kunstbuch heraus, um es zu betrachten, und wir alle sahen voller Schrecken, daß er das Buch von Rosen in der Hand hielt. Rosen hatte es mir 1930 geschickt, mit einer Widmung darin: Meinem lieben Freund Arthur Pflaum.

Er legte das Buch von Rosen auf die Kommode, als sei er in Gedanken, und verließ mit einer Entschuldigung das Zimmer. Meine Frau fragte: ›Marianne, hast du ihm abgesagt?‹

›Heut nachmittag‹, erwiderte sie. ›Aber er nahm den Korb nicht an, ich solle es mir noch drei Tage überlegen. Um ihn nur loszuwerden, willigte ich ein!‹

›So haben wir drei Tage Zeit‹, sagte meine Frau.

Da hören wir vom Flur Faustschläge gegen eine der Türen und Geschrei. ›Aufmachen! Sofort aufmachen! Polizei! Aufmachen, oder wir schießen!‹

Wir liefen alle auf den Flur, da steht unser Student vor dem versperrten Zimmer und haut mit der Faust an die Tür und schreit.

Wir stürzen uns auf ihn und stoßen ihn von der Tür weg, er war gar nicht sehr stark, ein schmächtiger, blonder Mensch mit einer riesigen Hornbrille und einem Schnurrbärtchen.

›Was fehlt Ihnen?‹ fragte ich ihn.

›Das ist jemand drin‹, schreit er, ›ein Mann hat da innen geniest.‹

›Ich habe geniest‹, sagte ich, ›im Speisezimmer. Leiden Sie an akustischen Störungen?‹

Marianne und Gusti faßten ihn rechts und links unterm Arm und führten ihn mit sanfter Gewalt in unser Speisezimmer.

›Das Zimmer ist doch immer versperrt?‹ fragte der Student meine Frau.

Ehe sie antworten konnte, fragte er mich, ob ich ihm das Buch Rosens über Altdorfer leihen möchte, und deutete auf das Buch auf der Kommode.

Ich bin, lieber Herr Laufer, ein hoher Richter. Aber in jener Minute erwog ich ernsthaft, wie ich diesen jungen Menschen spurlos beseitigen könnte. Gut, daß ich keine Waffe bei mir hatte und daß ich noch fähig war, zu bedenken, wie schwer es ist, eine Leiche aus einer Wohnung wegzuräumen. Ein Blick auf meine Frau und Töchter überzeugte mich, daß sie ähnliche Gedanken wälzten.

Der Student lächelte höhnisch, aber nur mit den Lippen, seine Augen hinter der kolossalen Hornbrille blickten kalt und frech.

Ich bildete mir ein, der junge Mensch wolle Siegfrieds Buch wegtragen, um zu denunzieren, daß ich das Buch eines Juden mit seiner Widmung in meiner Bibliothek behalten hatte. Mir war es gleich. Ich glaubte, daß er wußte, wer in unserm versperrten Zimmer saß. Er war ein Erpresser. Ich sah mich vor Gericht, ich sah meine Frau im Konzentrationslager, meine Töchter in Soldatenhäuser verschickt, ich sah die Gestapo hereinkommen, ich sah sie Siegfried ergreifen.

In diesem Augenblick klingelte die Flurschelle. Wir waren alle aufgesprungen. Gusti schrie: ›Nicht öffnen!‹

›Soll ich gehen?‹ fragte der Student. Habe ich schon gesagt, wie er heißt? Fritz von Strachow.

›Ich öffne‹, sagte ich. Es waren drei Freunde unserer Töchter, ein Student von der Technischen Hochschule, ein SS-Leutnant und ein junger Chirurg vom Städtischen Krankenhaus. Gusti hatte sie eingeladen und vergessen. Ich bereitete eine Punschbowle, und es wurde ein vergnügter Abend. Der Chirurg spielte Klavier, Schumann. Dann ließen wir unser Grammophon laufen, und die jungen Leute tanzten, sogar ich tanzte einen Walzer mit Gusti, indes Fritz Strachow mit meiner Frau walzte. Bella walzt vortrefflich. Fritz von Strachow ging schließlich mit den andern. Er erwähnte das Buch über Altdorfer und das versperrte Zimmer nicht mehr.

Wir verbrachten eine schlaflose Nacht. Ich machte mein Testament, die ganze Nacht lasen wir Briefe und Papiere und verbrannten sie. Wir stritten lange, ob wir das Buch von Siegfried Rosen verbrennen sollten. Wir konnten uns nicht dazu entschließen. Als der Morgen graute, warteten wir auf das berühmte Klingelzeichen. Die Gestapo war ja bekannt dafür, daß sie kurz nach der Dämmerung anlangte. Wir lebten drei Tage lang in der Hölle. Wir haben Siegfried natürlich alles erzählen müssen. Wir hatten schon befürchtet, das Klopfen und Geschrei des Strachow hätten einen Herzschlag Rosens bewirkt. Aber gewisse Verfolgte sind nur durch brutale Gewalt umzubringen.

Siegfried bat natürlich um Gift. Wir waren alle wütend auf ihn. Gleichzeitig schrieen ich und meine Tochter Edith: ›Und deine Leiche?‹ ›Meine Leiche?‹ fragte Siegfried und glotzte idiotisch. Er sah uns an und merkte, daß wir ihn alle haßten, daß wir ihn gerne umgebracht hätten, nur um ihn loszuwerden, nur um unser Leben zu retten, nur um diese bohrende Angst nicht mehr zu spüren, diese wartende Angst. ›Was wollt ihr mit meiner Leiche? Wozu braucht ihr sie?‹

›Eben!‹ schrie Marianne. ›Wir brauchen sie nicht.‹

Siegfried starrte uns mit tödlich erschreckten Augen an, einen nach dem andern, es war nicht auszuhalten.

Marianne haßte ihn am meisten, aus naheliegenden Gründen. »Können Sie nicht fortgehen, lieber Herr Dr. Rosen?‹ fragte sie ihn und setzte ein freundliches Lächeln auf.

›Fortgehen?‹ fragte er verständnislos.

›Verschwinden‹, schrie Marianne, ›aus dem Weg, Sie Mörder, Sie gewissenloser . . .‹, sie stockte und vollendete: ›Sie gewissenloser Kunsthistoriker!‹

Aber wir alle wußten, daß sie hatte sagen wollen: Jude!

›Genug!‹ sagte Bella. Sie ist eine entschlossene Frau.

›In Anbetracht der schweren Zeit werden wir zur Verlobungsfeier am nächsten Sonntag nicht mehr als zwölf Personen zu Tisch laden.‹

›Das erlaube ich nicht‹, sagte ich.

›Verlobt ist nicht verheiratet‹, sagte meine Frau. ›Und Marianne ist ein kluges und tapferes Mädchen.‹

›Er wird sich seiner Braut gegenüber Freiheiten erlauben‹, sagte ich, ›er wird sie küssen und . . .‹

›Unter obwaltenden Umständen würde sogar ich Herrn von Strachow küssen‹, erklärte meine Frau, ›ich würde sogar ein Krokodil küssen. Und Siegfried zieht um.‹

›Ich ziehe um?‹ fragte der Unglückliche und zitterte an Händen und Füßen. Ihm hatte die Einsperrung in unserer Stube offenbar nicht wohlgetan, trotz seiner literarischen Bemühungen um Grünewald.

›Du ziehst um, lieber Siegfried. Du ziehst um.‹

›Warum nicht?‹ fragte ich, ohne Bella zu verstehen. ›Du ziehst um, lieber Siegfried.‹ Ich hätte mit derselben Miene gesagt: Du wirst eine Zwiebel, lieber Siegfried.

Schließlich rückte Bella damit heraus, daß sie Siegfried in ihrem Ankleidestübchen unterbringen wollte. Es ist ein enger, fensterloser Raum, der nur durch unser Schlafzimmer zu erreichen ist, die Tür sieht aus, als führe sie zu einem Wandschrank. Bella hatte alles bedacht. Sie kennen den großen Spiegelschrank in unserm Schlafzimmer, lieber Laufer? Den schoben wir vor die Tür des Ankleidezimmers und machten sie unsichtbar. Kein Mensch, der es nicht besser wußte, würde hinter dem Schrank einen weiteren Raum gesucht haben. Natürlich mußten wir jede Nacht für kurze Zeit den Schrank verschieben, um Siegfried zu erlauben, seinen Nachttopf zu leeren, um ihm Speis und Trank zu geben für die nächsten vierundzwanzig

Stunden, um ihn nach seinen Wünschen zu fragen. Er hatte Licht in seinem Raum und wenig frische Luft. Wir hatten die Tür von innen mit Teppichen behängt, um jeden Laut zu ersticken. Natürlich konnte Siegfried seine Kammer nur verlassen, wenn wir den schweren Spiegelschrank wegschoben. Das war keine angenehme Vorstellung, ihn da gefangen zu wissen, während wir bei Luftangriffen in unsern Unterständen saßen und niemand in der Wohnung war, um etwa seine Hilferufe zu hören.

Ich erhob zuerst sittliche Einwände. Konnten wir sozusagen in unserm Schlafzimmer tags und nachts einen Zeugen haben? Aber darauf hörte keiner. Ich fragte Bella, fürchtest du nicht, Strachow werde uns alle denunzieren?

›Marianne wird ihn zähmen‹, erwiderte Bella. Sie ist eine sehr energische Frau, wenn es sein muß. ›Es muß sein‹, erklärte sie.

Was sollte ich tun? Ich spreche nicht davon, daß er mein Freund und unschuldig war. Ich haßte ihn damals bereits. Aber was sollten wir tun? Wir hatten uns einmal darauf eingelassen. Und selbst wenn es möglich gewesen wäre, ihn zu denunzieren, ohne uns preiszugeben, so wollten wir doch keinen lebendigen Mensch seinem Henker ausliefern.

Sie werden mich fragen, ob ich nicht in meiner Funktion als hoher Richter gezwungen war, nach den deutschen Gesetzen zu handeln. Beruflich selbstverständlich! Aber privat lebt man doch nach andern Grundsätzen, als sie öffentlich in Geltung sind. Stimmt das nicht für jedermann?

Ich konnte Siegfried doch nicht etwa bei Nacht auf die Straße stellen? Er hätte sich umgebracht oder wäre umgebracht worden, langsam und unerbittlich. Und wenn er uns sogar nicht hätte denunzieren wollen, so hätten sie ihn so lange gefoltert, bis er alles gestanden hätte.

Vor allem aber hatten wir schon zu viel Leiden, Angst, Opfer in ihn investiert; daher glaubten wir alle, wir müßten nun um jeden Preis bis zum Ende durchhalten, so oder so.

Wir mußten uns auch für Siegfried einschränken. Er hatte keine Lebensmittelkarten. Wir sparten uns sein Essen vom Mund ab. Und immer diesen Menschen im Schrank; denn mehr als ein großer Schrank war ja dieses versperrte Stübchen nicht. Immer das schlechte Gewissen im Schrank, die Angst hinter unsern Betten!

Die Menschen wissen, daß sie sterben müssen, und die meisten gewöhnen sich an die Vorstellung und leben mit ihr wie mit einer verhaßten Frau. Man richtet sich ein. Man gewöhnt sich an jede Art von Angst. Aber ich hörte auf, mit Siegfried zu sprechen in den wenigen Minuten, da wir den Schrank nachts wegschoben und Siegfried sahen. Auch er sagte nichts mehr. Bella stellte ihm seine Speisen und Getränke hin, er ging ins Badezimmer, er roch immer ungelüftet oder kränklich, er sah auch nicht gut aus, aber das erwartete keiner von ihm. Er sah uns nicht an. Wir blickten an ihm vorbei.

Ich begann mich vor ihm zu fürchten. Das war sinnlos. Ich konnte mich nicht ins Bett legen, ohne an ihn zu denken. Ich fuhr aus Schreckträumen auf und schrie: Siegfried! Wenn ich meine Frau anfaßte, dachte ich: Hört er uns? Tags stellte ich mir im Gericht oder auf der Straße schon die fünf Minuten nachts vor, wenn wir ihn herausließen, wie man ein wildes Tier aus dem Käfig herausläßt.

Ich bin nicht eifersüchtig, und Bella ist nicht sinnlich. Aber sie blieb im Bett, und er lag hinterm Schrank. Und wir hatten drei junge Mädchen in der Wohnung. Es war unpassend.

Sie werden mich vielleicht fragen, was Siegfried sich dachte? Er mußte sich doch Gedanken gemacht haben all die Jahre. Ich bin nicht mehr dazugekommen, ihn danach zu fragen.

Es war ein Glück, daß unser Haus in all den Jahren nicht von einer Bombe getroffen worden ist.

Mit Fritz von Strachow hatte es wirklich keine Schwierigkeiten gegeben. Bei der Verlobungsfeier waren nur zwölf Personen. Wir hatten das lang versperrte Zimmer gründlich gereinigt und gelüftet, und Marianne fand Gelegenheit, ihren Verlobten durch unsere ganze Wohnung zu führen, durch das ehemals versperrte Zimmer, sogar in unser Schlafzimmer.

Herr von Strachow machte keine Bemerkung. Er küßte Marianne in allen Räumen unserer Wohnung. Wir gewöhnten uns schließlich alle an ihn, am wenigsten vielleicht Marianne; aber Herr von Strachow fragte, wie viele Männer, nicht danach, was ein Mädchen empfand. Er freute sich an seinen Empfindungen. Er war taktvoll genug, das Buch von Siegfried Rosen nicht mehr zu erwähnen. Wir hatten das Buch in Rosens Kammer getan, da konnte er sein eigenes Buch lesen, wenn er wollte.

Eines Tages trat etwas ein, das wir gar nicht gewagt hatten, uns vorzustellen. Siegfried wurde krank; er bekam Fieber, Schüttelfröste, Gliederschmerzen, Halsschmerzen, er phantasierte. Wir kamen uns wie die Möbelpacker vor. In einem fort verschoben wir den schweren Spiegelschrank.

Im Fieber machte uns Siegfried die heftigsten Vorwürfe. Es war offenbar: Er haßte, er verachtete uns. Er hieß uns Nazis und Antisemiten. Er warf uns vor, ein privates Konzentrationslager in unserer Wohnung errichtet zu haben. Wenn wir ihm Aspirin gaben, fragte er uns höhnisch, ob wir das Honorar für einen Arzt sparen wollten. Er fragte uns, was wir mit seiner Leiche tun wollten. Es sei gar nicht einfach, eine Leiche ungesehen aus einem Haus zu schaffen. Er weigerte sich, zu essen und zu trinken.

Vor allem wurde er mit jedem Tag schwächer. Sein Fieber stieg. Wir waren verzweifelt und völlig hilflos. Wir diskutierten jeden Arzt in unserer Bekanntschaft und fragten uns, ob wir es wagen durften, ihn zu holen.

Schließlich faßten wir den Entschluß, den jungen Chirurgen

vom Städtischen Krankenhaus einzuweihen. Edith nahm es auf sich. Der junge Doktor lief ihr nach. ›Was Marianne bei Fritz tun konnte, kann ich bei Erich tun‹, erklärte Edith und kam am andern Morgen mit dem jungen Doktor, Erich Kolbe. Wir hatten Siegfried ins Zimmer von Marianne gelegt, in das ›versperrte‹ Zimmer, und uns eine Fabel ausgedacht: Siegfried sei den Tag zuvor in unsere Wohnung gekommen, todkrank, und habe die ganzen Jahre unter falschen Papieren in Berlin gelebt. Wir erzählten diese Geschichte auch Siegfried und baten ihn, sie sich zu merken und unter keinen Umständen uns preiszugeben.

Er stierte uns an, ohne ein Wort zu erwidern. Aber wir wußten auch gar nicht, ob er uns verstand. Er sah so aus, als würde er keine achtundvierzig Stunden mehr leben.

Dr. Kolbe kam, untersuchte Siegfried flüchtig und erklärte, wir sollten ihn nach Einbruch der Dunkelheit ankleiden. Dr. Kolbe wollte abends mit seinem Wagen kommen und ihn in sein Krankenhaus fahren. Er würde Siegfried vor einem Nebeneingang absetzen. Da sollte Siegfried hineingehen und zur Anmeldung sich durchfragen und nach ihm, Dr. Kolbe, verlangen. Er würde ihn dann empfangen, untersuchen und sogleich operieren. Eine Operation sei nötig, weniger aus medizinischen als aus polizeilichen Gründen. Siegfried solle sich als einen der Ausgebombten aus Hamburg ausgeben, unter irgendeinem christlich klingenden Namen. Alles andre stehe in Gottes Hand.

Dr. Kolbe fragte Siegfried: ›Haben Sie mich verstanden?‹ Siegfried nickte mit dem Kopf. Dr. Kolbe gab ihm eine Spritze und einige Tabletten. Siegfried schlief ein paar Stunden. Abends kleideten wir ihn an und überlieferten ihn dem Dr. Kolbe. Wir hatten Glück. Kein Mensch sah Siegfried unser Haus verlassen.

Wir hatten Glück. Dr. Kolbe war ein tüchtiger Arzt und

sehr verliebt in unsere Edith. Er machte den Siegfried gesund, mit Gottes Hilfe – sozusagen.

Siegfried lag fünf Wochen auf der Abteilung von Dr. Kolbe. Am ersten Tag, da er ausgehen durfte, besuchte er uns. Er blieb nur zehn Minuten. Es war nicht erfreulich. Er wollte sein Manuskript abholen, sein Buch über Grünewald. Wir hatten es verbrannt, wie alle Sachen von Siegfried.

›So geschwind verbrannt?‹ fragte er.

Geschwind, sagte er, nach all den schrecklichen Jahren. Wir blieben stumm.

›Ich gehe dann‹, sagte er und stand auf.

Natürlich sagten wir nichts. Wir blieben sogar alle sitzen. Wir sahen ihn nicht mal an. Sie verstehen. Wir behandelten ihn wie einen Schatten. Es war die Angst – vor allem. Wenn wir taten, als sähen wir ihn nicht, bemerkt ihn auch sonst keiner, vielleicht.

›Ach ja‹, sagte er. ›Ich bin euch noch meinen Dank schuldig.‹

Wir schwiegen natürlich.

›Also danke‹, sagte er, ›und nichts für ungut!‹

Wir blieben noch lange stumm sitzen, als er schon weggegangen war.

Er sollte vier Tage später als gesund entlassen werden. Weder er noch wir hatten die Frage erwähnt, wohin er sich dann wenden sollte.

Es kam nicht mehr zu seiner Entlassung. Den Tag nach seinem Besuch bei uns kam die Gestapo ins Krankenhaus, zwei junge Beamte. Sie begrüßten ihn ganz freundlich, warteten, bis er sich angekleidet hatte, und nahmen ihn mit zum Verhör. Dr. Kolbe rief am selben Tag Edith telephonisch ins Krankenhaus und riet ihr, uns zu warnen.

In der Nacht brachte die Gestapo Dr. Rosen schon zurück, auf einer Bahre. Er schrie die ganze Nacht, bis Dr. Kolbe am Morgen kam. Die Nachtschwester rief Kolbe ans Bett des

Kranken, sie flüsterte dem Arzt zu, daß die Gestapo alle Ausgänge des Krankenhauses scharf bewache.

Dr. Kolbe schickte die Schwester fort und blieb mit dem Kranken allein. Dann gab er ihm Opium. Am Abend kam der Doktor zu uns. Wir saßen alle um ihn herum. Wir hatten seit dem Verhör Rosens auf unsere Verhaftung gewartet, in jeder Stunde. Mir war jetzt schon alles egal. Nur endlich Schluß! dachte ich.

›Nun?‹ fragte ich Dr. Kolbe.

Dr. Kolbe schwieg. Schließlich ermannte er sich und erklärte: ›Ich habe Respekt vor diesem Juden. Ein mutiger Mensch. Ein tapferer Mensch. Er bat mich sogleich um Gift. Sie haben ihn viehisch zugerichtet. Er schwor, er habe weder mich noch die Familie Pflaum verraten. Ich glaube auch, sie haben nichts aus ihm herausgebracht. Denn ich bekam nachmittags einen Anruf von dort, ich solle meinen Patienten vom Zimmer 77 möglichst rasch zu einer neuen Vernehmung fertig machen. Ich sagte, ich brauche eine Woche, sie handelten mit mir wie . . . wie Juden. Sie holen ihn in fünf Tagen.‹

›Und dann?‹ fragte ich.

Dr. Kolbe sah uns nur an. Schließlich erklärte er:

›Ich bleibe auf meinem Posten. Sie haben fünf Tage, vielleicht auch nur drei oder vier Tage Zeit.‹

›Ich bin ein Familienvater‹, sagte ich verzweifelt. ›Ich bin Beamter.‹

›Beamter?‹ fragte der Doktor. ›Tun Sie auch Ihre Pflicht als Richter? Was für ein Urteil würden Sie gegen mich fällen?‹

›Den Tod‹, sagte ich.

›Den Tod?‹ fragte er und wurde blaß, als hätte ich ihm etwas Neues berichtet.

›Natürlich‹, sagte ich. ›Das bin ich dem Gesetz schuldig.‹

›Und wenn ich vor einen Ihrer Kollegen komme?‹ fragte Dr. Kolbe.

›Ganz gleich‹, erwiderte ich mit Festigkeit. ›Man bringt Sie um.‹

›Der Tod ist ein Ausweg‹, sagte er. ›Dieser Jude auf Nr. 77 ist sehr krank. Ich erwäge eine zweite Operation. Sie als seine nächsten Freunde – vielleicht sogar Verwandten oder Verschwägerten . . .‹

›Was erlauben Sie sich?‹ fragte ich.

›Bitte sehr‹, erwiderte er, ›ich dachte, vielleicht ist dieser Rosen Ihr Schwiegersohn, insgeheim, man bringt doch nicht solche Opfer heutzutag für einen Fremden.‹

›Er war mein Schulfreund.‹

›Das ist gelacht. Also! Sie hätten keine Bedenken gegen eine zweite Operation? Das wollte ich nur wissen. Dazu kam ich her.‹

›Eine zweite Operation?‹ fragte ich. ›Welche Aussicht geben Sie ihm?‹

›Was?‹ schrie Dr. Kolbe und stand auf. ›Was für Aussicht? Himmel und Hölle!‹

›Sie wollen doch nicht sagen, daß diese zweite Operation unbedingt . . .?‹

Dr. Kolbe antwortete nicht. Wir hatten ihn alle nur zu gut verstanden. Ich fühlte, wie mir der Schweiß ausbrach. ›Schließlich, Herr Doktor, haben Sie den Eid des Hippokrates geschworen. Wenn Sie die Operation für nötig halten, so müssen wir, als die nächsten Freunde des Patienten, Ihnen dankbar sein.‹

Dr. Kolbe fragte: ›Wünschen Sie eine letzte Botschaft für den Patienten?‹

Ich schüttelte verneinend den Kopf.

Siegfried Rosen überlebte die zweite Operation nicht.

Die beiden Beamten der Gestapo kamen darauf zu Dr. Kolbe ins Krankenhaus und vernahmen ihn wegen seines Patienten. Dr. Kolbe wußte natürlich nichts Näheres. Dr. Kolbe ist ein altes Parteimitglied. Die Beamten erzählten ihm, dieser angebliche Patient Dr. Friedrich Bartscher habe in Wirklichkeit Siegfried Rosen geheißen und sei ein Kunsthistoriker aus Kassel gewesen.

Wir haben auch Dr. Kolbe nicht mehr wiedergesehen. Trotz unseren Warnungen hat Edith sogleich nach dem sogenannten Herzschlag von Siegfried Rosen mit Dr. Kolbe gebrochen. Er hat Schweißfüße, erklärte sie uns. Sagen Sie mir, lieber Herr Laufer, bin ich schuld an der Ermordung von Rosen? Bin ich sein Mörder? Ich kann nicht mehr ruhig schlafen bei Nacht. Ich bin ein Richter und soll urteilen und sage mir: Der Schuldige bist du! Verstehen Sie jetzt, warum ich Sie nicht bei uns behalten wollte, als Sie im Krieg zu uns kamen? Sollte ich Ihnen die leere Kammer von Siegfried anbieten? Verachten Sie mich nun, Herr Laufer? Sprechen Sie Ihr Urteil!«

»Um Gottes willen!« sagte Laufer und sprang auf. »Es ist gleich vier Uhr. Ich muß rennen, sonst fährt mein Freund Pomp ohne mich nach Berlin. Entschuldigen Sie mich bitte, Herr Präsident! Ich bin in Eile!«

»Also verurteilen Sie mich?«

»Ich?« fragte Laufer. »Ich danke Gott, daß er mich nicht zum Richter gemacht hat.«

Im Nu war Anton Laufer fortgegangen. Die Familie saß betreten da. Schließlich erhob sich Herr Pflaum, trank sein Glas leer und erklärte: »Wir werden uns nach einem neuen Zimmerherrn umsehen müssen.«

Er war schon an der Tür, da wandte er sich nochmals um und blickte seine Töchter vorwurfsvoll an und seufzte schwer und sagte: »Und dabei habe ich immer gehofft, eine von euch wird diesen Laufer heiraten. Er ist so ein anständiger Mensch.«

ÖSTERREICH

Albert Drach

Und – Protokoll, einen Richter betreffend

Von allen Bindewörtern war dem von daheim ohne Angabe von Gründen schon drei Tage ferngebliebenen Richter Alois Balduin Huntzinger das Wort »und« am widerwärtigsten. Dies ging zumindestens aus verstreuten, in einer offenen Schreibtischlade von seiner Wirtschafterin Antonia Muckenhuber aufgefundenen losen Zetteln hervor. Er gab auch für diese Meinungsäußerung nachfolgend eine besondere Begründung an, nämlich die, daß das verbindende »und« Nennungen, Behauptungen, Bezeichnungen in Zusammenhang brächte, die in Wahrheit gar nicht bestünden, ja oft dazu diente, die Unterschiede zwischen einander Entgegengesetztem im Vortäuschungswege aufzuweichen oder geradezu auszugleichen. Sogar im Esperanto des polnischen Juden Zamenhof, in dem die wesentlichen Wörter aus den Hauptsprachen genommen seien, ist dies bei »und« nicht der Fall. Hier mußte das griechische Wort »kai« herhalten, obwohl eine Bewegung im Gange sei, diese Sprache auch in ihren alten Formen nicht mehr allgemein zu lehren und ihren Gebrauch, soweit er nicht durch Fremdworte fortbesteht, auf ihr Ursprungsland zu beschränken.

Eine solche ausdrückliche Darlegung einer überdies fast abstrakte Dinge betreffenden Ansicht fiel bei dem abhanden gekommenen Richter umsomehr auf, als er gar nicht gesprächig war, niemanden ins Vertrauen zog und schriftliche Aufzeichnungen über persönliche Dinge anzulegen im wesentlichen unterließ. Auch war an diesem Tage seine Schreibtischlade offen gewesen, was sonst bei seiner Ordnungsliebe und Unzugänglichkeit kaum der Fall war. Immerhin hatte er zeitweise Abwesenheiten zumindestens der von ihm vor drei Jahren aufgenommenen Muckenhuber immer spätestens einen Tag zuvor bekanntgegeben. Sie brachte daher auch die Zettel wegen des ihrer Meinung nach völlig unaufgeklärten Verschwindens ihres Dienstgebers mit auf die Polizeistelle, wobei sie errötend bekannte, daß sie dieselben freilich unbefugt, aber doch besorgt infolge unaufgeklärten Ausbleibens ihres Dienstgebers aus der Lade desselben, zu der sie sonst gar keinen Zugriff hatte, entnommen hätte. Auf der Polizeistelle konnte man damit auch nicht viel anfangen, doch wandte man sich an das Präsidium bzw. die Personalabteilung der Dienststelle des angeblich Verschollenen, welche nur die Auskunft gab, sie sei von der Abwesenheit ihres Richters in Kenntnis, habe auch sofort für einen Ersatz gesorgt, nähere Aufschlüsse zu geben sei sie nicht befugt, es gehe ohnehin alles in Ordnung.

Damit schien der Fall höchstenorts im Augenblick erledigt. Auskünfte von anderen Personen waren nicht zu erlangen, da der Richter privat mit niemandem Umgang gepflogen hatte, auch Frauenbesuche während der ganzen Dienstzeit der Muckenhuber niemals erfolgt waren.

Ihre Besorgnis wuchs immerhin, als er einerseits gar nicht zurückkam und andererseits auch keine Nachricht über seinen Verbleib von ihm einlangte. Ihrer Meinung nach konnte seine Meldung bei der Dienstbehörde doch wohl nur dazu gedient haben, in Amtsdingen reinen Tisch zu machen, aber was seine Privatsphäre betraf, es seiner engeren Umgebung zu überlassen, Mutmaßungen sonderbarster Art anzustellen. Daher setzte die sonst nicht als neugierig verschrieene Hilfskraft eines nicht geselligen Menschen und Richters verschiedene Stellen in Bewegung, um jetzt, wo ihr Arbeitsfeld nahezu wegfiel, obwohl sie für ihre Dienste auf längere Sicht im voraus bezahlt war, doch etwas zur Aufklärung des Sachverhaltes zu leisten, angeblich, so den Aufenthalt des bei seiner Dienststelle gehörig abgemeldeten, aber ihr gegenüber unbekannt wohin verschollenen Richters herauszubringen.

Bei diesen von einer rechtsunkundigen Person aus eigenem Antrieb angestellten Erhebungen ging ihr freilich ein früherer Polizist an die Hand, der mit ihr in einem gewissen Vertrauensverhältnis stand, das möglicherweise versprach, sich auf hautnahe Gegebenheiten auszudehnen, denn die Mucki (Mukkenhuber) war durchaus nicht übel anzusehen, wenn sie auch die erste Jugend hinter sich gebracht hatte. Möglicherweise mochte sie sich auch Hoffnungen gemacht haben, einmal anders denn als bloße Wirtschaftsführerin in das Leben des Richters einzudringen, wiewohl dieser wahrscheinlich, von sich aus gesehen, zu einer solchen Vorstellung wenig Anlaß gegeben hatte.

Alles, was sie selbst zu den von ihr angeregten Recherchen beitragen konnte, war, daß der abhanden gekommene Huntzinger meist, so wie seinerzeit der große ostpreußische Philosoph Immanuel Kant in Königsberg, nebst Verrichtung seiner ausgedehnten amtlichen Tätigkeit nur wenig und im allgemeinen bloß zu den selben Zeiten ausgegangen sei. Dann habe er bei kalter Jahreszeit den Rockkragen immer aufgestellt gehabt, dabei sei seine untere Gesichtshälfte ganz von einem Schal eingeschlossen worden, in der wärmeren Jahreszeit hinwiederum nachgedunkelte Augengläser und auch Sonnenbrillen getragen. Seine Ausgänge hätten außerdem erst stattgefunden, wenn die Straßen völlig leer waren. Mitunter aber sei er auch dann ausgegangen, wenn größere Menschenansammlungen sich auf den Gassen oder Plätzen befanden, die sein Ziel waren oder durch die er wenigstens anderswohin zu gelangen vorhatte. Aus diesen kleinen Schilderungen schloß der früher diensthabende Polizist bereits, daß es sich bei dem nicht mehr Anwesenden um einen Menschen gehandelt haben müsse, der in einem Land, in dem Beziehungen so gut wie alles oder wenigstens das meiste seien, schon durch fehlende Geselligkeit sich den Sonderstatus eines Einzelgängers zu sichern bestrebt gewesen. In der Tat hatten vorsichtige Umfragen, die teils durch Mittelspersonen, teils direkt erfolgten, bei seinen Kollegen und ihm untergeordneten Personen ergeben, daß er außer einem häufig auch bei den Parteien des Gerichtes angelegten Lächeln, das seine scharfgeschnittenen Gesichtszüge nicht sonderlich aufhellte, kaum Außeramtliches für seine Umwelt bereithatte. Seine Arbeitsfähigkeit war jedenfalls dauernd gegeben, wiewohl er den Dienst ohne Leidenschaft versah. Er hatte sich weder um die Gunst von Mitarbeitern beworben, noch um die von im Range Höhergestellten. Sein Ehrgeiz ging nicht so weit, den Vorsitz zu führen noch irgendwie nach außen hin besonders in Erscheinung zu treten. Er hatte zwar die Gesetze, so viele auf ihn zukamen, nach Möglichkeit und Tunlichkeit in sich aufgenommen. Einem tieferen Sinn ging er nicht nach. Einer politischen Partei hatte er kaum angehört, über Politik sich nicht geäußert. Von den Rechtssuchenden zog er keinen vor, doch war es ihm offenbar häufig darum zu tun, im Senat als Referent aufzutreten, sodaß ihm diese Rolle meistens verblieb. Wenn er allerdings das Referat bekam, war kaum mehr von einem Vergleich zwischen den Prozeßführenden die Rede. Es war, als ob der Haß oder Gegensatz, der zwischen ihnen von Anfang an bestand, sich in seinem Beisein nur steigere, ja selbst dort, wo nur verschiedene Meinungen aufeinander zukamen und die Möglichkeit einer gütlichen Beilegung von Anfang an bestand, sich, sowie er das Referat führte, die Abstände zwischen Klägern und Beklagten vermehrten und keine Einigung mehr zuließen. Dazu kam noch, daß der Spruch, den er am Ende veranlaßte, weder im Sinne der einen noch der anderen Partei erfolgte, wo solches möglich war, und wo eine das bessere Los ziehen mußte, dieses sich auf andere Weise beschränkt und belastet erwies, sodaß niemand zufrieden vom Gericht schied, sobald er das Referat innehatte. Am allerwenigsten waren es die Anwälte, die meistens voraussahen, daß sie mit dem anhängigen Rechtsstreit, wie immer er zuletzt ausgehen würde, auch den Klienten verlieren müßten.

Das war alles, was man über seinen gegenwärtigen amtlichen Lebensinhalt hatte in Erfahrung bringen können. Was im übrigen die Geschichte seines Aufstiegs im Behördenwesen und die seiner privaten Lebensführung betraf, mußte man weit zurückgehen, um irgendwie Anzeichen zu finden, welche dann Folgerungen für sein ungeklärtes Fortbleiben zuließen.

Was nun das Vorleben des in Rede stehenden Richters betrifft, so konnte durch Umfrage und Dokumente folgendes erhoben werden: Seine Geburt erfolgte zehn Jahre vor Ende des zweiten Weltkrieges. Sein Vater betrieb eine Gärtnerei in Hauptstadtnähe und hatte außer seiner Gattin, die selbst ein Findelkind gewesen, keinerlei Anhang an Verwandten oder Verschwägerten. Vor dem Ausgang der militärischen Feindseligkeiten hatte sich Balduins Mutter Walpurga in jene Stadt begeben, in der die Zieheltern damals hausten, die sich ihrer nach Auffindung angenommen hatten. Diese Reise erfolgte offenbar zur Unzeit, wenn auch sicher nicht beabsichtigt, denn die betreffende Stadt wurde durch alliierte Bombenanschläge fast dem Erdboden gleichgemacht. Insbesondere fielen die Mutter und ihre Gastgeber diesem Umstand zum Opfer. Ihrem Gatten wird eine regelmäßige und nüchterne Lebensführung nachgesagt, sodaß er dem nunmehr Abgängigen als Muster dienen konnte. Soweit es seine der Ernährung dienende Tätigkeit zuließ, dürfte er dem Sohne eine anständige und ausreichende Erziehung geleistet haben. Gegen Kriegsende hatte er aber zu seinem bisher versorgten Gartengrundstück noch ein weiteres in Bearbeitung genommen, in welchem er eines Tages auf eine Mine stieß, sodaß er ein gleichartiges oder zumindestens durchaus ähnliches Schicksal erlitt wie weiland seine Ehefrau.

Auch der Vater war kein geselliger, ja nicht einmal gesprächiger Mann gewesen, doch stand er immerhin mit seinem unmittelbaren Nachbarn, einem gewissen Armin Kratochwil, in einem gewissen Einvernehmen. Dieser hatte zwar selbst bereits drei Kinder zu versorgen, von denen das älteste, ein Knabe, der bereits das städtische Gymnasium besuchte und Fritz hieß, schon vorher mit dem künftigen Richter zeitweise zusammengekommen war. Sie hatten miteinander gespielt, geturnt, auch sich für den Eintritt in die Hitlerjugend vorbereitet. Das zweite Kind des Nachbarn Kratochwil war eine Tochter namens Amalasunta, die sieben Jahre zählte, von angenehmem Äußeren und gutem Einfügungsvermögen war, während der zweite Sohn aus der nachbarlichen Ehe, der fünfjährige Hugo, sich als etwas beschränkt erwies. Trotz der Versorgung mit ausreichendem Kindersegen fühlte sich der Nachbar nach Rückfrage bei seiner Gattin Miranda verpflichtet, den Sohn des Minenzerrissenen in Pflege zu nehmen.

An ersten Erlebnissen, welche denselben hätten beeindruckt haben können, fiel das eine noch in die Zeit vor Kriegsende, als sein Vater noch lebte. Es ging dabei um einen Juden, der in seinem Beisein aus einem Versteck geholt und amtlich totgeprügelt wurde. Bevor der Enderfolg erzielt worden war, hatte der Amtszubehandelnde noch einen Hilfeschrei an die Allmacht des Schöpfers gerichtet. Balduin war zwar, wie die übrigen Anwesenden, veranlaßt, sich von dem Geschehen abzuwenden, äußerte sich aber trotzdem zusätzlich, wie zumindestens durch Umfrage festgestellt werden konnte, wen gehe überhaupt Gott etwas an, noch dazu dem seiner. Ein zweites einschlägiges Erlebnis mit ungünstigem Ausgang konnte er nicht allzulange darauf an seiner Ziehmutter Miranda Kratochwil als Anwesender mitmachen. Ein uniformierter Besatzungssoldat offenbar kirgisischer Abstammung hatte sich auf diese gestürzt und sie auf Liebesdienste angesprochen, die sie schon wegen seines Aussehens, aber auch vielleicht der Art und Schnelligkeit seines Ansinnens halber nicht hatte gewähren wollen. Sie erhielt daher in Anwesenheit ihrer Kinder und des künftigen Richters von dem ungeduldigen Uniformierten vor ihrer gänzlichen Umstimmung noch einen Stich unterhalb der Brust und wurde dann ebenfalls im Beisein der gleichen zur Anschauung Zugelassenen von ihm auf die beanspruchte Art der Liebe zugeführt. Der Gatte und Vater, der zu spät heimkam und auch als Angestellter einer Leichenbestattung weder legitimiert noch in der Lage gewesen wäre, den Soldaten von seiner Tätigkeit abzuhalten, beschränkte sich auf die Pflege seiner Frau, die zwar körperlich wiederhergestellt wurde, aber doch in geistiger oder seelischer Beziehung seither nicht mehr in ihre frühere Verfassung gebracht werden konnte. Alois Balduin Huntzinger, damals zum Gegenstand befragt, hatte der Meinung Ausdruck gegeben, daß es offenbar darauf ankomme, äußeren, nicht abwendbaren Einwirkungen vor dem Eintritt zusätzlicher Nachteile zu entsprechen, statt sich ihnen vorerst zu widersetzen. Diese Äußerung war dem beleidigten und geschädigten Vater und Gatten aufgefallen, zumal der Knabe sich sonst jeden Urteils über Geschehnisse enthielt, überhaupt nicht gesprächig war, selbst wenn ihn jemand um seine Meinung fragte.

Herr Kratochwil war sohin kaum von der Einstellung seines Ziehsohnes entzückt gewesen, behielt ihn aber trotzdem im Hause und ließ ihn auch weiter das Gymnasium besuchen, ohne daß dieser in der Schule durch Fortgang und Zugänglichkeit herausragte, allerdings daheim zu keiner weiteren Mißhelligkeit Anlaß gegeben hätte. Aber als er siebzehn geworden und die vorletzte Klasse beendet hatte, verlangte er seine Dokumente, um eine Wanderung anzutreten, auf die er auch noch Geld mitnahm, das angeblich von seinem Vater herrührte. Herrn Kratochwil war dies nur recht und er hegte die geheime Hoffnung, daß sein Ziehsohn, über den er auch die Vormundschaft übernommen hatte, nicht so bald wieder zurückkommen würde. Zu solchen von ihm nachträglich offenbarten Hoffnungen war er noch durch die Beobachtung gelangt, daß seine inzwischen durch besondere Schönheit und vielseitige Begabung auffallende Tochter Amalasunta mit dem angenommenen Fremden mitunter Blicke wechselte, die weit über das hinausgingen, was unter bloßen Wohnungsgenossen üblich ist. Was aber Herrn Kratochwil dann nach dem Abgang seines Ziehsohnes zutiefst beunruhigte, war, daß bald darauf auch die erwähnte Tochter nicht mehr vorfindlich schien. Sie wurde später aus einem nahegelegenen Bach als Tote geborgen. Gelegentlich nachfolgender Obduktion konnte zwar festgestellt werden, daß sie nicht durch erweisliche Gewaltanwendung in das nicht sehr tiefe Wasser gelangt, wohl aber vor ihrem Ableben offenbar im vierten Monat schwanger gewesen war.

Trotz dieser Feststellungen hatte der Leichenbestattungsbeamte auch in der Folge nichts unternommen, um des Abgängigen habhaft zu werden, nur, daß er seine Entfernung meldete und um Entlastung von der Vormundschaft ansuchte. Um deren Übernahme war inzwischen aus einer Stadt in der amerikanischen Besatzungszone von einem bejahrten Witwer angesucht worden. Dieser soll vor einem Gasthaus in offenbar ziemlicher Trunkenheit niedergefallen und von dem Jüngling aufgehoben und in seine Wohnung gebracht worden sein. Da es sich in der Person des so Geborgenen um einen ziemlich wohlhabenden, alleinstehenden Greis handelte, war derselbe bereit, sich des jungen Mannes anzunehmen, den er in der Folge sogar hatte adoptieren wollen. Er sorgte dann dafür, daß Alois Balduin, der ihm daheim an die Hand ging, seine Studien vollendete, die er an dem nunmehr von ihm bewohnten Provinzort wesentlich besser als in der Hauptstadt ablegte, wobei er noch ein Taschengeld durch Erteilung von Privatstunden verdienen konnte. Aber auch hier hatte er sich, wie vordem daheim und bei seinen ersten Zieheltern, als wenig gesprächig und gesellig erwiesen.

Die Maturafeier wurde jedenfalls in demselben Gasthaus festlich begangen, vor welchem Huntzinger das Jahr zuvor seinen zweiten Ziehvater betrunken aufgefunden hatte. Angeblich hat dieser nun in der erwähnten Nahrungsaufnahmestätte ihm sein Sparbuch mit einem sehr namhaften Betrag schenkungsweise übergeben, und zwar noch im nüchternen Zustand. Bald darauf war er aber selber nicht mehr in einem solchen, ebensowenig wie der Maturant, der sich bisher des Alkohols wie des Nikotins enthalten hatte. Jedenfalls fand man in der wenig begangenen Straße vor Tagesanbruch den entseelten Witwer, Mund unten, in der Dachtraufe, aus der er wohl kaum hatte trinken wollen, während der Jüngling ungeachtet der inzwischen eingetretenen Sperrstunde, vom Wirt offenbar übersehen, auf der Bank lag, in der er vorher mit dem nicht mehr lebend Vorhandenen gesessen war.

Obwohl die Adoption noch nicht erfolgt gewesen, somit eine Erbberechtigung des Huntzinger nicht bestand, richtete es der bei der zuständigen Behörde tätige Vater eines von ihm mit Privatstunden bedachten Mitschülers so ein, daß die karge Verlassenschaft ihm gegen Übernahme der Bestattungsspesen an Zahlungs Statt übertragen wurde. Sonstige Erbberechtigte seien überdies nicht vorhanden. Von dem Sparbuch war keine Rede gewesen.

Immerhin nahm der junge Mann von seiner bisherigen Umgebung Abschied, wie er es seinerzeit vor dem Freitod der Amalasunta getan hatte. Wenig später tauchte eine Nichte des verstorbenen Witwers, Ursula Wildwasser, mit ihrem Gatten auf, welche von dem Vorhandensein des Sparbuches erfahren, wenn auch nicht von der Höhe des eingelegten Betrages, der beträchtlich gewesen sein sollte. Sie erhob Anspruch auf die Verlassenschaft, zu der nach ihrer Meinung jedenfalls der einzige Wertgegenstand des Verblichenen gehört hatte, mit welchem ein mit dem Verblichenen nicht verwandt gewesener Jüngling entwichen sei. Ihrer Meinung nach hatte eine schenkungsweise Übergabe an ihn gar nie stattgefunden, sondern sei der Wertgegenstand aus der Tasche des auf der Straße Liegenden entnommen worden, wenn nicht nach Todfall aus der ihm allein zugänglichen Wohnung. Auch das Sterben des Onkels bedurfte nachträglicher Aufklärung bezüglich dessen Herbeiführung. Sie wandte sich nun zur Stelligmachung des Verschwundenen an allerlei Dienststellen, das Gericht mit inbegriffen, worauf sie schließlich noch einen Anwalt mit ihrer Vertretung und der Einleitung sämtlicher ihm zweckdienlich erscheinenden Rechtsschritte beizog. Sie leistete, um die Sache nach allen Richtungen hin zu ermöglichen, an den Rechtsfreund ihrer Wahl einen ausgiebigen Vorschuß, wartete zunächst das Ergebnis ab, und wandte sich, als dieses nicht bald eintraf, in einen Nachbarstaat, in dem ein Wunderarzt versprach, ihr einziges Kind, eine zehnjährige taubstumme Tochter Walpurga, einer vollständigen Heilung zuzuführen. Sie kam aber nach Ablieferung ihres Kindes samt ihrem Gatten bei einem Schiffsausflug von Brindisi zufolge Kenterns des bei unerwarteten Stürmen seeuntauglichen Bootes ums Leben, und die Nachforschungen ihres Anwalts nach dem Verbleib ihrer Tochter ergaben nur das Einlangen einer Rechnung des Wunderarztes, die mit dem Begleitschreiben eintraf, das Mädchen sei aus seiner Pflege vor deren Beendigung nach unbekannten Gegenden abgereist, ohne daß er das ihm zukommende Honorar schon erhalten haben würde.

Bis zu diesem Zeitpunkt hatte der Rechtsfreund nach Kräften für die rechtmäßige Erbin eine große Zahl von Eingaben in alle erdenklichen Richtungen gesandt, während der flüchtige Jüngling Alois Balduin Huntzinger, in einer Universitätsstadt richtig gemeldet, mathematische und botanische Studien betrieb, die er später auf solche des Rechtswesens ausdehnte. Seine Vormundschaft hatte inzwischen der Gerichtsbeamte übernommen, der ihm seinerzeit die kärgliche Verlassenschaft des Witwers erwirkt, allerdings angeblich von dem Sparbuch keine Kenntnis bekommen hatte. Der dessen Inhaber suchende Anwalt hatte aber im Augenblick der Entscheidung bereits den Vorschuß verbraucht. Zu einem Strafverfahren gegen Huntzinger war es nicht gekommen, da der Wirt, vorher in seinen Angaben unsicher und wankelmütig, sich nunmehr eindeutig für den Lebenden gegen die Toten entschied und Alois Balduin völlig entlastete. Schließlich blieb auch gegen den wieder Aufgefundenen, zweimal Flüchtigen das Urteil im Zivilprozeß aus, da sich der bisher emsig gewesene Vertreter im Hinblick auf den Todfall seiner Auftraggeberin und das Nichtzustandebringen der Anschrift ihrer taubstummen Tochter mit einem Ruhen des eingeleiteten Verfahrens einverstanden zeigte.

Alois aber beendete sein Studium, trat in den richterlichen Vorbereitungsdienst ein, wo er sich auf die schon geschilderte Art verhielt, dann, zum Richter ernannt, von Stufe zu Stufe aufstieg, bis er als Beisitzer und Referent beim Höchstgericht tätig wurde.

Ab dem Beginn der Laufbahn von Alois Balduin Huntzinger waren private Anfragen nahezu aussichtslos und ergaben sich nur zwei Meinungsäußerungen allgemeiner Natur, von denen er die eine bei seiner Ernennung zum Richter, die andere vor seiner Beförderung in den jetzigen Rang, gemacht haben soll. Im einen Falle habe er seinem Schriftführer gegenüber erklärt, das wichtigste im Prozeß sei das Protokoll, dadurch wären sowohl die Rechtsuchenden als auch die Zeugen und was sonst noch vor Gericht erscheine gebunden, auch wenn sie das nicht gemeint, was sie zum Ausdruck gebracht hätten. Mitunter könne der Richter auch entsprechend nachhelfen, wenn das, was aus ihnen hervorsprudelte, für seine Entscheidung nicht reiche. Und schließlich schlinge sich ihr eigenes Wort und was da noch sonst geschwätzt wurde, wie ein Strick um ihren Hals, aus dem sie nicht mehr herauskönnten. Denn auf die Wahrheit komme es in dem Rechtsstreit zwischen Privaten um Geld, Geldeswert und sonstige Streitigkeiten nicht an. Darum sei die Macht des Richters größer als dort, wo es bloß um den Kopf, um Freiheitsentzug und Geldbußen gehe, wo noch dazu eine Kanzleikraft, meist ungelenkt, mitschreibe, und so ein geschickter Rechtsbrecher, dem man nichts mit Sicherheit nachweisen könne, dem richterlichen Zugriff entrinne.

Der Rechtspraktikant, dem solche Bereicherung seines Wissens zugedacht war, schrieb zwar peinlich auf, was ihm abgewendeten Antlitzes sein Oberer vermittelte, schied aber, sobald er konnte, aus dem Gerichtsdienst aus und wandte sich dem Versicherungswesen zu. Dem wißbegierigen Polizisten aber händigte er das Blatt aus, auf das er anfänglich mechanisch die ihm offenbarte Eröffnung aufgezeichnet und dann zu besserem Gedenken festgehalten hatte.

Die zweite Äußerung Huntzingers, die über Allgemeines erging und für seinen nunmehrigen Abgang aufschlußreich sein sollte, hatte er angesichts seiner letzten Beförderung vor früheren Kollegen getan, deren einer, bereits im Ruhestand, demselben Kameradschaftsverband angehörte, dem auch der seinerzeitige Polizist seit Ende des letzten Weltkriegs als früherer Kampfgefährte einen Teil seiner weitgehenden Freizeit widmete. Dieser hatte es nicht allzuschwer, von ihm bei schlechtem Bier mittelbar solcher Botschaft teilhaftig zu werden, zu deren Aufnahme er seitens des Erstsprechers bestimmt nicht bestimmt gewesen wäre.

Dieses Bekenntnis des gegenwärtig kaum noch Ansprechbaren besagte, daß er bisher zwar oft mit Erfolg seine Wahrheit durchgesetzt habe, jetzt aber wohl in die Lage gelange, an das nicht mehr abwendbare Wort heranzukommen. Denn niemand könne den Schlußstrich, den das Höchstgericht unter einen Fall schreibe, jemals rückgängig machen.

Und bei zunehmendem Biergenuß wurden von Kameraden zu Kameraden noch zwei Fälle erörtert, bei denen Huntzinger seine Hand mit im Spiel gehabt und wohl das Letzterkenntnis dank seinen neuen Aufgaben herbeigeführt hatte.

Zwei Brüder unterschiedlicher Art machten zusammen die Erbschaft nach einer Tante. Das Gericht folgte sie dem einen aus. Es mußte ein Überschuß nach Bezahlung der Schulden bleiben, von welchen die größte aus Krankheitskosten hervorging. Der Bruder, dem das Gericht Vertrauen geschenkt, bezahlte nichts und gab auch keinen Rest heraus, sodaß er selbst sowie der andere geklagt wurde. Dieser wollte ihn zur Leistung an den Gläubiger zwingen, bekam aber nicht recht mit solchem Begehren, wohl aber mit dem auf Rechnungslegung. Dazu verstand sich der erstere zunächst gar nicht, als aber ihm Haft nicht nur angedroht, sondern schon verhängt war, reihte er in Etappen Ziffern aneinander, von denen einige nur Belastungen betrafen, welche ihm selbst aus der Säumnis oder in anderem Zusammenhang erwachsen waren, so wie eine tatsächliche Zahlung doppelt, einmal mit Verzugszinsen, das andere Mal ohne solche. Einen Saldo gab er nicht bekannt. Das Erstgericht anerkannte was vorlag nicht als Rechnungslegung, das Zweitgericht meinte, zwar könne man streiten, ob es eine Rechnung sei, doch habe der Anwalt des geschädigten Bruders inzwischen mit Erfolg einen Betrag geltend gemacht, brauche daher die Rechnungslegung nicht mehr. Der Senat, dem beim Höchstgericht nunmehr Huntzinger angehörte, entschied, wo immer Zahlen zu dem behaupteten Zwecke aneinandergereiht stünden, selbst ohne Addition, müsse man von einer Rechnungslegung sprechen.

Der zweite Fall, von dem der Exrichter sprach, langte eine Frau an, welche schon fünf Kinder hatte und ein sechstes unmittelbar erwartete. Sie hauste in einer amtlich als gesundheitsschädlich veranschlagten Wohnung und wollte aus ihrem kleinen Haus ein junges Mädchen herausbringen, das ihre Vorbesitzerin aufgenommen, ohne daß es seine Mietrechte tatsächlich ausgeübt hätte. Um aber bei den das Eigentum beschränkenden Verhältnissen sicher zu gehen, bot die reichlich Bekindete der unstet Lebenden auch noch einen Ersatz für angeblichen Wohnbedarf an, in den sie sämtliche Leitungen von Elektrischem, Gas und Wasser vom Gang aus bewirken wollte. Das Mädchen schlug erst ab, dann zu, bedang sich nur aus, daß die Leitungen geerdet seien. Als die Bleibe bereits übergeben gewesen, zog es in diese nicht ein und beantragte Zwangsmaßnahmen gegen die Ältere, die gegen Sicherheitsleistung bewirken sollte, daß alle Leitungen vergleichsmäßig wurden. Der Richter, welcher mit Exekutionen zu tun hatte, vergaß in seinem Beschluß die Erdung zu erwähnen, und bewilligte nur das, was ohnehin durchgeführt war. Dem stellte sich die vielfache Kindesmutter entgegen und behauptete auch, die Erdung durchgeführt zu haben außer vom Plafond, wo dies weder vereinbart noch vorgeschrieben sei. Die Richterin, die nun mit der Sache befaßt war, entschied gegen beide Parteien, weil einerseits die Leitungen gelegt, andererseits bei der Zwangsvollstreckung irrtümlich von Erdung nicht die Rede sei. Sie ließ aber trotzdem das Begehren auf Sicherstellung, das nun in der

Luft stand, aber von der zweiten Instanz bemerkt wurde. Diese wies nun das Rechtsmittel der zur Leistung Verpflichteten zu jenem Teile ab, mit welchem es sich gegen etwas wandte, um das es irrtümlich gar nicht ging, wies aber im übrigen ihr Begehren zurück, auch die von der Erstrichterin übersehene Sicherstellung aus der Entscheidung zu nehmen. Durch diese teilweise Ab- und teilweise Zurückweisung wollte das Gericht den Rechtszug zum Höchstgericht offenhalten, der sonst bei zwei gleichlautenden Urteilen wegen des niedrigen Wertes nicht gegeben gewesen wäre. Das Rechtsmittel der vielfach Bekindeten kam an Huntzinger, der darüber ein Jahr lang saß. Dann fand er den Ausweg, den Rekurs gegen die Zurückweisung gleichfalls als unzulässig zurückzuweisen, bezüglich der Zulässigkeit des restlichen Rechtsmittels die Bewertung zu verlangen, die nunmehr keine Bekämpfung mehr zuließ. Damit war es bei drei Irrtümern geblieben, doch hatte das Mädchen auch längst die neue Wohnung weitergegeben, da es schon früher noch eine dritte besessen.

Ein weiterer Fall wurde dem forschenden Expolizisten Sebastian Besserwisser nur durch Mitteilung einer rechtsunkundigen früheren Prozeßpartei bekannt. Es war ein Streit zwischen Nachbarn, der nach langem Verhandeln zwischen drei Anwälten in Abwesenheit ihrer Klienten unter dem Beding verglichen war, daß diese in einer Frist keinen Widerruf einbrächten. Wie nun aber beide dagegen waren, begnügte sich der eine Anwalt nach Absprache mit dem anderen, daß dieser allein den Vergleich widerrufe. Das geschah im letzten Augenblick, und die Kanzleibeamtin, die den Widerruf aufgeben sollte, vergaß, die Unterschrift ihres Chefs einzuholen. Das wurde auch in der Folge von allen Gerichten übersehen, die den Vergleich als widerrufen ansahen und ein umfangreiches Verfahren durchführten, nach dem der Fall schließlich vor das Höchstgericht gelangte. Wiederum war es Huntzinger, der die Sache bekam, um die Entscheidung auszuarbeiten. Er benötigte zur Erledigung des Aktes eine Anzahl von Monaten, dann aber kam er auf die fehlende Unterschrift auf dem Widerruf des Vergleiches, erklärte das ganze darauffolgende Verfahren für nichtig, sodaß die Partei, die den Prozeß sonst gewonnen hätte, völlig im Nachteil war, die andere den Hauptteil ihrer Kosten nicht ersetzt bekommen konnte, da ihr die Nichtigkeit nicht aufgefallen und daher auch nicht von ihr gerügt worden war. Weil diese Entscheidung unmittelbar vor dem dritten und scheinbar endgültigen Verschwinden des Richters hinausgegeben wurde, nahm der nicht genügend rechtskundige Polizist zwar nicht an, es werde deshalb eine Attacke wie nach dem Schattendorfer Mordprozeß, in dem Nazimörder freigingen, nämlich der Brand des Justizpalastes stattfinden, es könne aber vielleicht der Referent in Furcht vor Rachefolgen das Weite gesucht haben.

Er gab aber diesen Gedanken alsbald auf, als er von der Wirtschafterin des abhanden Gekommenen erfuhr, der Richter habe vom Briefträger kurz vor seiner überstürzten Abreise ein Schreiben erhalten, das mit einer ausländischen Marke frankiert gewesen. Wenig später ergab eine Zeitungsnotiz, daß ein Mädchen, welches von seinen Eltern nach Italien gebracht worden sei und durch ein Wunder in einem portugiesischen Wallfahrtsorte von Taubstummheit plötzlich geheilt worden sei und Wildwasser hieß, sich nach diesem Geschehen mit einem Richter verlobt hatte, aber bei der Fahrt zu diesem irrtümlich statt der Türe zum Abtritt die Außentüre des Waggons geöffnet habe und tot auf den Bahnkörper gelangt sei. Mit vielsagendem Blick zeigte der Polizist diese Notiz der von ihm geliebten und so treu bedienten Wirtschaftsführerin und bemerkte, ihr Dienstgeber werde nie zurückkommen, sie möge ihm nun endlich eine Gunst gewähren, auf die er schon lange ein Anrecht hätte. Sie zögerte noch nach ihren späteren Angaben, weil sie für diesen Tag von ihrem Dienstgeber noch bezahlt sei, und wollte das angestrebte Ereignis noch auf den folgenden verschieben, doch bestand der rührige Expolizist auf der geforderten Gegenleistung. Als aller Widerstand der späten Jungfrau beseitigt war und sie den verdienten Liebhaber erhört hatte, betrat sie noch im Nachtgewand aus einem unbestimmten Gefühl den Arbeitsraum ihres Chefs.

Dieser saß wie sonst an seinem Schreibtisch und hielt das Blatt in Händen, welches das »und« betraf und das von ihr nach Entnahme und fruchtloser Vorzeigung wieder an die alte Stelle zurückgelegt worden war. Der Richter schien gut gelaunt und hatte offenbar vor, das Blatt zu zerreißen, doch gab er zunächst noch eine Erklärung an seine Wirtschafterin ab. Er sagte ihr nämlich, er sei wegen einer angestrebten Heirat fort gewesen, diese hätte aber wegen eines plötzlichen Todfalles nicht stattfinden können. Da er nun einmal die Absicht zu heiraten habe, biete er ihr seine Hand an. Das gewesene Mädchen aber faßte sich rasch und erklärte, auch es habe inzwischen einen Ersatzmann gefunden, den es vermutlich in nächster Zeit heiraten werde. Daher kündige es sein Dienstverhältnis zum nächsten Termin.

Daraufhin kehrte Mucki in ihr Zimmer zurück, in welchem noch der Expolizist mit seiner Ankleidung beschäftigt war. Bevor er diese noch vollendet hatte, betrat Huntzinger den Raum, und traf den fremden Mann in mangelhaft vollendeter Toilette. Der Richter faßte sich rasch, bevor sie noch Gelegenheit gehabt, dem neuen Bräutigam von seinem Anbot mehr als Andeutungen zu machen. Er legte ihr nahe, wenn sie es so eilig habe, auf die Einhaltung der Kündigungsfrist zu verzichten und noch in dieser Nacht ihrem offenbaren Bewerber zu folgen. Dieser war völlig sprachlos und half ihr bei der Einsammlung und Wegschaffung ihrer Habseligkeiten, ohne daß er die Absicht gehabt hätte, sie in seine Wohnung aufzunehmen, in welcher er mit seiner alten Mutter hauste. Er versuchte, ihr dies im Abgehen noch schonend beizubringen und verließ vor ihr die Wohnung. Sie lief ihm nach, ohne auf den Verkehr zu achten, der in dieser Nacht wegen einer Großunterhaltung stärker als sonst war. Bei dieser Gelegenheit wurde sie von einem Kombiwagen erfaßt und fand den Tod.

Alois Balduin Huntzinger aber trat am Morgen wieder wie vor der Zeit, in der er Urlaub genommen, seinen Dienst an, da gerade die ihm zugebilligte Zeit abgelaufen war.

FINNLAND

Tito Colliander

Schuldig

Das Tor hat sich geschlossen, eine Tür fiel ins Schloß. Das sind Redensarten, die Endgültiges, Unwiderrufliches umschreiben. Ein Klicken im Schloß und der Mechanismus hat aufgehört zu funktionieren.

Der alte Justizrat versperrte die Wohnungstür hinter sich und ließ den Sicherheitsriegel einschnappen. Das Geräusch hallte verdoppelt in dem leeren Treppenhaus wider. Eine Weile stand er still mit gebeugtem Kopf und lauschte dem Echo nach. Die Wände im Treppenhaus waren kahl, der Fußboden kalt, steife graue und gelbliche Vierecke, nichts Warmes. Er fühlte sich plötzlich sehr einsam, sehr verlassen und schwach. Vielleicht hätte er wieder zurückgehen sollen. Aber er drückte auf den Fahrstuhlschalter und der Fahrstuhl kam langsam, als kröche er aus einem Abgrund, zu ihm herauf. Als der alte Justizrat die Tür öffnete und in die kleine Kabine hineinsah, in der er sitzen und sich nach unten fahren lassen sollte, überkam ihn erneut ein Gefühl tiefer Niedergeschlagenheit. Abwärts sinken, tief, tief nach unten sinken, das war wieder eine Umschreibung der gleichen Sache. Auch das war der Tod.

Er mußte nun bald an der Reihe sein, es konnte nicht mehr lange dauern. So hinfällig und schwach, wie er sich die letzte Zeit gefühlt hatte.

Der Fahrstuhl hielt im Erdgeschoß. Vorsichtig öffnete und schloß er wieder die Türen. Aber es verursachte ihm doch Anstrengung, und er spürte, wie die Stirn unter der Pelzmütze feucht wurde. Er atmete hörbar.

Voraussichtlich war dies sein letzter Besuch in der Stadt, sein Abschiedsbesuch. Jederzeit konnte der nächste Anfall kommen, heute, morgen, gerade in diesem Augenblick. Und es konnte der endgültig letzte sein.

Die Haustür ging auf die Norra Kajen hinaus, langsam schritt er über den Fahrdamm. Die Luft war gesättigt mit Feuchtigkeit, weich einzuatmen. Jedesmal, wenn er die Stockzwinge gegen den Asphalt stemmte, begegnete sie ihrem eigenen Spiegelbild. Sie stießen zusammen und trennten sich wieder.

Das Spiegelbild verschwand. Er ging nun auf Sand unter den jungen Bäumen. Nur einzelne gelbe und braune Blätter saßen noch auf den Zweigen, hingen an losen Stengeln und bewegten sich bei dem geringsten Lufthauch. Doch die Luft stand still, nur wenn die großen blauen Busse vorbeirasten, zitterten die Blätter. Und zuweilen fielen sie herab, hier eins, dort eins. Sie wurden gleichsam von der Feuchtigkeit heruntergedrückt.

Das Wasser gluckste leise, die Holzkähne lagen unbeweglich mit dem saftig gelbbraunen und rotbraunen Bug. Block und Tauwerk hingen schlaff. Er stand und betrachtete sie. Er hatte diesen ruhigen Kai mit den Holzstapeln, den Kähnen und Schiffen sehr gern. Hier hatte er viele Jahre gewohnt, als die Kinder klein waren und seine Frau noch lebte. Nun war nur noch Margit da, sie und ihre Kinder. Sie war jetzt an der Reihe, in dieser Wohnung zu leben.

Margits jüngste Tochter hatte gefragt:

»Großvater, als Papa starb, legte man ihn auch in eine Kiste?«

»Ja, ja. Das hat man getan.«

»Da schien die Sonne?«

Kindliche Fragen. Und Gunni hatte nicht erklären können, warum sie wissen wollte, ob die Sonne schien.

Der alte Mann stellte sich vor eine Bank und betastete sie mit den Fingern. Die Bank war feucht. Er nahm ein großes Taschentuch aus der Außentasche und wischte die Bank ab, bevor er sich hinsetzte. Er atmete einige Male tief und laut und saß eine Weile mit geschlossenen Augen.

Und da kam sie wieder, diese Stimme. Sie kam aus seinem Innersten, aus einem Zentrum, über das er nicht bestimmen konnte. Und wie immer erschrak er und wurde verwirrt, sobald sie sein Bewußtsein erreichte. Er hörte sie ganz deutlich. Und er hörte auch, wie seine Hand mit dumpf widerhallendem Schlag immer wieder auf den Tisch fiel. Tonlos und ohne Gefühl in gleichmäßigen Abständen sagte die Stimme »schuldig, schuldig, schuldig.«

Er konnte es sich nicht anders erklären, als daß ein geheimer Prozeß mit ihm geführt wurde. Das Wort, das er wohl hunderte Male, vielleicht tausendmal ausgesprochen hatte, mußte irgendwo in einem Winkel seiner Seele verborgen gelegen haben und nun, nachdem er seine Tätigkeit als Richter längst aufgegeben hatte, wieder an die Oberfläche gestiegen sein. Aber es war jetzt ein anderer Klang in diesem einfachen kleinen Wort als damals, als er es mit eigener Stimme ausgesprochen hatte. Es lag ein unheimlicher und entsetzlicher Ernst in ihr.

Er erinnerte sich daran, wie er das erstemal dem neuen Klang in diesem Wort begegnet war, das sich ihm nun so oft aufzwang. Das war während eines Sanatoriumsaufenthaltes, kurz nach dem Tode seiner Frau.

Er war mitten auf dem Weg während eines Spazierganges stehengeblieben. Atemnot hatte ihn befallen, obgleich der Anfall damals lange nicht so quälend und anhaltend war wie die folgenden. Er hatte sich auf seinen Spazierstock gestützt. Es war ein Stock, den er sich in einem Schweizer Kurort gekauft hatte, und plötzlich hatte die Angst ihn überfallen, der Stock könne brechen. Er würde in seiner Hand brechen, er würde seine Stütze verlieren.

Er wußte, daß seine Befürchtung unbegründet war – auch wenn der Stock gebrochen wäre, hätte er doch Kraft genug gehabt, sich auf den Beinen zu halten. Er wußte es, aber gleichzeitig sah er sich auf der Erde liegen, das Gesicht im Staub, ohnmächtig und hilflos auf dem verlassenen Waldweg, und ein leiser Sprühregen fiel auf ihn herab. Das war ein schauriges, angsterfülltes Gefühl, ein Gefühl der eigenen Schwäche, Einsamkeit und Verlassenheit. In diesem Augenblick war das Wort in ihm hochgestiegen. Er hatte es gehört, so wie er es jetzt vernahm. So wie er es dann immer wieder gehört hatte. Zuerst in längeren Abständen, dann immer häufiger, immer herausfordernder. Es ließ ihn nicht los.

Schuldig . . . Er suchte in seinem Gedächtnis. Da war die Frau, die dem Trunk ergeben war und ihr Kind ermordet hatte, Diebstähle im ersten, zweiten und dritten Fall, verschiedene Menschen mit verschiedenen Physiognomien und verschiedenen Alters. Es gab da Wechselfälscher, kleine Schwindler und Männer, die bei einer Messerstecherei mitgemacht hatten, Schmuggler und den armen Versicherungsbeamten, der unterschlagen und durch seinen Fall so viel Aufsehen erregt hatte. Er konnte sich unmöglich an alle erinnern, nur zuweilen an die Konturen eines Gesichtes, einen Namen, der im Mittelpunkt eines verwickelten Prozesses gestanden hatte. Und sie waren schuldig gewesen, er hatte sie nach den Paragraphen des Gesetzes und nach reiflicher Überlegung verurteilt.

War er eigentlich nicht beinahe übertrieben sorgfältig und übermäßig gewissenhaft in der Behandlung eines jeden einzelnen Rechtsfalles gewesen, und hatte er nicht mit geradezu peinlicher Genauigkeit jeden Fall überprüft, bevor er sein Urteil abgab? Die Freunde hatten sogar manchesmal darüber gelächelt, wenn sie sich nach des Tages Arbeit am Billardtisch im Klub trafen, in der Stadt in der er damals seine Tätigkeit ausübte.

Auch wenn man alle mildernden Umstände in Betracht zieht, so wird es doch kein Treffer! pflegte Fahlkvist zu sagen.

Die Erinnerung an diesen Scherz verursachte ihm meistens Unbehagen. Aber damals am Billardtisch hatte es ihn nicht getroffen. Der dreißigjährige Amtsgerichtsrat, der dort in Hemdsärmeln mit dem Billardstock in der Hand stand, hatte keine direkte Verbindung zu dem Mann, der er jetzt war, einem Alten, der sich von Stufe zu Stufe einem unbekannten Dunkel entgegenkämpfte. Sie waren einander fremd: der Klang in dem Wort »schuldig« war damals so anders gewesen. Da war dieses Wort ein natürliches Endurteil gewesen, ein auf Gesetzeskraft basierendes Feststellen eines Faktums. Unumstößliche Indizien, zuverlässige Zeugenaussagen, eine feste Kette von Beweisen oder sogar das eigene Geständnis des Verbrechers hatten ihm das Recht gegeben, unter jeden einzelnen Fall einen Schlußstrich, ein »schuldig« zu setzen. Das war eine selbstverständliche Sache, die ihm nach langen und emsigen Studien und einer allmählich erworbenen Erfahrung zuerkannt worden war.

Aber nun hatte das Wort einen anderen Klang. Wie er auch versuchte, es wegzuerklären, es ganz und gar zu vergessen, er wußte doch, daß es eine andere Bedeutung und einen neuen überraschenden Sinn erhalten hatte. So wie es sich jetzt auf ihn zurückwarf, würde er nicht an ihm vorbeikommen, bevor der letzte qualvolle Anfall sein Bewußtsein verschlungen hatte. Und vielleicht nicht einmal dann. Der Staat hatte ihm das Recht zuerkannt, aber hatte er es wirklich gehabt? Hatte er, gerade er, diese gebrechliche elende Person, das Recht gehabt, auf einen anderen Menschen zu zeigen und zu sagen schuldig! Rechtfertigten seine Examen, seine Kenntnisse die übermenschliche Macht, ihn auf einen so schwindelnd hohen Platz zu versetzen, daß er mit selbstsicherer Miene und vollkommener Gemütsruhe über anderer Menschen Schuld entscheiden konnte?

Aber jemand mußte doch Richter sein. Das Verbrechen mußte bekämpft werden. Es war das ein unbestreitbares, absolutes Faktum, dem nur von wirklichkeitsfremden Idealisten und Weltverbesserern widersprochen werden konnte. Dennoch fiel die entsetzliche Hand auf den Tisch, fiel ständig mit demselben dumpfen Ton auf die Tischplatte und eine dunkle Stimme wiederholte ihr schuldig, schuldig. Er hörte auf die Stimme, er konnte es nicht lassen.

Das mußte krankhaft sein.

Möglich, aber gleichzeitig fühlte er, daß die Stimme ihn von einer Welt her erreichte, in der die Zustimmung des Staates und juristisches Studium wenig bedeuteten. Dort, in jener Welt, waren seine Erwägungen, seine Selbstverteidigung ohne Bedeutung. Dort lag er nackt und wehrlos da, so wie er nach dem letzten Anfall, auf den er nun wartete, daliegen würde.

Er fuhr zusammen, sah hoch. Ein Mann stand vor ihm, der Mann hatte ihn angesprochen. Wieviel Uhr es wäre? Ach so – einen Augenblick!

»Ein Viertel nach vier«, sagte er.

Der Mann hob die Hand an die Mütze und ging weiter. Er hatte einen verschossenen, gelblichen Überzieher an, der ihm nicht paßte. Vielleicht hatte er ihn gestohlen?

Der Gedanke kam dem alten Richter völlig unversehens. Es war so lange her, daß er mit Strafsachen zu tun hatte, aber natürlich stand der Gedanke im Zusammenhang mit der Stimme, die er gerade in seinem Innern gehört hatte. Einer von den Rechtsfällen, wie sie üblich waren, einfach, unscheinbar. Jemand hatte einen Überzieher gestohlen, so und so viel wert, Verbrecher auf frischer Tat ertappt, erster Diebstahlsfall. Das wurde schnell erledigt: schuldig, fünf Monate Gefängnis, vier Jahre Verlust bürgerlicher Ehrenrechte. Diebstahl im Rückfall: ein Jahr Zuchthaus, vier Jahre Verlust bürgerlicher Ehrenrechte. Schuldig!

Irgendwo hatte er in einer Statistik gelesen, daß jede Stunde 198.000 Menschen verurteilt werden. Da muß ein Fall nach dem andern erledigt werden, das erlaubt keine Trödelei – schuldig, schuldig! 198.000mal in der Stunde.

Nun fiel die Hand plötzlich so schnell herab, in immer kürzeren Abständen trommelte sie auf den Tisch, hämmerte. Er konnte nicht mehr folgen, es schwindelte ihm. Er fühlte ein scheußliches Unbehagen, als wäre er seekrank. Und ununterbrochen rief die eintönige Stimme ihr schuldig, schuldig, schuldig . . .

Er mußte sie loswerden, er mußte eine Erklärung finden! Er strich mit der Hand über die Stirn: sie war feucht und kalt. Er wollte sich von der Bank erheben, aber fühlte, daß es unmöglich war. Angst überfiel ihn. Jetzt würde er wieder in das gähnende Loch der Qual sinken und tief, tief unten liegen. Dunkle Kiele würden über ihm hinwegziehen, schwere, gewaltige, und tief unter ihnen liegend würde er ersticken. Ersticken! Aber da war etwas, mit dem er noch vorher fertig werden mußte. Etwas, das begriffen werden mußte, das unbedingt geklärt werden mußte!

Seine Tochter Margit stand vor ihm. Ihre Stimme kam von weit her.

»Ach, Papa! Du sitzt hier und erkältest dich! Es ist nicht gut, daß du allein ausgehst.«

Sie stand in ihrem schwarzen Herbstmantel vor ihm, sie hatte dunkle Augen und glich ihrer Mutter. Er sah auf zu ihr, sah sie deutlicher, seine Augen wurden feucht und bekamen plötzlich einen zärtlichen, weichen Ausdruck.

»Ich habe mich ja warm angezogen«, entschuldigte er sich wie ein Kind. »Du siehst doch – Pelzmütze und Gummischuhe.«

Er versuchte zu lächeln, hustete einige Male, wie herzkranke Menschen es zu tun pflegen.

Sie sah unruhig forschend in sein Gesicht.

»Nein, das war nicht gut«, sagte sie. »Du hättest auf mich warten sollen.«

Von neuem versuchte er zu lächeln, hustete wieder.

»Ja, ja«, sagte er. »Ja, ja, mein Kind, wir können ja heimgehen.«

Er machte eine schwache Bewegung, so als wollte er sich auf seinen Stock stützen. Aber im selben Augenblick traf ihn plötzlich ein neuer Gedanke. Er saß ganz still, seine Augen wurden seltsam hell und klar, gleichsam durchsichtig. Ich hätte ihm meinen geben sollen, dachte er. Ich hätte ihm meinen eigenen Überzieher schenken sollen anstatt . . .

Aber der Gedanke war doch kindlich und vollkommen unmöglich. Er lachte auf, schloß die Augen. Gleichzeitig begriff er jedoch, daß es das einzig Wirkliche und absolut Wahre gewesen wäre. Das einzige, dem niemand widersprechen konnte!

Wie in einem Betroffensein öffnete sich sein Mund, der Unterkiefer sank auf die Brust.

Keine Richterhand schlug mehr auf einen Tisch. Die Stimme war verstummt.

Die heitere Seite

oder

Humor in einem ernsten Beruf

ANTON TSCHECHOW
ZSOLT HARSANYI
LUIGI PIRANDELLO
DEZSÖ MONOSZLÓY
SEAN O'FAOLAIN
TAUFIK EL HAKIM
FRANK O'CONNOR
DAVID LANGDON

RUSSLAND

Anton Tschechow

Sirenenklänge

Nach einer Sitzung des Friedensrichterplenums in N. versammelten sich die Richter im Beratungszimmer, um die Dienströcke abzulegen, einen Augenblick auszuruhen und dann zum Mittagessen nach Hause zu fahren. Der Vorsitzende des Plenums, ein äußerst stattlicher Mann mit weichem Backenbart, war in einer der eben verhandelten Angelegenheiten bei seiner besonderen Meinung geblieben, saß am Tisch und schrieb diese Meinung rasch nieder. Der Bezirksfriedensrichter Milkin, ein junger Mann mit müdem, melancholischem Gesicht, der als Philosoph galt, mit der Umwelt nicht zufrieden war und nach einem Lebensziel suchte, stand am Fenster und blickte traurig auf den Hof. Der andere Bezirksfriedensrichter und der eine Ehrenrichter waren schon gegangen. Der zweite Ehrenrichter, ein aufgeschwemmter, keuchender Dicker, und der stellvertretende Staatsanwalt, ein junger Deutscher mit katarrhalischem Gesicht, saßen auf einem kleinen Sofa und warteten darauf, daß der Vorsitzende sein Schreiben beendete, um gemeinsam mit ihm zum Mittagessen zu fahren. Vor ihnen stand Shilin, der Sekretär des Plenums, ein kleines Männlein, mit kurzem Backenbärtchen und genußsüchtiger Miene.

Er lächelte den Dicken honigsüß an und sagte mit gedämpfter Stimme: »Wir alle möchten jetzt gern essen, weil wir müde sind und die Uhr schon auf vier geht, doch das, Grigori Sawwitsch, mein Lieber, ist nicht der richtige Hunger. Den richtigen Wolfshunger, bei dem einem scheint, man könnte den eigenen Vater aufessen, hat man nur nach körperlicher Ausarbeitung, zum Beispiel nach einer Hetzjagd, oder wenn man hundert Werst ohne zu rasten mit Fuhrpferden zurückgelegt hat. Viel macht auch die Einbildungskraft aus. Wenn Sie, nehmen wir an, von einer Jagd nach Hause zurückkehren und mit Appetit Mittag zu essen wünschen, dann denken Sie nie an zu Hohes; das Hohe und das Gelehrte nehmen einem immer den Appetit. Philosophen und Gelehrte, das wissen Sie selber, sind, was das Essen betrifft, das Letzte unter den Menschen, und schlechter als sie, entschuldigen Sie, fressen nicht mal die Schweine. Wenn man nach Hause fährt, sollte man darauf achten, daß man nur an die Wodkakaraffe und den Imbiß denkt. Einmal habe ich unterwegs die Augen geschlossen und mir ein Ferkel mit Meerrettich vorgestellt – ich bekam vor lauter Appetit einen hysterischen Anfall. Ja, also, wenn Sie zu Hause in Ihren Hof einfahren, muß es, wissen Sie, aus der Küche nach irgend etwas duften . . .«

»Am besten riecht es von gebratenen Gänsen«, meinte, schwer atmend, der Ehrenrichter.

»Sagen Sie das nicht, Grigori Sawwitsch, mein Lieber, die Ente und die Schnepfe können der Gans zehn Punkte vorgeben. Im Bouquet der Gans fehlt Zartheit, fehlt Finesse. Am durchdringendsten riechen junge Zwiebeln, wissen Sie, wenn sie zu bräunen anfangen und das verflixte Brutzeln im ganzen Haus zu hören ist. Ja, also, wenn Sie das Haus betreten, muß der Tisch bereits gedeckt sein; Sie setzen sich, stecken die Serviette hinter die Binde und strecken die Hand hübsch gemächlich nach der Wodkakaraffe aus. Sie gießen ihn, diesen Herzenströster, nicht etwa in ein gewöhnliches Schnapsglas, sondern in einen vorsintflutlichen Silberbecher aus Großvaters

Zeiten oder in so ein bauchiges Gläschen mit der Inschrift: »Selbigen genehmigen auch die Mönche«; und Sie trinken ihn auch nicht gleich, seufzen vielmehr, reiben sich die Hände, blicken gleichgültig zur Decke auf und führen ihn, also den Wodka, erst dann langsam an Ihre Lippen – sofort sprühen vom Magen aus Funken durch den ganzen Körper . . .«

Das genußsüchtige Gesicht des Sekretärs nahm einen Ausdruck von Seligkeit an.

»Funken . . .«, wiederholte er und blinzelte. »Sobald Sie ausgetrunken haben, müssen Sie etwas nachessen.«

»Hören Sie«, sagte der Vorsitzende und sah zu dem Sekretär auf, »bitte nicht so laut! Ich habe Ihretwegen bereits das zweite Blatt verpfuscht.«

»Oh, Verzeihung, Pjotr Nikolaitsch! Ich spreche nur noch ganz leise«, entgegnete der Sekretär und fuhr halblaut fort: »Ja, also, auf den Imbiß, Grigori Sawwitsch, mein Lieber, oder besser gesagt den Zubiß, muß man sich ebenfalls verstehen. Man muß wissen, was man wählt. Der beste Zubiß bleibt, wenn Sie es wissen wollen, der Hering. Sie essen also ein Stück Hering mit Zwiebeln und Senfsoße nach, und zwar sofort, mein Bester, solange noch im Magen die Funken sprühen, dann Kaviar ohne alles oder, wenn Sie es mögen, mit Zitrone, dann ganz gewöhnlichen Rettich mit Salz und schließlich wieder Hering; das Beste aber sind und bleiben gesalzene Reizker, klein gewiegt wie Kaviar und, wissen Sie, mit Zwiebeln und Olivenöl angerichtet . . . hinreißend! Oder auch Quappenleber – geradezu eine Tragödie!«

»Hm, ja . . .«, pflichtete der Ehrenrichter ihm bei und blinzelte. »Ein guter Zubiß sind . . . na . . . auch geschmorte Steinpilze.«

»Ja, ja, ja . . . mit Zwiebeln, wissen Sie, Lorbeer und allerlei anderen Spezereien. Man nimmt den Deckel von der Kasserolle, und mit dem Dampf steigt auch der Pilzgeruch auf . . . da kommen einem manchmal geradezu die Tränen! Nun ja, sobald man also aus der Küche die Pastete bringt, ist alsogleich und unverzüglich der zweite Wodka fällig.«

»Iwan Gurjitsch!« sagte mit weinerlicher Stimme der Vorsitzende. »Ich habe Ihretwegen nun schon das dritte Blatt verpfuscht!«

»Weiß der Teufel – er denkt an weiter nichts als das Essen!« brummte der Philosoph Milkin und schnitt eine verächtliche Grimasse. »Haben Sie denn keine anderen Interessen als Pilze und Pasteten?«

»Ja, also, vor der Pastete wird jedenfalls einer getrunken«, fuhr mit gedämpfter Stimme der Sekretär fort; er war bereits so in Fahrt, daß er nichts mehr außer der eigenen Stimme hörte – wie eine singende Nachtigall. »Die Pastete muß appetitlich sein, schamlos wie eine nackte Schöne, damit Sie der Versuchung nicht widerstehen. Man zwinkert ihr zu, schneidet sich ein gehöriges Stück ab und bewegt im Überschwang der Gefühle so ein bißchen die Finger. Man macht sich über sie her, und die Butter quillt aus ihr hervor – gleich Tränen; die Füllung aber ist fett, aus Eiern, Innereien, Zwiebeln . . .«

Der Sekretär verdrehte die Augen, sein Mund verzog sich bis zu den Ohren. Der Ehrenrichter räusperte sich, sah offenbar die Pastete vor sich und bewegte ein wenig die Finger.

»Das ist ja nicht zum Aushalten«, knurrte der Bezirksfriedensrichter und ging ans andere Fenster.

»Sie essen zwei Stück und heben das dritte für die Kohlsuppe auf«, fuhr der Sekretär begeistert fort. »Gleich nach der Pastete lassen Sie die Kohlsuppe auftragen, damit der Appetit nicht vergeht . . . Die Kohlsuppe muß heiß sein, daß man sich den Mund verbrüht. Noch besser jedoch, mein Guter, ist ein Borstsch auf ukrainische Art, mit Schinken und Würstchen. Dazu leicht gesäuerte Sahne, frische Petersilie und Dill. Etwas ganz Ausgezeichnetes ist auch Rassolnik aus sauren Gurken mit Innereien und jungen Nierchen; wenn Sie indessen eine klare Suppe vorziehen, so ist da wohl die mit den vielerlei Gemüsen und Küchengewächsen die beste – mit Mohrrüben, Blumenkohl, Spargel und allerlei sonstiger Jurisprudenz.«

»Ja, eine famose Sache . . .«, seufzte der Vorsitzende und sah von seinen Papieren auf, besann sich aber sogleich und stöhnte: »Schämen Sie sich! Auf diese Weise bekomme ich meine besondere Meinung nicht vor dem Abend fertig! Jetzt ist schon das vierte Blatt verpfuscht!«

»Ich tu's nicht wieder, ich tu's nicht wieder! Verzeihen Sie mir!« entschuldigte sich der Sekretär und fuhr im Flüsterton fort: »Sobald Sie den Borstsch oder die Suppe gegessen haben, lassen Sie den Fisch kommen, mein Guter. Das Beste vom ganzen stummen Reich der Fische ist eine gebratene Karausche in Sahne; nur muß man sie, damit sie den Schlammgeruch verliert und der feine Geschmack zur Geltung kommt, einen ganzen Tag lebend in Milch halten.«

»Nicht schlecht ist auch ein kleiner Sterlet, ringförmig angerichtet«, meinte der Ehrenrichter und schloß die Augen, sprang jedoch gleich darauf überraschend auf, machte ein bestialisches Gesicht und brüllte zum Vorsitzenden hinüber:

»Pjotr Nikolaitsch, wann sind Sie denn soweit? Ich kann nicht länger warten! Ich kann nicht!«

»Lassen Sie mich zu Ende kommen!«

»Also gut, dann fahre ich allein! Hol Sie der Teufel!«

Der Dicke winkte ab, ergriff seinen Hut und stürzte, ohne sich zu verabschieden, aus dem Zimmer. Der Sekretär seufzte, beugte sich zum Ohr des stellvertretenden Staatsanwalts vor und fuhr gedämpft fort:

»Etwas Gutes ist auch Zander oder Karpfen mit einer Soße aus Pilzen und Tomaten. Aber von Fisch wird man nicht satt, Stepan Franzytsch; das ist als Nahrung unwesentlich, die Hauptsache am Mittagessen sind nicht der Fisch und nicht die

Soßen, sondern der Braten. Welches Geflügel bevorzugen Sie?«

Der stellvertretende Staatsanwalt machte ein saures Gesicht und entgegnete mit einem Seufzer:

»Zu meinem Unglück kann ich nicht mitfühlen – ich habe einen Magenkatarrh.«

»Ich bitte Sie, mein Herr! Den Magenkatarrh haben sich die Doktoren ausgedacht. Diese Krankheit kommt meistens von der Freidenkerei und vom Stolz. Beachten Sie sie nicht. Nehmen wir an, Sie haben keinen Hunger oder Ihnen ist nicht wohl – beachten Sie es nicht und essen Sie einfach. Wenn man Ihnen als Braten zum Beispiel Sumpfschnepfen vorsetzt, dazu vielleicht ein Rebhuhn oder fette Wachteln, dann vergessen Sie jeden Katarrh, mein heiliges Ehrenwort! Und Putenbraten? So eine Pute, wissen Sie, weiß, fett und saftig wie eine Nymphe . . .«

»Ja, das schmeckt sicherlich gut«, sagte der stellvertretende Staatsanwalt mit traurigem Lächeln. »Pute würde ich vielleicht essen.«

»Herrgott, und Ente? Man nimmt eine junge Ente, die gerade vom ersten Frost berührt worden ist, und brät sie auf der Pfanne mit Kartoffeln, wobei aber die Kartoffeln kleingeschnitten sein müssen, damit sie sich mit Entenfett vollsaugen . . .«

Der Philosoph Milkin machte ein bestialisches Gesicht und wollte offenbar etwas sagen, schmatzte aber plötzlich mit den Lippen – wahrscheinlich stellte er sich die gebratene Ente vor –, ergriff, von einer unbekannten Macht getrieben, ohne ein Wort zu sagen den Hut und eilte davon.

»Ja, auch ein Stück Ente würde ich wohl essen . . .«, seufzte der stellvertretende Staatsanwalt.

Der Vorsitzende erhob sich, ging einmal im Zimmer auf und ab und setzte sich wieder.

»Nach dem Braten pflegt der Mensch satt zu sein, und ihn überkommt eine selige Schläfrigkeit«, fuhr der Sekretär fort. »In solchen Augenblicken fühlt man sich nicht nur körperlich wohl, auch das Herz ist gerührt. Hier können Sie sich zur Erquickung an zwei oder drei Gläschen Gewürzbranntwein laben.«

Der Vorsitzende räusperte sich und strich die Seite durch.

»Ich habe jetzt das sechste Blatt verpfuscht«, sagte er ärgerlich. »Das ist gewissenlos von Ihnen!«

»Schreiben Sie nur, schreiben Sie!« flüsterte der Sekretär.

»Ich tu's nicht wieder! Ich bin ganz leise! Hand aufs Herz, Stepan Franzytsch«, raunte er kaum noch hörbar, »ein hausgemachter Gewürzbranntwein ist besser als jeder Champagner. Gleich nach dem ersten Gläschen überkommt Sie eine Fata Morgana von Düften und Gerüchen, und Ihnen scheint, Sie sitzen nicht zu Hause in Ihrem Sessel, sondern irgendwo in Australien auf einem wunderbar weich dahinschaukelnden Strauß . . .«

»So fahren wir doch endlich, Pjotr Nikolaitsch!« sagte der stellvertretende Staatsanwalt und zuckte ungeduldig mit dem Bein.

»Jaa«, fuhr der Sekretär fort. »Höchst angenehm ist es auch, eine Zigarre zu rauchen und Ringe in die Luft zu blasen, während man seinen Gewürzbranntwein trinkt – da kommen Ihnen dann allerlei phantastische Gedanken, zum Beispiel – Sie seien Generalissimus oder auch mit der Schönsten der Schönen verheiratet und sie, diese Schönste der Schönen, schwimme den ganzen Tag vor ihrem Fenster in einem Goldfischbassin umher. Sie schwimmt umher, Sie aber sagen: »Komm, Herzchen, küsse mich!«

»Pjotr Nikolaitsch!« stöhnte der stellvertretende Staatsanwalt.

»Jaa«, fuhr der Sekretär fort. »Nachdem Sie also geraucht

haben, nehmen Sie die Schöße Ihres Morgenrocks zusammen und – ab ins Bettchen! Sie legen sich auf den Rücken, mit dem Bäuchlein, wissen Sie, nach oben, und greifen zur Zeitung. Wenn Ihnen die Augen zufallen wollen und Sie der Schlummer überkommt, ist Politik eine sehr angenehme Lektüre – da hat, schau einer an, Österreich einen Fehler begangen, da Frankreich jemanden verstimmt oder der Papst in Rom wider den Stachel gelöckt. Man liest es, und irgendwie tut's wohl.«

Der Vorsitzende sprang auf, warf den Federhalter beiseite und griff mit beiden Händen nach dem Hut. Der stellvertretende Staatsanwalt vergaß, vor Ungeduld schon ganz außer sich, seinen Katarrh und sprang ebenfalls auf.

»Fahren wir!« rief er.

»Pjotr Nikolaitsch, was wird nun aus der besonderen Meinung?« Der Sekretär erschrak. »Wann werden Sie sie niederlegen, Verehrter? Sie müssen doch um sechs schon wieder in der Stadt sein!«

Der Vorsitzende winkte nur ab und stürzte zur Tür. Der stellvertretende Staatsanwalt folgte seinem Beispiel, ergriff die Aktentasche und verschwand zugleich mit ihm. Der Sekretär seufzte, sah ihnen vorwurfsvoll nach und räumte die Papiere ein.

UNGARN

Zsolt Harsanyi

Salz und Paprika

Der Anwalt mußte aus der Hauptstadt in die Provinz reisen. Dort wurde eine äußerst verwickelte und wichtige Causa vor Gericht verhandelt, und eine der prozessierenden Familien ließ es sich etwas kosten; und so fuhr der berühmte hauptstädtische Anwalt in die Provinz.

Er traf am Nachmittag ein, fuhr gleich zu seinen Klienten und verhandelte mit ihnen während des Fünfuhrtees und des Abendessens, bis spät in die Nacht. Dieser Prozeß war weit verzweigt, und es war gar nicht so einfach, in all seine Verästelungen einzudringen. Sie kamen auch am gleichen Tag nicht zu Rande damit und verschoben die weiteren Besprechungen auf den nächsten Tag. Nach dem Mittagessen wollten sie weiterreden. Für den Vormittag hatte sich der Anwalt vorgenommen, einen Höflichkeitsbesuch beim Gerichtspräsidenten und beim ersten Staatsanwalt zu machen.

Tatsächlich suchte er am anderen Tag den Gerichtspräsidenten auf, einen ungemein sympathischen Herrn, noch aus der Friedensgeneration. Er bot dem Gast einen guten Branntwein an. Sie sprachen über dies und jenes. Schließlich erhob sich der Anwalt, um sich zu empfehlen und erwähnte, daß er auch noch den Staatsanwalt aufsuchen müsse.

»Er wird gleich hier sein«, erwiderte der Präsident. »Er

pflegt mich jeden Montag um diese Zeit zu begrüßen. Warten Sie so lange, Herr Rechtsanwalt, dann können Sie mit ihm in sein Büro hinüber gehen.«

»Gern, wenn ich Ihnen keine Ungelegenheiten bereite. Was ist er für ein Mensch, der Staatsanwalt?«

Ein gütiges und verzeihendes Lächeln umspielte die Lippen des Präsidenten.

»Kennen Sie, Herr Rechtsanwalt, die älteste Anekdote der Welt, vom Kind, das man in den Laden schickt, um Salz und Paprika zu kaufen?«

»Natürlich.«

»Nun, mein Freund, der Staatsanwalt ist ein hervorragender, liebenswürdiger Mensch, aber er wird langsam alt. Jeden Montag erzählt er mir diese Anekdote. Aber bis zum nächsten Montag vergißt er, daß er sie erzählt hat, und erzählt sie von neuem. So geht das schon seit fünf Jahren. Natürlich erwähne ich ihm gegenüber nichts davon, um ihn nicht in Verlegenheit zu bringen. Ja, ich selbst pflege ihn zu fragen, ob er nicht irgendeine neue Geschichte zu erzählen habe.«

Während sie sich so unterhalten, erscheint der Staatsanwalt, ein gutaussehender, freundlicher Herr. Der Präsident besorgt die Vorstellung und sie plaudern. Dann sagt der Präsident:

»Nun, du Meister der Anekdote, hast du etwas Neues?«

Der Staatsanwalt beginnt gleich damit:

»Natürlich. Ein Bub wird in den Laden geschickt, um für zehn Groschen Salz und für zehn Groschen Paprika zu holen. Man gibt ihm einen Teller in die Hand, auf dem er die Gewürze bringen soll. Er kehrt auf halbem Weg um, läuft wieder heim, um zu fragen, für welches Zehngroschenstück er Salz, und für welches er Paprika holen soll. Nicht schlecht, was? Aber warte, ich bin noch nicht am Ende. Man erklärt ihm, daß das gleich sei. Also geht er in den Laden. Dort bittet er um zehn Groschen Salz auf den Teller. Es wird ausgewogen. Dann verlangt er für zehn Groschen Paprika und dreht den Teller um, weil ja die andere Seite frei ist. Er bekommt den Paprika und trägt ihn heim. Er zeigt ihn der Mutter. Und wo ist das Salz? Er dreht den Teller um, weil er ihr das Salz zeigen will.«

Der Präsident zwinkerte dem Rechtsanwalt insgeheim zu, aber er lachte, ohne sich etwas anmerken zu lassen, laut über die Anekdote. Sie unterhielten sich noch eine Weile, dann nahmen sie Abschied. Der Staatsanwalt nahm den Rechtsanwalt mit.

Als sie aus dem Tor traten, sagte der Staatsanwalt:

»Nun, was sagen Sie zu meinem lieben Freund, Herr Rechtsanwalt?«

»Ich finde, daß er ein liebenswerter Mensch ist.«

»Ja. Ein hervorragender Kerl. Aber haben Sie nichts Besonderes an ihm bemerkt?«

»Nein, was hätte ich bemerken sollen?«

»Nun, ich bitte Sie, mein armer Freund ist reif für die Nervenklinik. Er altert rapide, sein Verstand läßt immer mehr aus. Diese alte Anekdote von dem Salz und dem Paprika muß ich ihm seit fünf Jahren jede Woche erzählen. Von Woche zu Woche vergißt er sie wieder und weiß nicht, daß ich sie ihm bereits hundertmal erzählt habe.«

ITALIEN

Luigi Pirandello

Der Tonkrug

Eine reiche Ernte damals, auch bei den Oliven. Sogar bejahrte Bäume, schon im Vorjahr schwer beladen, trugen alle wiederum reichlich, trotz des Nebels, der sie in der Blütezeit bedroht hatte.

Zirafa, der auf seinem Landgut Quote in Primosole eine hübsche Reihe davon besaß, hatte vorausgesehen, daß die fünf alten, glasierten Tonkrüge, die im Keller standen, nicht genügen würden, alles Öl der neuen Ernte aufzunehmen, und hatte rechtzeitig in Santo Stefano di Camastra, wo sie hergestellt wurden, einen sechsten, umfangreicheren bestellt: brusthoch, so schön bauchig und voll Majestät, als wäre er der Abt über die fünf andern.

Selbstverständlich hatte er sich auch mit dem Ofenmeister drüben wegen des Kruges gestritten. Und mit wem geriet Don Lollò Zirafa nicht in Streit? Wegen jeder Kleinigkeit, wenn bloß ein Stein von der Umfriedungsmauer gefallen war, wegen eines Strohhalms sogar schrie er, man solle ihm das Maultier satteln, um dann eilends zur Stadt zu reiten und Anzeige zu erstatten. So verklagte er bald den, bald jenen, trug stets die Kosten für alle und hatte sich vor lauter Stempelpapier und Advokatenhonoraren halbwegs ruiniert. Es hieß, sein Anwalt sei es satt gewesen, ihn zwei-, dreimal wöchentlich bei sich erscheinen zu sehen, und habe ihm, um ihn loszuwerden, ein Büchlein geschenkt, ähnlich wie ein Meßbüchlein: das Zivilgesetzbuch, damit er sich nun den Kopf darüber zerbrechen sollte, selber die Rechtsgrundlage für die Händel zu suchen, die er anzuzetteln gedachte.

Früher pflegten ihm alle, mit denen er sich stritt, spöttisch zuzurufen: »Sattelt das Maultier!« – jetzt hingegen: »Schlagt im Büchlein nach!«

Und Don Lollò antwortete: »Jawohl, und ich erschlage euch allesamt, ihr Hundesöhne!«

Jener neue Tonkrug, der vier springende, klingende Goldunzen gekostet hatte, wurde auf Zusehen hin, bis man im Keller Platz für ihn fand, ins Preßhaus gestellt. Einen solchen Krug hatte man noch nie gesehen. Es tat einem weh, ihn in einer solchen Höhle untergebracht zu sehen, in dem muffigen Mostgeruch und dem säuerlich herben Dunst, der in Räumen ohne Licht und Luft brütet.

Vor zwei Tagen hatte das Schlagen der Oliven begonnen, und Don Lollò war gänzlich außer sich, weil er zwischen den Olivenschlägern und den Maultiertreibern, die ihre Düngerladungen für die nächstjährigen Bohnenfelder längs des Abhangs abzuladen hatten, nicht mehr wußte, wohin er sich wenden, auf wen er eher aufpassen sollte. Und er fluchte wie ein Türke und drohte, diese und jene zu erschlagen, wenn eine Olive, und wäre es nur eine einzige, ihm fehlen sollte, als ob er sie vorher auf den Bäumen Stück für Stück gezählt hätte, oder wenn nicht jeder Misthaufen gleich groß geraten sollte wie die andern. Den alten weißen Hut auf dem Kopf, hemdsärmlig, mit weit offener Brust, glühend im Gesicht und schweißtriefend lief er hierhin und dorthin, ließ seine Wolfsaugen überallhin schweifen und rieb sich voll Wut die rasierten Backen, auf denen der üppige Bart fast schon unter dem Messer wieder sproß.

Am Ende des dritten Tages, als drei der Olivenschläger ins Preßhaus traten, um die Leitern und Ruten abzustellen, blieben sie beim Anblick des schönen neuen Tonkrugs entsetzt stehen: entzwei war er, als hätte ihm jemand mit einem glatten Schnitt den ganzen bauchigen Vorderteil sauber abgetrennt.

»Seht, seht!«

»Wer mag das gewesen sein?«

»Lieber Himmel! Und Don Lollò, was wird der sagen? Schad um den neuen Krug!«

Der erste, ängstlicher als die andern, schlug vor, die Türe gleich wieder zuzuziehen, Leitern und Ruten außen an die Mauer zu lehnen und sich still und leise zu verziehen.

Aber der zweite warf ein: »Seid ihr verrückt? Mit Don Lollò? Der ist imstande zu glauben, wir hätten ihn zerbrochen. Alle dableiben!«

Er trat hinaus, formte die Hände zu einem Sprachrohr und rief: »Don Lollò! He, Don Lollò!«

Der stand unten am Hang bei den Mistführern; er gestikulierte mit dem gewohnten Ungestüm und drückte sich von Zeit zu Zeit den alten weißen Hut mit beiden Händen fester. Hin und wieder kam es so weit, daß er ihn vor lauter Drücken kaum mehr über Stirn und Nacken hinaufzuziehen vermochte. Am Himmel erlosch schon die letzte Glut der Dämmerung, und zu dem Frieden, der sich mit dem Abendschatten und der erfrischenden Kühle auf das Land senkte, paßten die Gebärden des immer aufgebrachten Mannes schlecht.

»Don Lollò! He, Don Lollòoo!«

Als er heraufkam und das Unglück sah, schien er den Verstand zu verlieren. Er stürzte sich zuerst auf die drei, packte einen an der Gurgel, drückte ihn an die Wand und schrie: »Herrgottsakrament, das sollt ihr mir büßen!«

Als nun die beiden andern, mit wilden, erdfahlen Gesichtern, ihn ihrerseits am Kragen packten, richtete er die ganze

Wut gegen sich selber, schmiß den Hut zu Boden, hämmerte sich gegen die Wangen, stampfte mit den Füßen und heulte wie die Leute um einen toten Verwandten: »Der neue Tonkrug! Vier Unzen wert! Noch nie gebraucht!«

Er wollte wissen, wer ihn zerbrochen hatte! Konnte er denn von selbst zerspringen? Zwangsläufig mußte ihn jemand zerbrochen haben, aus Gemeinheit oder aus Neid. Aber wann, aber wie? Es war keine Spur von Gewalt zu sehen. Sollte er geborsten von der Werkstatt gekommen sein? Ausgeschlossen. Er tönte wie eine Glocke.

Sobald die Knechte sahen, daß sich die erste Wut gelegt hatte, redeten sie ihm zu, er solle sich beruhigen. Den Krug konnte man heilen. Er war immerhin nicht hoffnungslos zerbrochen. Ein einziger Riß. Ein tüchtiger Geschirrflicker könnte ihn wieder herstellen, so gut wie neu. Da war doch Zi'Dima Licasi, der einen wunderbaren Kitt entdeckt hatte, dessen Geheimnis er eifersüchtig hütete; dem Kitt konnte nicht einmal der Hammer etwas anhaben, wenn er einmal gepackt hatte. Also, wenn es Don Lollò recht wäre, könnte Zi'Dima Licasi morgen in aller Frühe zur Stelle sein, und im Handumdrehen wäre der Krug besser als zuvor.

Wie man ihm auch zuredete, Don Lollò sagte nein. Es war doch alles umsonst, da war nichts mehr zu machen; aber schließlich ließ er sich überzeugen, und anderntags, pünktlich beim ersten Sonnenstrahl, erschien auf Primosole Zi'Dima Licasi mit dem Werkzeugkorb auf dem Rücken.

Er war ein verwachsener Alter, verbogen und knotig in den Gelenken wie der uralte Strunk eines sarazenischen Ölbaums. Man mußte ihm jedes Wort abkaufen. Übellaunigkeit oder tief in seinem Krüppelkörper verwurzelte Traurigkeit? Oder auch das Gefühl, daß doch niemand seine Verdienste als unpatentierter Erfinder richtig zu verstehen und zu schätzen vermöchte. Für ihn, Zi'Dima Licasi, sollten die Tatsachen reden. Und schließlich mußte er nach allen Seiten aufpassen, daß niemand ihm das Geheimnis raubte.

»Zeigt mir mal den Kitt da«, sagte Don Lollò als erstes zu ihm, nachdem er ihn lange mißtrauisch gemustert hatte.

Zi'Dima, voll Würde, schüttelte den Kopf.

»Das Werk wird es weisen.«

»Aber wird es gut?«

Zi'Dima stellte den Korb ab und holte ein grobes, großes, rotes Baumwolltaschentuch daraus hervor, fadenscheinig und vielfach gefaltet. Er begann es unter den Augen all der Neugierigen bedächtig auseinanderzufalten, und als endlich eine Brille zum Vorschein kam, Bügel und Stänglein gebrochen und mit Bindfaden geflickt, da seufzte er, und die andern lachten. Zi'Dima kümmerte sich nicht darum; er wischte sich die Finger, bevor er zur Brille griff, setzte sie auf und begann dann mit großer Ernsthaftigkeit, den Tonkrug, den man auf die Tenne hinausgebracht hatte, zu untersuchen. Er sagte: »Es wird gut.«

»Aber zum Kitt allein«, stellte Zirafa zur Bedingung, »hab ich kein Vertrauen. Ich will noch Klammern dazu.«

»Ich gehe«, gab Zi'Dima kurz zurück, richtete sich auf und schulterte seinen Korb wieder.

Don Lollò packte ihn beim Arm.

»Wohin? Mein lieber Freund und Schweinekerl, was fällt euch ein? Schau sich einer den Herrn Baron an! Öl muß ich da hineintun, ich, du elender Hungerleider, da hinein, und Öl schwitzt durch, du Trottel! Einen ellenlangen Riß, nur mit Kitt? Klammern will ich dran. Kitt und Klammern. Hier befehle ich.«

Zi'Dima schloß die Augen, preßte die Lippen aufeinander und schüttelte den Kopf. So waren sie alle! Die Freude, einmal eine saubere Arbeit zu machen, gewissenhaft und kunstgerecht, einen Beweis dafür zu liefern, was sein Kitt taugte, das blieb ihm verwehrt.

»Wenn der Krug«, sagte er, »nicht wieder tönt wie eine Glocke . . .«

»Ich höre nichts«, unterbrach ihn Don Lollò. »Klammern! Ich zahle Kitt und Klammern. Was muß ich euch geben?«

»Wenn ich es mit dem Kitt allein . . .«

»Dickkopf, verdammter!« brüllte Zirafa. »Wofür rede ich? Klammern will ich dran, sagte ich. Wir werden einig, wenn die Arbeit fertig ist, ich will nicht Zeit mit euch verlieren.«

Und er ging auf seine Leute aufpassen.

Voll Zorn und Unmut machte sich Zi'Dima an die Arbeit. Und mit jedem Loch, das er in den Krug und in das abgebrochene Stück bohrte, um die Drahtklammern durchziehen zu können, wuchsen Zorn und Unmut in ihm. Das Surren des Bohrers begleitete er immer häufiger und immer lauter mit Gebrumm, und sein Gesicht wurde immer galliger, die Augen immer stechender und glühender vor Ärger. Nach diesem ersten Arbeitsgang warf er voll Wut den Bohrer in den Korb; er hielt das abgebrochene Stück an den Krug, um zu prüfen, ob die Löcher gleichmäßig verteilt waren und aufeinander paßten, klemmte dann mit der Zange so viele Stücklein Draht ab, als er Klammern zu setzen hatte, und rief einen der Olivenschläger zu Hilfe.

»Nur Mut, Zi'Dima«, sagte der, als er sein verstörtes Gesicht sah.

Zi'Dima hob die Hand zu einer wütenden Gebärde. Er öffnete die Blechdose, die den Kitt enthielt, hob ihn gegen den Himmel und schüttelte ihn, wie um ihn Gott darzubieten, da die Menschen seinen Wert nicht anerkennen wollten; dann begann er ihn mit dem Finger rings den Bruchrändern nach zu verstreichen. Er nahm die Zange und die vorbereiteten Drahtstückchen und stieg in den offenen Bauch des Tonkruges, indem er seinen Helfer den abgebrochenen Teil einpassen hieß, wie kurz zuvor er es getan hatte. Aus dem Innern des Kruges heraus, noch bevor er anfing die Klammern einzusetzen, sagte er zu dem Mann: »Zieh jetzt! Zieh, mit aller Kraft! Siehst du, es löst sich nicht mehr. Der Teufel soll sie holen, die es nicht glauben. Und klopf einmal! Tönt das nicht wie eine Glocke, sogar mit mir drin, ja oder nein? Geh, geh und sag's deinem Meister!«

»Wer oben ist, befiehlt, Zi'Dima«, seufzte der Arbeiter, »und wer unten ist, geht zum Teufel. Setzt die Klammern, setzt sie.«

Und Zi'Dima machte sich daran und zog die Drahtklammern eine nach der andern durch die Löcher, eins auf dieser Seite der Naht, eins auf der andern, und mit der Zange drehte er die Enden fest. Eine Stunde brauchte es, bis sie alle saßen. Der Schweiß floß in Strömen, drin im Krug. Bei der Arbeit jammerte er unausgesetzt über sein Schicksal, indes von außen sein Helfer ihn tröstete.

»So, und jetzt hilf mir da heraus«, sagte endlich Zi'Dima.

Aber so dickbauchig dieser Tonkrug war, so enghalsig war er auch. Das hatte Zi'Dima in seiner Wut nicht bedacht. Und jetzt mochte er sich winden und drehen wie er wollte, er kam nicht mehr heraus. Und der Arbeiter, statt ihm zu helfen, bog sich vor Lachen. Eingesperrt, eingesperrt im Krug, den er selber geflickt und den man nun – einen andern Weg, ihn zu befreien, gab es nicht – von neuem und für immer zerbrechen mußte.

Auf das Geschrei und Gelächter eilte Don Lollò herbei. Zi'Dima im Innern des Kruges gebärdete sich wie eine erboste Katze.

»Laßt mich raus!« brüllte er. »Herrgott nochmal, raus will ich, und das gleich! Helft mir!«

Don Lollò war zunächst wie vor den Kopf geschlagen. Er konnte es nicht fassen.

»Aber wie denn? Da drinnen? Sich eingenäht da drinnen?«

Er trat zum Krug und schrie dem Alten zu: »Helfen? Was kann ich euch helfen? Alter Schafskopf, wie? Konntet ihr nicht vorher Maß nehmen? Los, probieren: einen Arm raus . . . so, und den Kopf . . . rauf . . . halt, langsam! . . . ach was, runter . . . warten! Nicht so! runter, runter . . . Aber wie habt ihr das angestellt? Und jetzt der Krug? – Ruhe, Ruhe, Ruhe!« befahl er ringsumher, als ob die andern drauf und dran wären, die Ruhe zu verlieren, und nicht er selber. – »Mir raucht der Kopf. Ruhe! Das ist ein ganz neuer Fall . . . Das Maultier!«

Er klopfte mit den Knöcheln auf den Krug. Er klang in der Tat glockenrein.

»Schön, wie neu . . . wartet!« sagte er zum Gefangenen. »Geh mir das Maultier satteln!« befahl er dem Arbeiter. Indem er sich mit allen zehn Fingern im Haar kratzte, fuhr er fort, zu sich selber zu sprechen. »Aber wie kann mir nur so etwas passieren? Das ist kein Krug, das ist ein Teufelsding! Ruhig, ruhig da drin!«

Und er sprang hinzu, um den Tonkrug zu halten, in dem Zi'Dima sich wild herumwarf wie ein Tier in der Falle.

»Ein ganz neuer Fall, mein Lieber, den muß der Advokat lösen. Ich getrau mich nichts. Das Maultier, her mit dem Maultier! Nur Geduld, ich bin gleich wieder da! In eurem Interesse . . . sachte solange, immer mit der Ruhe . . . und in meinem eigenen. Und vor allem: Wenn ich mein Recht wahren will, tu ich auch meine Pflicht. Also, ich bezahle euch die Arbeit, einen Taglohn zahle ich. Fünf Lire, genügt das?«

»Ich will gar nichst!« schrie Zi'Dima. »Raus will ich!«

»Kommt ihr auch. Aber was mich angeht, so bezahle ich euch. Da, fünf Lire.«

Er zog sie aus der Westentasche und warf sie in den Krug. Dann erkundigte er sich angelegentlich: »Habt ihr gefrühstückt? Brot, und was dazugehört, sofort! Wollt ihr nicht? So werft's den Hunden vor. Mir reicht, daß ich's euch gegeben habe.« Er ordnete an, man solle ihm zu essen bringen, schwang sich in den Sattel, und fort ging's im Galopp zur Stadt. Wer ihn sah, hätte glauben können, er ginge sich selber ins Irrenhaus sperren, so sehr und so absonderlich fuchtelte er um sich.

Zum Glück traf sich's nicht so, daß er lange im Vorzimmer des Advokaten herumsitzen mußte; es traf sich aber, daß er hübsch lange warten mußte, bis dieser zu lachen aufhörte, nachdem er ihm den Fall vorgetragen hatte. Das Gelächter reizte ihn.

»Was gibt es da zu lachen, bitte? Euer Wohlgeboren tut es nicht weh! Der Krug ist mein!«

Der aber lachte fort und fort und verlangte, er solle ihm den Fall nochmals erzählen, Punkt für Punkt, um dann von neuem darüber in Lachen auszubrechen. Drinnen, was? Hatte sich drin eingenäht? Und er, Don Lollò, was wollte er? Dri . . . drin . . . drinnen behalten . . . ha, ha, ha . . . oi, oi, oi . . . ihn drin behalten, um den Krug nicht zu verlieren?

»Soll ich ihn verlieren?« fragte Zirafa mit geballten Fäusten. »Den Schaden haben und den Spott?«

»Aber wissen Sie, wie man das nennt?« sagte schließlich der Advokat. »Freiheitsberaubung nennt man das!«

»Beraubung? Und wer hat ihn beraubt?« schrie Zirafa. »Selber hat er sich eingesperrt! Was kann ich dafür?«

Darauf setzte ihm der Anwalt auseinander, es handle sich um zwei verschiedene Fälle. Einerseits mußte er, Don Lollò, den Gefangenen unverzüglich befreien, um sich nicht der Freiheitsberaubung schuldig zu machen; andrerseits mußte der Geschirrflicker für den Schaden aufkommen, den er durch sein Ungeschick oder seine Gedankenlosigkeit verursacht hatte.

»Aha!« atmete Zirafa auf. »Er zahlt für den Krug!«

»Sachte!« bemerkte der Advokat. »Nicht wie wenn er neu wäre, wohlverstanden.«

»Und warum?«

»Ach du mein, weil er schon kaputt war!«

»Kaputt? Aber gar nicht. Jetzt ist er ganz. Besser als ganz, das sagt er selber. Und wenn ich jetzt gehe und ihn zerbreche, kann ich ihn nicht mehr flicken lassen. Der Krug ist hin, Herr Anwalt!«

Der Advokat versicherte ihm, man würde das in Betracht ziehen und ihn soviel zahlen lassen, als der Krug in seinem jetzigen Zustand wert sei.

»Außerdem«, riet er ihm, »laßt ihr ihn zuvor von ihm selber schätzen.«

»Küß die Hand«, sagte Don Lollò und machte sich eiligst davon.

Als er gegen Abend zurückkehrte, fand er alle Arbeiter vergnügt um den bewohnten Tonkrug versammelt. Die Festfreude teilte auch der Wachthund, mit Sprüngen und Gebell. Zi'Dima hatte sich beruhigt, mehr noch, er hatte sogar selber Geschmack an seinem merkwürdigen Abenteuer gefunden und lachte darüber mit der bittern Fröhlichkeit der Bedrückten.

Zirafa stieß alle beiseite, beugte sich vor und spähte in den Krug hinunter.

»Na, geht's dir gut da?«

»Ausgezeichnet. Schön kühl«, gab der zur Antwort. »Besser als bei mir zu Hause.«

»Freut mich. Nebenbei bemerkt, neu hat mich der Krug vier Unzen gekostet. Was glaubst du, wieviel er jetzt kosten mag?«

»Samt mir drin?« fragte Zi'Dima.

Die Leute lachten.

»Ruhe!« schrie Zirafa. – »Eins oder das andere: entweder taugt dein Kitt etwas, oder er taugt nichts. Taugt er nichts, so bist du ein Schwindler; taugt er etwas, dann muß der Krug, so wie er ist, seinen Preis haben. Welchen Preis? Schätz ihn selber!«

Zi'Dima überlegte eine Weile, dann sagte er: »Ich antworte. Hätten Sie mich, wie ich es wollte, ihn mit Kitt allein flicken lassen, so würde ich vor allem nicht hier drin sitzen, und der Krug hätte ungefähr den gleichen Wert wie zuvor. So verpatzt, mit diesen Klammern, die ich zwangsläufig von innen habe setzen müssen, was kann er da noch wert sein? Höchstens ein Drittel dessen, was er vorher galt.«

»Ein Drittel?« fragte Zirafa. »Eine Unze und dreiunddreißig?«

»Eher weniger als mehr.«

»Na also«, sagte Don Lollò. »Halt dein Wort und gib mir eine Unze und dreiunddreißig.«

»Was?« machte Zi'Dima, als hätte er nicht verstanden.

»Ich zerbreche den Krug und laß dich heraus«, antwortete Don Lollò, »und du, sagt der Anwalt, bezahlst ihn, wie du ihn geschätzt hast: eine Unze und dreiunddreißig.«

»Ich zahlen?« grinste Zi'Dima. »Euer Wohlgeboren scherzen! Hier drin bleibe ich, bis mich die Würmer fressen.«

Und er zog mit einiger Mühe sein verkrustetes Pfeifchen aus der Tasche, zündete es an und begann zu rauchen, indem er den Rauch zum Hals des Kruges hinausblies.

Don Lollò war ratlos. Diesen weiteren Fall, daß nämlich Zi'Dima nun gar nicht mehr zum Krug hinauswollte, hatten weder er noch der Anwalt vorgesehen. Was war da zu machen? Er war drauf und dran, von neuem nach dem Maultier zu rufen, bedachte dann aber, daß es schon Abend war.

»So, so?« meinte er. »Du willst dich in meinem Krug häuslich niederlassen? Ihr alle seid Zeugen! Er will nicht heraus, damit er nicht zu zahlen braucht; ich bin bereit, ihn zu zerbrechen. Nun, wenn er schon darauf beharrt, verklage ich ihn morgen wegen widerrechtlicher Wohnungsbenützung und weil er mich am Gebrauch des Tonkruges hindert.«

Zi'Dima blies erst einen Mundvoll Rauch hinaus, dann erwiderte er gemütlich: »Aber ganz und gar nicht. Ich will Sie an nichts hindern. Bleibe ich etwa zum Vergnügen hier? Lassen Sie mich raus, und ich gehe noch so gern. Aber zahlen . . . nicht im Traum, Euer Wohlgeboren!«

Wutentbrannt hob Don Lollò einen Fuß, um dem Krug einen Tritt zu versetzen, hielt sich aber noch zurück; statt dessen packte er ihn mit beiden Händen und schüttelte ihn wie besessen.

»Ein guter Kitt, was?« sagte Zi'Dima.

»Du Galgenvogel!« brüllte Zirafa, »wer hat den Schaden gemacht, ich oder du? Und ich soll zahlen? Stirb du da drin vor Hunger! Wollen sehen, wer gewinnt.«

Er ging und dachte nicht mehr an die fünf Lire, die er ihm am Morgen in den Krug geworfen hatte. Mit diesen gedachte Zi'Dima vor allem einmal, sich und den Arbeitern, die, durch den komischen Zwischenfall verspätet, die Nacht im Freien auf der Tenne zubringen wollten, einen vergnügten Abend zu machen. Einer ging das Nötige in einer nahen Schenke einkaufen. Und dazu, als täte er's mit Fleiß, schien der Mond taghell.

Don Lollò, der sich schlafen gelegt hatte, erwachte mitten in der Nacht von einem höllischen Lärm. Er trat auf den Balkon des Hauses und erblickte auf der Tenne im Mondschein lauter Teufel: die betrunkenen Bauern hatten sich bei den Händen gefaßt und tanzten im Kreis um den Krug herum. Und drinnen krähte Zi'Dima aus vollem Hals.

Diesmal konnte sich Don Lollò nicht mehr beherrschen. Wie ein rasender Stier brach er in die Leute, und bevor jemand Zeit fand, ihm zu wehren, schickte er den Krug mit einem mächtigen Stoß den Abhang hinunter. Vom Gelächter der Betrunkenen begleitet, kollerte der Tonkrug, bis er an einem Ölbaum zerschellte.

Und so gewann Zi'Dima.

UNGARN

Dezsö Monoszlóy

Das falsche Gespenst

Im Saal herrschte eine Stimmung ähnlich wie in einem fröhlichen Künstlercafé. Diese Ungezwungenheit störte den Richter, der die Verhandlung führte. Er versuchte sich immer wieder ins Gedächtnis zu prägen, daß er für das Kalbsgulasch am Abend sauren Rahm und Zwiebel kaufen müßte. Eigentlich machte ihn auch der Angeklagte nervös: er war allzu gefällig und leutselig. Das konnte der Richter nicht leiden. Auch der Tatbestand selbst interessierte ihn nicht sonderlich. Er war in seinen Gedanken bereits bei der Urteilsbegründung angekommen. Irgendeinen Verweis mußte man wohl zum Urteil hinzufügen und den Geschworenen noch eine Menge juristischer Argumente in den Mund legen. Ein Pfund Zwiebel und saurer Rahm. Der Angeklagte fing eben zum dritten Male mit der Geschichte an. Der Staatsanwalt unterbrach ihn dauernd. Er könnte es schon lassen. Die ganze Geschichte hing ihm schon zum Halse hinaus. Und dazu noch dieses ständige Kichern der Zuschauer!

»Sie öffneten also mit dem Schlüssel, den Sie von Ihrem Opfer bekommen hatten, etwa um halb eins in der Nacht die Wohnungstür und drangen in sein Zimmer ein. Was geschah anschließend?« fragte der Staatsanwalt.

»Ich habe es schon erzählt«, erwiderte lächelnd, fast in

Habtachtstellung, ein etwa vierzigjähriger Mann. »Ich trat ins Zimmer und sah zum Bett, wo Michael selig schnarchte.«

»Hatten Sie sich bereits in das Leintuch gehüllt?«

»Ja, ich hatte es schon im Vorzimmer übergeworfen, hatte die weißen Handschuhe angezogen und hielt die drei Kugeln in der Hand . . .«

»Hat das Opfer wahrgenommen, daß Sie das Zimmer betraten?«

»Nein, er hat es nicht bemerkt. Ich mußte ihn wecken.«

»Mit welchen Worten weckten Sie ihn?«

»Ich blieb in der Tür stehen und schrie mit verstellter Stimme: Die Geisterstunde hat geschlagen! Ich bin gekommen, dich zu holen!«

»Worauf das Opfer . . .«

»Worauf sich Michael im Bett aufgerichtet hat. Er rieb sich mit der einen Hand die Augen und griff mit der andern sofort zum Schachtisch neben dem Bett und zielte mit der Schreckpistole auf mich . . .«

»Er merkte also nicht, daß er nicht seine eigene Pistole in der Hand hielt?«

»Nein, er merkte es nicht.«

»Und Sie hatten keine Angst, daß er inzwischen doch den Tausch bemerkt hatte, und . . .«

»Nein, davor brauchte ich mich nicht zu fürchten, da ich, wie ich es schon am letzten Verhandlungstag geschildert habe, die richtige Pistole bei mir hatte.«

»Also gut, Sie standen in der Tür und riefen dem Opfer Ihren Satz zu. Was erwiderte er darauf?«

»Halt, oder ich schieße!« – Damit trat ich einen Schritt näher. Michael feuerte einen Schuß ab, und ich warf ihm eine Kugel zu. Er schoß ein zweitesmal, ich trat noch näher und warf wieder eine Kugel. Dann ging ich noch einen Schritt näher und . . .«

»Das Opfer sagte indessen kein Wort?«

»Nein.«

»Auch das Licht hat er nicht eingeschaltet?«

»Nein.«

»Wie konnte er dann auf Sie zielen?«

»Es war nicht ganz dunkel im Zimmer. Ein chinesischer Lampion nämlich, der über dem Bücherregal hing . . .«

»Das haben wir auch schon gehört«, unterbrach ungeduldig der Richter den Dialog zwischen Staatsanwalt und Angeklagtem. »Jetzt erzählen Sie nur ganz kurz, was nach dem Zurückwerfen der dritten Kugel geschah.«

»Michael jauchzte komisch auf.«

»Jauchzte? Wie ist das zu verstehen?« fragte wiederum der Staatsanwalt.

»Er gab halt so einen unartikulierten Laut von sich.«

Einige der Zuhörer lachten.

»Und?«

»Nichts. Es wurde ganz still. Ich erschrak und lief zum Bett. ›Michael, mach keinen Unfug‹, rief ich ihm zu, ›es war ja bloß ein Spaß!‹«

»Schöner Spaß«, bemerkte der Staatsanwalt.

»Bitte, mich haben die Vorkommnisse zutiefst erschüttert«, seufzte der Angeklagte. »Und ich würde gerne mein weiteres Leben dafür opfern, daß . . .«

»Lassen wir das«, winkte der Richter ab. »Die Beteuerungen gehören zum Zivilrecht. Das müssen Sie mit der Witwe und mit Ihrem Gewissen abmachen. Augenblicklich sind wir so weit, daß saurer Rahm und Zwiebel . . .« Alle blickten auf den Richter. Er räuspert sich: . . . »wir sind so weit, daß Sie sofort den Hausarzt angerufen haben. Die Polizei haben Sie erst verständigt, nachdem der Arzt die Herzlähmung bereits festgestellt hatte.«

Der Angeklagte nickte.

»Nun, gibt es noch Fragen?« Der Richter blickte zornig auf den Staatsanwalt. Der ließ sich jedoch nicht stören, sondern hielt eine lange Anklagerede, wobei er sich sogar auf die Bibel berief und öfters die Nächstenliebe erwähnte.

»Das menschliche Leben ist das Kostbarste. Es zu schützen, ist in unserem Rechtsstaat unsere höchste Pflicht. Mit verantwortungslosen Spielereien das Leben zu bedrohen, ist eine Todsünde!« schrie er.

Der Angeklagte schlug die Augen nieder. Im Verhandlungssaal krachten die Stühle. Der Verteidiger meldete sich zu Wort. Einleitend sprach er über das untadelige Vorleben des Angeklagten und über seine beständige Freundschaft zu dem Opfer, dann griff er mit einer theatralischen Geste nach seinem Herzen:

»Niemanden konnten die Geschehnisse mehr erschüttern als meinen Klienten – ich wollte sagen: niemanden außer der gebrochenen Witwe! Dieser Mann, der jetzt vor Ihnen steht, verlor im Verstorbenen seinen besten Freund, seinen täglichen Schachpartner, den Gefährten seiner Jugend. Und warum mußte dieses traurige und nun nicht wieder gutzumachende Ereignis stattfinden? Darauf zu antworten fällt uns nicht schwer. Der Herr Staatsanwalt hat uns mit erschütternden Worten auf die Frage der Verantwortung hingewiesen. Er hat meinen Klienten der verbrecherischen Verantwortungslosigkeit angeklagt. Wir alle aber . . .« – er machte mit seiner kurzen, weichlichen Hand eine halbkreisförmige Bewegung in der Luft – »wir, die der Aufklärung der Wahrheit dienen, wissen Bescheid, wen eigentlich der Vorwurf der Verantwortungslosigkeit trifft. Die Verantwortungslosigkeit, hohes Gericht, trifft – ohne daß ich das Andenken des Verstorbenen in irgendeiner Weise verletzen möchte – das Opfer. Seine verantwortungslose Prahlerei, wie es auch die gebrochene Witwe so liebenswürdig in ihrer Zeugenaussage bekräftigt hat, war der

Grund, der jenen Vorfall auslöste, den wir nun bedauernswerterweise ohne seine Anwesenheit untersuchen müssen, um eine Antwort darauf zu finden. Einen reifen Menschen in den Stunden der nächtlichen Ruhe als Gespenst verkleidet zu erschrecken, ist sicher eine verantwortungslose, ja sogar unentschuldbare Tat. Einem Mann gegenüber aber, der in der Rüstung der Furchtlosigkeit eine ständige Herausforderung darstellt, können wir meiner Meinung nach nur von einem provozierten Aufflammen des dem menschlichen Gemüt innewohnenden Spieltriebes sprechen, selbst dann sogar, wenn dieses Spiel mit unvorhergesehenen Akkorden endet. Wir alle haben in den Ausführungen meines Klienten gehört – und auch die Zeugenaussage der gebrochenen Witwe bestätigte es –, wie oft der Verstorbene mit seiner Tapferkeit geprahlt hatte. Ich möchte aus den hier gehörten Aussagen einige Sätze zitieren. ›Du fürchtest dich nie‹, hat mein Klient den Verstorbenen gefragt. ›Und wenn du mitten in der Nacht Schritte im Vorzimmer hörst, wenn plötzlich ein Gespenst vor deinem Bett steht?‹ – ›Unsinn‹, hatte der geantwortet, ›ich fürchte mich nicht und obendrein gibt es keine Gespenster.‹ – ›Wenn jedoch trotzdem eines vor dir stünde?‹ hatte mein Mandant weiter gefragt. ›Dann würde ich meine Pistole nehmen und ihm sagen: Halt oder ich schieße!‹ – ›Und wenn er darauf nicht reagiert?‹ ›Dann würde ich ihn wie einen Hund abknallen.‹ – Soviel aus den Zitaten. Und es genügt wohl, um bewußt zu machen, wer eigentlich der Spielleiter dieses Spieles mit schlechtem Ausgang war: die kritiklose Prahlerei des Verstorbenen und seine hinfällige Gesundheit, mit der mein Klient ja keineswegs rechnen konnte!«

Der Richter blickte während des Plädoyers öfter auf seine Armbanduhr und ab und zu auch auf die zierliche Witwe in der ersten Reihe. Wenn ihre Blicke sich trafen, richtete er jedesmal sein viereckiges Barett, um sich im nachhinein zu sagen, daß dies ein kindisches und törichtes Verhalten sei. Als der Lärm im Saal schließlich anschwoll, riß er sich aus seinen versponnenen Gedanken und schüttelte die Glocke, die vor ihm stand. Endlich konnte er inmitten der Geschworenen aus dem Saal ziehen.

Der Freispruch überraschte niemanden. Nur der Staatsanwalt legte seine Berufung ein. Der Richter wandte sich nochmals, nun schon sichtlich erleichtert, an die Witwe.

»Sie können selbstverständlich eine Schadenersatzklage einreichen. Das Urteil stellt für solche Rechtsmittel kein Hindernis dar«, artikulierte er präzise, in belehrendem Tonfall.

Er wartete, bis die Witwe aufstand und zum Ausgang ging. Er sah noch, daß der Angeklagte, nachdem er die Hand seines Rechtsanwaltes geschüttelt hatte, ebenfalls hinausging. Dann verlor er beide aus den Augen.

Vor dem Gerichtsgebäude stand ein roter Sportwagen. Die Witwe stieg ein und ließ die linke Tür offen. Bald darauf tauchte auch der Angeklagte auf und setzte sich neben sie.

»Wird es nicht auffallen, wenn uns die Leute zusammen sehen?«

»Aber nein. Du hast ja gehört, was der Richter gesagt hat; du kannst eine Schadenersatzklage einreichen und wir besprechen hier eben gerade die Möglichkeiten.«

Als sie die Stadt hinter sich hatten, bog die Frau beim ersten Feldweg ab und fuhr auf eine baumumstandene Wiese.

»Hier sind wir allein«, sagte sie und setzte sich neben den Mann ins Gras. »Na?« sagte sie, ihr Blick war gespannt und sie spielte mit ihrem Feuerzeug.

»Soll ich von vorne anfangen?« fragte der Mann.

»Wann hast du diese Geschichte erfunden?« fragte sie mürrisch.

»Sofort, nachdem der Zug mit dir abgefahren war. Ich war nervös und setzte mich in ein Kaffeehaus. Ich wollte alles noch einmal genau durchdenken. Und dann fiel mir die Geschichte ein. Ich habe sie als Kind von meinem Großvater gehört.«

»Hat man sie also schon einmal verwendet?«

»Ja, aber damals ist auch alles genau so passiert, wie ich es erzählt habe. Der Angeklagte wurde auch damals freigesprochen.«

»Hast du dich nicht gefürchtet?«

»Nur anfänglich, als ich die Wohnung betrat. Ich glaubte, daß er noch am Leben sei. Aber er war schon tot. Ich untersuchte das Fläschchen mit dem Schlafmittel. Beide Gifttabletten fehlten. Ich nahm das Leintuch aus der Aktentasche, zerknitterte es und warf es auf den Teppich neben das Bett. Dann suchte ich seine Pistole. Es dauerte ziemlich lange, sie war in der Schreibtischlade. Dann feuerte ich mit der Schreckpistole drei Schüsse ab und legte die drei Kugeln auf das Bett.«

»Und der Arzt?«

»Hat sofort Herzlähmung festgestellt, wie du gesagt hast. Alles ging wie am Schnürchen. Eine Obduktion kam gar nicht in Frage.«

»Nicht einmal dann hätten sie was gefunden. Ich habe es zweimal an Meerschweinchen ausprobiert.«

»Die Gespenstergeschichte hat jedenfalls alles einfacher gemacht. Ich habe mich ja sofort als Täter gemeldet.«

»Das war eine herrliche Idee. Ich war zwar bei der ersten Einvernahme etwas verlegen, als man mich über Michaels Tapferkeit gefragt hat. Aber ich habe ziemlich rasch geschaltet und dachte mir, daß nur du das erfinden konntest. Freilich wußte ich nicht, wozu.«

»Glaub mir, das war die einzige Lösung. Als ich dich am Vormittag zum Zug gebracht habe, ist mir der Kopf fast zersprungen: Wenn er nun nicht beide Tabletten nimmt . . .«

»Er nahm jeden Abend zwei Schlaftabletten.«

»Du weißt ja, vielleicht gerade an diesem Abend nicht, und

er stirbt vielleicht nicht . . . So habe ich es mit eigenen Augen gesehen.«

»Ja.«

»Dich getraute ich mich nicht anzurufen. Ich habe die Polizei gebeten, dich zu verständigen.«

»Sehr klug.«

»Was sagte deine Schwester?«

»Du kannst es dir vorstellen: Sie tröstete mich und schluchzte dabei wie von Sinnen.«

»Und du?«

»Ich auch. Eine Frau kann immer weinen.« Sie erhob sich und richtete ihr Haar. »Wir werden das Trauerjahr abwarten. Und wir reden nie wieder von alledem. Du hast ihn ermordet, du hast ihn zu Tode erschreckt. Das kann man wirklich glauben.«

»Alle haben es geglaubt.«

»Ich hoffe, du glaubst es von nun an auch.«

»Ich?« Er blickte sie erstaunt an. Dann lächelte er. »Okay, wenn du es so willst, glaub ich's.«

Sie küßten einander und stiegen in den Wagen. Inzwischen fing es zu regnen an, aber nur in spärlichen Tropfen. Man brauchte nicht einmal den Scheibenwischer einzuschalten.

IRLAND

Sean O'Faolain

Der schielende Kesselflicker

Der Gerichtssaal war voll besetzt. Der letzte Fall war an der Reihe. In der Anklagebank stand der schielende Kesselflicker. Er war so schwarz wie ein Kaminhaken. Eine Nase hatte er – rasiermesserscharf. Seine Kehle war lang und dürr wie bei einem verhungerten Gänserich. Er wurde der schielende Kesselflicker genannt, weil das rechte Auge geradeaus blickte, während das linke Auge aufs rechte sah, als frage es: »Was schaust *du* dir denn an?« Das gerade Auge blickt soeben zum Richter.

Von den schrägen Schultern des Kesselflickers fiel ein schwarzer Priesterrock bis auf die Absätze seiner Stiefel, und die Ärmel waren so lang, daß er sie aufgekrempelt tragen mußte, wobei das Futter hervorkam, und selbst dann waren seine Klauen noch halb versteckt. An seinem unrasierten Kinn hätte man ein Zündholz abstreichen können, und aus den Ohren wuchsen ihm Gemüsebeete.

Der Schutzmann neben ihm stand so weit von ihm entfernt, wie er nur irgend konnte.

»Euer Gnaden«, sagte der Kesselflicker, »ich hab' die Kuh nicht gestohlen. So was würde ich nie tun. 's liegt einfach nicht in meiner Natur, so was zu tun.«

»Ha!« rief der Oberwachtmeister. »War Ihr Vater nicht ein Hammeldieb?«

»Bewahre, nein!« widersprach der Kesselflicker und stand so ungerührt da wie ein riesengroßer Kohlebrocken. »Das war doch mein Großvater!«

»Und wurde er dafür nicht deportiert?« verhörte ihn der Oberwachtmeister.

»Ist das etwa seine Schuld?« rief der Kesselflicker beleidigt. »*Er* wollte lieber gehängt werden.«

»Eine Minute, Euer Gnaden«, unterbrach der Mann, dem das Tier gestohlen worden war. »Darf ich eine Erklärung abgeben?«

»Silentium!« donnerte der Gerichtsschreiber, der beweisen wollte, daß er sein Gehalt zu Recht verdiente.

»Aber es ist wichtig!« jammerte der Kläger.

Weiter kam er nicht, denn der Gerichtsschreiber rief wieder: *»Silentium!«*, und der Richter blickte von dem Roman auf, den er gerade las, und fragte: »Was soll denn all der Unsinn?« Und zum Kesselflicker sagte er: »Man hat doch das gestohlene Tier in Ihrem Besitz gefunden?«

»Das ist eine ganz nebensächliche Einzelheit«, sagte der Kesselflicker. »Es war meine eigene Kuh!«

»Euer Gnaden!« brüllte der Mann, dem das Tier gehörte. »Er ist ein himmelschreiender Lügner! Ich hatte das Tier am vergangenen Martinstag gekauft . . .«

»Kann schon sein«, gab der Kesselflicker gelassen zu. »Doch *davor* wurde es *mir* gestohlen!«

»Wollen Sie um Vertagung einkommen?« fragte der Richter hoffnungsfroh. Er dachte an sein Abendessen und fand, es sei besser, bald heimzugehen. Dann fiel ihm ein, daß ja Freitag sei, und das Abendessen verlor an Reiz.

»Ich bitte nicht um Vertagung«, erwiderte der Kesselflicker. »Wenn Sie meine Geschichte gehört haben, werden Sie überzeugt sein, daß es *meine* Kuh war!«

»Dann weiter!« seufzte der Richter, und der Oberwachtmeister winkte dem Gerichtsschreiber zu, und die Faulpelze auf der Galerie lümmelten sich über die Brüstung und sperrten erwartungsvoll Mund und Nase auf, so daß der Richter dem Gerichtsdiener zuflüsterte, wenn sie den Mund zumachen und jemand das Fenster aufmachen würde, bekämen sie alle ein wenig frische Luft.

»Ich hatte die Kuh schon, als sie noch ein Kalb war, Euer Gnaden«, sagte der Kesselflicker, und er rief es mit so wilder Entschlossenheit, daß seine beiden Wangen durch das tiefe Atemholen vollkommen eingedellt wurden. »Ich will Euer Gnaden von dem Kalb erzählen.«

»Gott sei Dank beginnen Sie nicht bei der Mutter des Kalbes«, seufzte der Richter, und der Oberwachtmeister blickte auf seine Uhr.

»Darauf komme ich noch zu sprechen«, erwiderte der Kesselflicker. »Es ist nämlich eine lange Geschichte.«

»Euer Gnaden«, flehte der Oberwachtmeister, »ich kenne seine Kniffe! Er will uns festhalten!«

»Ich will Sie gar nicht aufhalten«, beruhigte ihn der Kesselflicker. »Bis vor zwei Monaten noch hatte ich das Kalb in meiner Küche in der Gemeinde Ballyalley in der Freiherrschaft Mushera in der Grafschaft Cork, und es war gesund und wohlgeborgen. Ich wollte mir eine Kuh aufziehen.«

»Was denn sonst?« schnauzte ihn der Oberwachtmeister an. »Sie reden wie der Mann, der erzählte, er wolle eine Frau heiraten.«

»Ein Kalb aufzuziehen, ist nun aber keine Kleinigkeit, Euer Gnaden«, erklärte der Kesselflicker und stierte mit dem Schielauge den Oberwachtmeister an, während das gute Auge sich an den Richter wandte, »vor allem nicht heutzutage! Bedenken Sie nur die Preise fürs Mehl . . .«

». . . fällt mir nicht ein«, erwiderte der Richter. »Mit den Mehlpreisen geraten wir in die Politik, und eine Kritik der Regierung kann ich im Gerichtshof nicht dulden. Beeilen Sie sich gefälligst mit Ihrer Kuh!«

Doch ergab sich eine neue Unterbrechung von seiten des Klägers. »Euer Gnaden«, bat er, »darf ich vielleicht sprechen?«

»Hinaus mit ihm!« schrie der Richter, »sonst können wir uns die Geschichte nie in Ruhe anhören.«

Drei Schutzleute beförderten ihn nach draußen, und als sie ihn draußen hatten, blieben sie auch draußen, was ihnen sehr behagte, denn draußen war die Kneipe, im Saal aber war der Oberwachtmeister.

Der Kesselflicker fuhr mit seinem Lügengespinst fort – und zog es so sehr in die Länge, wie er nur wagte.

»Um die fragliche Zeit war die Kuh noch keine Kuh«, sagte er. »Aber sie war auf dem besten Wege dazu – doch da mußten sich ja die Feen einmischen.«

»Das ist kein rechtsgültiges Beweismittel«, rief der Oberwachtmeister streng. »Der Mensch hält das Gericht zum Narren.«

»Gott soll mich strafen, wenn ich das tue!« entgegnete der Kesselflicker. »Bin ich nicht auf die Bibel vereidigt?«

»Allerdings nicht«, murmelte der Richter nachsichtig und blickte in den Oktoberabend hinaus, der schon die Dämmerschleier über den Himmel zu ziehen begann. Bei diesem Tempo, dachte er, würde der ganze Himmel verhüllt sein, ehe der schielende Kesselflicker sein Garn gesponnen hatte. »Sie sind nicht auf die Bibel vereidigt, und ohne Eid wird's schneller gehen.«

»Danke bestens, Euer Gnaden«, sagte der Kesselflicker stirnrunzelnd, denn er wußte nicht recht, was hinter dieser Bemerkung steckte. »Es war am dreizehnten Sonntag nach Trinitatis, als es passierte. Eine bitterkalte Nacht war's, Gott sei gepriesen, und ich saß gemütlich am Feuer und dusselte so vor mich hin. Meine Alte . . .« Sein hagerer Räuberkopf stach durch die Luft zu seiner Frau, die im Gerichtssaal saß; sie hatte rote Backen und leuchtend fuchsrotes Haar, und sie war rund und dick wie ein kleiner grauer Pilz. Es war seine Frau, und dem Namen und Aussehen nach war sie allgemein als Fuchs-Norry bekannt. »Meine Alte lag sternhagelvoll hinten im Dunkeln, und neben mir vorne am Feuer lag das Kalb und schnaufte munter und friedlich über die Asche weg. Und da saß ich also und sinnierte und überlegte und dachte, was für eine Menge Geld ich für das Kalb bekommen würde, wenn es erst mal eine Kuh war und selber ein Kälbchen im Bauch hatte, und wie ich dann mein Reißen mit der Erstmilch kurieren wollte, als ich plötzlich, (um es kurz zu machen) . . .«

»Ach du lieber Himmel«, stöhnte der Oberwachtmeister, der genau wußte, was die Redewendung bedeutete.

». . . als ich plötzlich«, wiederholte die schwarze Sibylle in der Anklagebank, »mir nichts, dir nichts einschlief – mit dem Kopf auf dem Arm, und nicht gerappelt und gerührt, bis ich die Stimme hörte! Es war ein schauriges, tiefes Brummen, das durch den Kamin herunterkam. Es klang wie das Brummen von einem wütenden Bullen, und die Stimme sagte – so deutlich, wie ich jetzt hier mit Ihnen spreche, Euer Gnaden – ›Bist du da, Powlraddy?‹ Und schon springt mein Kalb auf die Knie und sieht zu den Balken auf und stellt den Schwanz so steil wie ein Schornstein, und es ruft, ruft es: ›Ja, ich bin's. Ist das mein Pappi?‹ Donnerlüttchen, da hab' ich wirklich das Zittern bekommen. Euer Gnaden, das streit' ich gar nicht ab!«

»Wer war betrunken, sagten Sie vorhin: Sie oder Ihre Frau?« fragte der Oberwachtmeister höhnisch.

Doch diesmal lächelte kein Mensch im Saal, wie der Kesselflicker feststellte, und der Richter, der zwar noch immer aus dem Fenster sah und das Zwielicht und die Abendnebel beobachtete (die übrigens auch der Kesselflicker bemerkte) – der Richter blickte mit nadelscharfen Pupillen.

»Und da, Euer Gnaden«, fuhr der Kesselflicker ernst fort, »da springt mir doch das Kalb vollends auf die Füße und rennt in meiner kleinen Küche herum. Und draußen konnte ich die andern Hufe hören, die auch immer rundherum, rundherum rasten. Ich lief an die Tür und wollte nachsehen, was für ein Luder mein Kalb bei seinem Namen ruft, und als ich's tat, da wischt es mir zwischen den Beinen durch. Und das nächste, was ich dann begriff«, schnarrte der Kesselflicker, »– ich lag längelang auf dem Rücken, und der kalte Wind wühlt mir im Haar, und ich hör' die Hufe, die rund um die Hütte klappern, di-klapp, di-klapp, Donner und Doria, und als sie das nächste Mal an der offenen Tür vorbeikommen, da mach' ich ein Auge auf – und was seh' ich? Ich sah was – och, Euer Gnaden, fragen Sie mich bloß nicht, was ich da sah. 's hat mir einfach den Rest gegeben. Unterm blauen Morgenhimmel bin ich erst wieder zu mir gekommen, und halbtot, wie ich war, bin ich doch noch aufs Feld getorkelt und hab' mein Kalb gesucht.

Und bei Gott, ich hab's gefunden, wo ich's nie gesucht hätte. Da stand es auf der Kuppe eines kleinen Hügels, neben dem Schwarzdorn, und wissen Sie, was es da machte?«

Der ganze Gerichtssaal beugte sich noch weiter vor.

»Da war eine kleine Wolke, so dünn wie ein Nebel, die lag in der Ackerfurche, und mein braves Powlraddy stand davor und leckte dran herum, so wie Euer Gnaden oder ich vielleicht am Bierschaum lecken. Ich duck' mich hinter den Schwarzdorn und hab' aufgepaßt und aufgepaßt«, erzählte der schwarze Kesselflicker und rührte sich zum erstenmal, denn nun kauerte er sich hinter die Anklagebank, um zu zeigen, wie er sich geduckt und wie er aufgepaßt hatte. Der Richter drehte sich herum und starrte ihn an, und im ganzen Gerichtssaal war kein Mensch, der Oberwachtmeister nicht ausgenommen, der nicht seinen Kopf geduckt hätte, um zu zeigen, daß er verstand, wie der Kesselflicker aufgepaßt hatte. »Und so stand ich da und hab' aufgepaßt und nicht mit der Wimper gezuckt, bis mein Kalb das letzte Fleckchen Wolke aufgeschleckt hatte, ratzekahl geschleckt bis auf den ersten Morgentau. Da hab' ich mein Kälbchen ganz sachte angerufen, und es hat sich umgedreht und übers weite Heideland geblickt und sich die Lippen geleckt. Ich sagte, sagt' ich: ›Bist du da, Powlraddy?‹ Es sagt, sagt es: ›Ja, hier bin ich. Ich hab' meinen Pappi aufgeschleckt.‹ Und dann ist es wie ein Lamm mit mir heimgegangen.

Und jetzt, Euer Gnaden, will ich die reine Wahrheit sagen, auch wenn Sie mir fünf Jahre Loch dafür geben. Sechs Eimer voll Milch hab' ich bei dem Kälbchen gemolken, am ersten Tag, als es eine Kuh war. Und von dem Tage an ist kein Tropfen Alkohol über meine Lippen gekommen, bloß die Milch von meiner Kuh: kein Whisky und kein Bier, kein Wein und kein Wasser nicht.«

Jetzt riß dem Oberwachtmeister die Geduld: »Euer Gnaden«, mischte er sich angewidert ein, »als der Mann verhaftet wurde, konnte man seinen Hauch mit einer Zündholzflamme zum Brennen bringen!«

»Streite ich's etwa ab, Euer Gnaden?« ächzte der Kesselflikker. »Leider Gottes ist es wahr. Denn als ich meine Kuh verlor, verlor ich auch die Besinnung. Und so wär's Ihnen auch ergangen, Euer Gnaden, deshalb lassen Sie mich meine Geschichte beenden. Es verhielt sich so: Der erste Schluck von Powlraddys Milch hat einen andern Menschen aus mir gemacht. Er verlieh mir das zweite Gesicht und seltsame Weisheit. Ich konnte in die Zukunft sehen. Ich konnte Ratschläge geben. Ich konnte voraus- und hintenraussehen. Ich konnte nachdenken und ausdenken. Ich konnte gesund- und krankmachen. Hab' ich nicht das lahme Mädchen von Ballyallinan kuriert, das seit zwanzig Jahren in einem Rollstuhl 'rumkutschiert ist, nach Knock und nach Lourdes, zum Berg Argus und zum See Derg und ans Grab der heiligen Nelly, gar nicht zu reden von jedem

Doktor am Merrion-Platz und auf Saint Patrick's Hill? Hab' ich nicht entdeckt, wo die Bankräuber von Knockane den Geldsack versteckt hatten, den sie dem Bankdirektor gestohlen haben?«

»Das ist ja verrückt«, schrie der Oberwachtmeister. »Ich erinnere mich noch gut an den Fall, Euer Gnaden. Das Geld wurde niemals gefunden.«

»Streite ich's etwa ab?« fragte der Kesselflicker und rührte sich nicht. »Allerdings war kein Geld im Sack – aber war das meine Schuld?«

»Vielleicht war's Ihr Pech?« meinte der Richter, und der ganze Saal lachte.

»Und hab' ich nicht dem Gemeindepfarrer von Galloping Green gesagt«, fuhr der schielende Kesselflicker fort, »was es für eine Sünde in ihm war, die sein Pferd vor dem Ford von Avonbeg zum Stolpern brachte, und dabei wollte er nach der Insel Man in die Ferien? Hat er mir nicht als Belohnung für mein zweites Gesicht den Stein von seiner Uhrkette geschenkt, der bei Neumond zu schwitzen anfängt? Holen Sie doch Ehrwürden hier vor den Gerichtshof, und ich wette, daß er alles als wahr bestätigen wird, was ich sage.«

»Der Gemeindepfarrer von Galloping Green ist schon ein halbes Jahr tot«, sagte der Oberwachtmeister trübselig, »und das wissen Sie auch ganz genau.«

»Hab' ich nicht Mann, Frau und Kind in der Grafschaft Limerick«, fuhr der Kesselflicker fort, »den Namen des Pferdes genannt, das unweigerlich beim November-Hindernisrennen siegen wird, und bekommen sie dann nicht etwa zweihundert zu eins, so daß sie lebenslänglich genug haben?«

»Aber jetzt ist ja erst Oktober«, seufzte der Oberwachtmeister, und der ganze Saal seufzte vor gieriger Erwartung mit ihm.

»Das war mein Kalb und meine Kuh«, sagte der Kesselflikker, »und dann«, leierte er kläglich weiter, »wurde mir mein armes Powlraddy gestohlen.«

»Oh!« fiel ihm der Richter ins Wort, »konnten Sie das nicht voraussehen?«

»Ja-ha!« nickte der Oberwachtmeister und lachte den Richter an, und der Gerichtsdiener zwinkerte dem Schutzmann zu, und der Schutzmann gab dem Kesselflicker einen Fußtritt, um ihm zu zeigen, was für ein verdammter Lügner er sei.

»Ich komme gleich darauf zurück«, sagte der Kesselflicker mit großer Geduld.

Draußen war es Nacht geworden, und der Richter war hungrig, aber er wollte den Schluß der Geschichte hören.

»Ich habe eine Zeugin beigebracht«, sagte der Kesselflicker und rief seiner Frau über die Schulter zu: »Steh auf, Norry, mein Herz!«

Die rothaarige Frau erhob sich, und als sie stand, schnupfte sie auf, zog sich das Schultertuch fester um die Brust und stieß sich mit der Zungenspitze eine Haarsträhne aus dem Mund.

Der Kesselflicker nahm sie ins Verhör, sah aber, wie auch vorher schon immer, nur den Richter an: »Habe ich dir befohlen, daß mir von dieser Kuhmilch niemals ein Tropfen in eine andere Kehle als meine eigene kommt – oder nicht?«

»Doch, das hast du gesagt«, antwortete sie und starrte den Richter an, um zu sehen, wie er es hinnahm.

»Hast du meinen Befehl zwei Wochen vor dem letzten Martinstag befolgt oder nicht, du schlechtes Weib?«

»Ich hab' ihn nicht befolgt«, sagte sie, »und du hast mich wacker dafür versohlt, du Sündenknochen!«

»Was hast du gemacht, du Lügenbrut?«

»Ich hab' einen Becher voll in den Kuchenteig geschüttet«, sagte Norry und fuhr mit hohem Leierton fort, »und ich will's bezeugen, was mit dem Kuchen geschah. Ich hatte das Auge auf dem Kuchen, der im Korb in der Glut stand, und auf einmal höre ich eine Stimme, die kommt wie der erste Winterwind den Kamin herunter. Eine grausige Stimme war's. Sie konnte einen an die Stimme vom Auktionator Cahirlan erinnern, wenn er schlechtes Heu verkauft und bis in den siebenten Himmel lobt. Und die Stimme sagt: ›Bist du's, Powlraddys Pappi?‹ Und der Kuchen im Backkorb stand auf, Euer Gnaden, und er fing an zu piepsen und sagte: ›Ja, das bin ich – bist du's, Opa?‹ «

Der Richter schlug mit der Faust auf den Tisch.

»Jetzt aber Schluß! Das kann ja nicht ewig so weitergehen!«

»'s ist gleich fertig«, rief der Kesselflicker und streckte langsam den Arm aus, daß der aufgekrempelte Ärmel zurückfiel und die Fingernägel hervorschauten, die schwarz wie Teufelskrallen waren. »Sprich weiter, Norry, mein Schatz!«

»Und im Nu«, erzählte sie, »war der Kuchen aus dem Backkorb gesprungen. Er rannte in der Küche herum. Ich hinterdrein. Ich warf mit dem großen Teller nach ihm. Ich warf mit dem kleinen Schemel nach ihm. Ich warf ihm das Nudelholz nach. Ich warf ihm die Axt nach. Aber die Axt flog durch die Fensterscheibe, und der Kuchen sprang durchs Loch im Glas und holterdipolter die Straße entlang.«

»Haha«, rief der Richter, »jetzt hab' ich Sie. Denn Sie rannten dem Kuchen nach. Ist's nicht so in der Geschichte?«

»Ja«, gab Norry zu.

»Und er kam Ihnen mit einer alten Frau entgegen, die Kleider ausklopfte. Stimmt das nicht?«

»Doch«, gab Norry niedergeschlagen zu.

»Und«, unterbrach der Oberwachtmeister das Gespräch, »der Kuchen rief: ›Ich bin ausgerissen vor der Kesselflickerfrau und dem großen Teller und dem kleinen Schemel und dem Nudelholz und der Axt – sollt' ich nicht auch vor dir ausreißen können?‹ So ist's doch in der Geschichte, nicht?«

»Ja«, gestand Norry und wurde rot vor Scham.

»Und danach«, schrie der Richter, beugte sich vor und war ganz wütend, weil ihm der Oberwachtmeister die Geschichte weggeschnappt hatte, »danach kam eine alte Frau, die ihre Haube tollte. Ist's nicht so in der Geschichte?«

»Ja, so ist's«, flüsterte Norry, drückte sich aber schon seitlich zur Tür hinaus.

»Und er sagte«, schrie der Gerichtsschreiber, bevor ihm jemand den Kehrreim wegschnappen konnte, »er sagte: ›Ich bin vor der Kesselflickerfrau ausgerissen, und vor dem großen Teller, und vor dem kleinen Schemel, und vor dem Nudelholz, und vor der Axt, und vor der Kleiderpeitsche – sollt' ich nicht auch vor dir ausreißen können?‹ Ist's nicht so in der Geschichte?«

Aber Norry war schon hinter den Glastüren verschwunden.

»Und was kam danach?« schrie der Richter den unbeweglichen Kesselflicker an.

»Was kam danach?« heulte der Oberwachtmeister.

»Was kam danach?« kreischte der Gerichtsschreiber – und alle Faulpelze und Schutzleute und Rechtsanwälte und Zeugen standen auf.

»Und womit kam er dann an?« fragte der Richter.

»Oh«, bemerkte der Kesselflicker höflich, »er kam natürlich mit seinem Pappi an, das heißt mit Powlraddys Opa.«

»Und wer war das?« fragten alle wütend.

»Ich erkläre es gleich«, sagte der Angeklagte.

»Antworten Sie ohne Umschweife!« befahl der Oberwachtmeister. »Wir wollen wissen, mit wem der Kuchen angelaufen kam?«

»Aber ja«, sagte der Kesselflicker, und es klang, als ob er dachte: Ja, wißt ihr denn das nicht?, »er kam doch mit dem *Anfang der Welt* an!«

»Und wer war das?« flüsterte der Richter.

Im gleichen Augenblick flogen die Glastüren auf, und die

drei Schutzleute und der Mann, der ein Tier verloren hatte, stürzten in den Gerichtssaal, und alle vier strahlten sie nur so vor guter Laune.

»Euer Gnaden!« rief der Mann.

»Ruhe!« riefen sie alle gemeinsam.

»Euer Gnaden!« schrie der Mann eigensinnig und drängte sich nach vorne, »ich muß sprechen! Ich habe überhaupt keine Kuh verloren.«

»Wie?« fragte der Richter.

»Was ich verloren habe, ist ein Bulle.«

»Stimmt das?« fragte der Richter den Oberwachtmeister. »Stimmt das?« fragte er den Gerichtsschreiber. »Stimmt das?« fragte er den reglosen Kesselflicker.

»Ich bin ein Städter«, sagte der Oberwachtmeister, »und ich habe das in Frage stehende Tier nicht genau inspiziert. Außerdem glaubte ich immer, Bullen seien erwachsene Kühe.«

»Unsinn«, sagte der Richter säuerlich. »Und die ganze Geschichte von der Kuh . . .?« schalt er den Kesselflicker.

»Ich erkläre es gleich«, antwortete der Kesselflicker.

»Das werden Sie *nicht* tun«, bestimmte der Richter. »Es ist spät genug, und es ist Zeit, daß wir alle nach Hause gehen. Die Sache ist erledigt.«

»Und ich?« fragte der Kesselflicker. »Wer gibt mir meinen Glücksbullen wieder?«

»Ja, ja«, sagte der Richter und erhob sich. »Früher gab's noch Zeiten in Irland, da konnte ein Mann vierzig Bullen für so eine Geschichte bekommen! Aber, gerechter Gott, die guten Tage sind vorbei!«

»Da geraten wir in die Politik«, sagte der Kesselflicker.

»Durchaus nicht«, entgegnete der Richter, »denn ich bezog mich auf Englands Falschheit.«

»Davon könnte ich Ihnen auch ein Lied singen«, erbot sich der Kesselflicker.

»Lieber nicht«, sagte der Richter, schüttelte die Falten aus seinem Talar und dachte an den Wind, der ihm in den offenen Wagen blasen würde. »Denn das wäre Patriotismus. Und davon hab' ich auch genug!«

Daraufhin gingen sie also alle hinaus, und der Gerichtsdiener löschte die Lampen, und als der Kesselflicker und seine Frau über den Marktplatz gingen, stahl er einen Esel, und sie stahl ein Hemd. Dann schlugen sie sich westlich vom Schilfufer des Shannon durch in die sternfunkelnde Nacht hinein. Ein oder zwei Meilen außerhalb holte sie der Richter in seinem Wagen auf der Landstraße ein. Er hielt und fragte ganz nebenbei und ein bißchen gönnerhaft, als ob er's eigentlich nicht wissen wollte: »Was war der *Anfang der Welt?«*

»Aengus Oge«, antwortete der Kesselflicker, und ein Auge sah nach Westen und eins nach Osten.

»Ist das der Name einer Whiskysorte?« fragte der Richter.

»Nein«, sagte der Kesselflicker stirnrunzelnd. »Es ist der Name des Gottes der Dichtkunst!«

»Aha!« rief der Richter bewundernd.

Er steckte die Hand in seinen Beutel und gab dem Kesselflikker eine halbe Krone.

»Du bist ein großartiger Lügner! Gott befohlen!« sagte er.

Und er fuhr in einer rotleuchtenden Staubwolke von dannen, als ob er selber ein Göttchen sei.

Hinter ihm trabte der Esel flott dahin, und die Karrenräder knarrten durch die Herbstluft, daß die Landstraße und das Heidemoor wie ein hohles Faß widerhallten. Leer. Dunkel. Ganz in der Ferne bellte ein Hund. *Hau-wau! . . . Hau-wau!* Das war alles. Dann leiser: *Hau-wau! . . . Hau-wau!* Die ganze Nacht hindurch. *Hau-wau!* Bis zum andern Morgen, als es im Osten zu tagen begann.

ÄGYPTEN

Taufik el Hakim

Faraskour ist nichts für Ferien

Es gibt wohl kaum eine lästigere und ermüdendere Beschäftigung als die eines Kreisrichters in einer bäuerlichen Gegend. Und das trifft vor allem im Sommer zu: Die Zahl der Verbrechen steigt während der heißen Jahreszeit, weil die Hitze die schlafenden Leidenschaften weckt, und nicht nur die Zahl der Verbrechen nimmt während der heißen Jahreszeit zu, auch die Stechmücken, Wanzen, Flöhe und Läuse. Besonders an den Wänden der Gerichtsgebäude.

Auf arme Tröpfe wie mich, der unter solchen Umständen in abgelegenen Landkreisen seines Amtes zu walten hat, wirkt die bloße Erwähnung des Meeres wie der Gedanke an frische Luft auf den Insassen eines Verlieses.

Wir pflegten auf unsere temporären Ernennungen für den Sommer zu warten, als ob unser Leben von ihnen abhinge, und hatten wir das Glück, in eine Stadt oder eine Ortschaft versetzt zu werden, die in der Nähe des Meeres oder eines Flusses lag, und sei's auch zwei Fahrstunden weit weg, dann waren wir wirklich dankbar.

Ich werde darum die Freude nicht vergessen, die mich an dem Morgen durchströmte, an dem ich den ledergelben, amtlichen Briefumschlag öffnete und erfuhr, daß ich den Monat Juli in Faraskour zu verbringen hätte. »Das ist ebensogut wie

Sommerferien«, dachte ich und arbeitete Tag und Nacht, um alle Rückstände rechtzeitig zu erledigen. Zu dieser Zeit lastete auf mir die Arbeit von zweien, denn der Hilfsrichter war auf Urlaub gegangen.

Und so kam der Juli. Ich nahm mein Köfferchen und setzte mich in den Zug nach Faraskour. Meine Laune wurde besser, und meine Nasenlöcher schnupperten schon die Luft, als wäre ihr Besitzer unterwegs nach der Schweiz. Und das alles nur, weil Faraskour zufällig in der Nähe von Damietta liegt und Damietta in der Nähe des Meeres.

Nach einer langen und erschlaffenden Reise hielt der Zug. Der Schaffner rief die Ankunft in Faraskour aus. Ich warf einen Blick aus dem Fenster, sah aber keine Anzeichen einer Stadt; nur eine Holzhütte stand da mit der Aufschrift »Bahnhof«. Ringsum – nichts als Leere und Trostlosigkeit. »Sind Sie sicher, daß das Faraskour ist?« fragte ich.

»Freilich«, erwiderte der Schaffner. »Ich würde doch nicht wagen, Ihr Vertrauen zu mißbrauchen, Euer Gnaden.«

Ich nahm mein Köfferchen, stieg aus und fragte mich die ganze Zeit, was zum Teufel ich in dieser Einöde tun sollte. Kein einziges Haus, kein Hotel, kein Städtchen! Doch fand ich keine Zeit, weiter zu grübeln, denn eine Stimme hinter mir rief: »Willkommen, Euer Gnaden!«

Ich wandte mich um. Es war der Diener des Landgerichtsamtes, der mich abholen gekommen war und mir nun das Köfferchen abnahm.

»Wo bin ich? Wo sind wir?« fragte ich bestürzt.

»In Faraskour, Bey. Ich bitte um Nachsicht, Bey. Das hier ist nur der Bahnhof. Das Städtchen liegt dort drüben – etwas weiter, als man mit freiem Auge sehen kann. Wir werden zu Fuß gehen müssen, oder wir können auch reiten. Dann überqueren wir in einem Ruderboot den Nil. Und hernach haben wir noch immer ein Stück zu gehen.«

»Warum ist eigentlich der Bahnhof auf die Stadt so böse?«

»Da müßten Euer Gnaden wohl das Eisenbahnministerium fragen.«

»Na schön! Zeig den Weg, wo immer er hinführen mag.«

Schließlich kamen wir in dem den Landrichtern vorbehaltenen Rasthaus an; ich warf einen Blick auf das Zimmer, in dem ich wohnen, und auf das Bett, in dem ich schlafen sollte.

»Das ist ja unmöglich!« brüllte ich. Außer mir vor Zorn, ging ich ans Telephon und rief den Kronanwalt an. »Ich kann mir nur vorstellen«, sagte ich, »daß der Ort, wo ich wohnen soll, entweder irrtümlich oder um einen dummen Witz zu machen, ein Rasthaus genannt wurde. Böte man ihn Faraskours Straßenkötern, sie würden es zweifellos vorziehen, unter freiem Himmel zu schlafen.«

Das Kichern des Kronanwalts kam durch den Hörer. »Wie?« spaßte er. »Der Herr Kreisrichter will wie ein Obdachloser unter freiem Himmel schlafen?«

»Was bleibt mir denn anderes übrig?«

»Sie können sich ja selbst etwas besorgen. Sie könnten in Damietta wohnen oder in Ras el-Barr. Solange Sie Ihrer Pflicht genügen, können Sie tun, was Ihnen beliebt. Natürlich auf Ihre eigene Verantwortung.«

»Vielen Dank, Pascha«, sagte ich voll Freude und hängte ab.

Das war doch ein deutlicher Wink, daß ich in ein menschlicheres Logis ziehen konnte. Warum also nicht gleich nach Ras el-Barr fahren und jeden Morgen in Faraskour sein, oder vielleicht jeden zweiten Tag, je nach der Anzahl der Verhandlungen und der zu erledigenden Fälle? Ich nahm also ein Zimmer im Hotel Cortel in Ras el-Barr und teilte dem Landgerichtsbüro in Faraskour und den verschiedenen Verwaltungsbehörden meiner Sommerfrische mit, daß ich in diesem Hotel auf Zimmer soundso wohne und daß sie mich dort, wenn nötig, erreichen könnten. Ich füllte meine Lungen mit der frischen

Seeluft und legte mich für eine Weile hin. In diesem Augenblick überkam mich die Müdigkeit von Monaten und Jahren, und ich versank in tiefsten Schlaf und erwachte am Vormittag des nächsten Tages.

Ich richtete es so ein, daß ich abwechselnd einen Tag in Faraskour und den nächsten in Ras el-Barr verbrachte. Dann reduzierte ich Faraskour auf zwei Tage wöchentlich. Schließlich fuhr ich nur noch zu Verhandlungen hin – jede Woche einmal. Von dieser Einteilung waren die Gerichtsbeamten begeistert, bedeutete sie doch, daß sie, unter dem Vorwand, mir Fälle unterbreiten zu müssen, oft nach Ras el-Barr kommen konnten. Und so gab es nichts mehr, das den vollkommenen Genuß meiner Sommerferien hätte stören können, außer Fällen, welche die Einvernahme von Untersuchungshäftlingen erforderten. Dieses letzte Hindernis beseitigte ich, indem ich sie alle zum Verhör nach Ras el-Barr kommen ließ. Sie wurden aus dem Gefängnis unter Bewachung zu mir gebracht.

Sehr bald wurden diese Vorgänge unter den Häftlingen, den Soldaten und den Polizisten ruchbar, und es wurde viel von Seiner Gnaden, dem Kreisrichter, gesprochen, der die Gefangenen zum Verhör ans Meer schaffen ließ. Und sie alle begannen sich um das Privileg zu reißen, vor mich treten zu dürfen. Die Voruntersuchungsverhöre nahmen rapid zu.

Eines Morgens – er unterschied sich keineswegs von den anderen – schlug ich die Augen auf und erblickte eine lange Schlange gefesselter Verbrecher, die sich, von Soldaten geleitet, heranschleppte. Ich hatte kaum, mit nichts als einer Badehose bekleidet, mein Zimmer verlassen, als ich auch schon laut, aber höchst ehrerbietig von Wärtern und Häftlingen begrüßt wurde, die alle in bester Laune zu sein schienen.

»Was sollen alle diese Leute hier?« rief ich und wandte mich dann an die Soldaten: »Aufpassen, daß keiner davonläuft!«

Von einem der gefesselten Gefangenen kam der Ruf: »Davonlaufen? Gott erhalte Euer Gnaden! Wer wollte aus so einem Paradies davonlaufen?«

»Na schön«, sagte ich, da mir nichts anderes einfiel, »bleibt also und erfreut euch der Seeluft.«

»Wir sind hungrig, Bey«, rief ein anderer.

»Die Luft hat uns großen Appetit gemacht.«

»Gelobt sei Gott! Ihr seid also nur zur Luftveränderung hergekommen?«

Ich muß gestehen, daß mich ihr Anblick zutiefst rührte und ihr offensichtliches Glücksgefühl mich mit Mitleid für sie erfüllte. Ich vergaß, daß es sich um Verbrecher handelte. Ich sah in ihnen nur arme Tröpfe wie mich selber, die lange Zeit keine Urlaubsfreuden genossen hatten, und nun waren sie glücklich wie Kinder, die in einem Seebad Sandburgen bauen.

Ich gab den Wärtern zehn Piaster und sagte: »Geht und kauft Brot und Zuckerwerk für unsere ehrenwerten Häftlinge auf Urlaub.«

Die Folge dieses Erbarmens eines Landrichters war eine beunruhigende Zunahme der Kriminalität während meiner Amtstätigkeit! Die Missetäter des Gerichtskreises häuften Überfall auf Überfall und Raufhandel auf Raufhandel, um verhaftet und auf Staatskosten solcher Sommerferien teilhaftig zu werden. Meine Anordnungen, Häftlinge zu entlassen, begegneten heftigstem Widerspruch, ja es kam sogar zu Verdächtigungen der Rechtlichkeit und Integrität des Kronanwalts.

Kaum hatte ich den Wächtern befohlen, einen der Angeklagten freizulassen, als dieser sich die Lungen mit dem Ozon der Seeluft füllte und was die Stimme hergab, zu brüllen begann: »Das ist krassestes Unrecht, Bey, ich bin ja erst heute verhaftet worden!«

IRLAND

Frank O'Connor

Rechtsbeistand

Delia Carty stammte aus einer sehr geachteten Familie. Aber daß sie als Dienstmädchen zu den O'Gradys in Pouladuff ging, schlug ihr zum Unheil aus. Dort war die ganze Familie ein bißchen verrückt. Der alte Herr, Lehrer an einer staatlichen Schule, war kaum jemals zu Hause, und bei den Töchtern war es nicht viel anders. Wenn sie nicht irgendwo zu Besuch waren, hatten sie selber Besuch, und für Delia war es bald nichts Neues mehr, eine von den beiden Damen eng umschlungen mit einem jungen Mann auf dem Sofa sitzen zu sehen, wenn sie noch spät abends ins Zimmer trat. Und so etwas ist nicht gut für junge Mädchen: wie der Herre, so's Gescherre! Nach einem halben Jahr rauchte sie ebenfalls, und nach einem Jahr verkehrte sie mit Tom Flynn, dem Sohn eines Farmers. Delias Vater, ein ehrbarer Taglöhner, der es sich sauer werden ließ im Leben, ahnte nichts von alledem; er hätte sofort gewußt, daß Delia nicht zu einem von den Flynns paßte. Und wenn Toms Vater, Ned Flynn, es erfahren hätte, dann hätte er es überhaupt nicht für möglich gehalten, daß die Tochter eines gewöhnlichen Arbeiters sich einbilden könne, sie passe zu seinem Sohn Tom.

Dabei wäre Tom weiß Gott kein großer Fang gewesen! Er war ein langer, ungehobelter Bursche, der felsenfest glaubte, die Liebe sei, genau wie der Alkohol, eine von den einfachen

Freuden des Daseins, die ihm sein Vater aus reiner Bosheit vorenthalte. Wenn die O'Gradys verreist waren, kam er zu Delia ins Haus, und Delia saß dann schon in einem Kleid von Eileen O'Grady, das Gesicht mit Eileens Lippenstift und Puder verschönt, wie eine feine Dame im Salon und schenkte ihm Tee ein. Tom aber warf sich, nach einem schuldbewußten Blick, ob ihn auch niemand sähe, der Länge nach aufs Sofa – mitsamt seinen Stiefeln.

»Eins kann ich dir schwören«, sagte er dann, »Sofas hab' ich für mein Leben gern!«

»Steck dir doch noch ein Kissen in den Rücken!« riet ihm Delia.

»Ja, wahrhaftig«, versicherte Tom und machte sich's bequem, »wenn ich jemals ein eigenes Haus habe, dann müssen mir eine Unmenge Kissen her! Ein Lehrer verdient anscheinend einen Haufen Geld. Warum verreisen sie überhaupt?«

Delia liebte es, wie eine feine Dame den Tee einzuschenken und ihm die Tasse zu reichen, doch mit solchen Mätzchen konnte man Tom nicht beikommen.

»Och, was soll ich denn mit dem dummen Tee?« rief er und stierte mit mißtrauischem Blick in die Tasse. »Hast du keinen Whisky? Der alte O'Grady muß ihn doch literweise haben . . . Danke, laß ihn nur gleich auf dem Tisch stehen. Zum Teufel, warum haben sie denn keine richtigen Becher mit 'nem Henkel, die man ordentlich festhalten kann? Ist die Teekanne aus Silber? Schade, daß ich kein Lehrer bin!«

Es ergab sich ganz von selbst, daß Delia ihm die Schlafzimmer und die Frisiertische mit den dreiteiligen Spiegeln zeigte, in denen man sich von allen Seiten sehen konnte, und Tom warf sich prüfend auf das niedrige Doppelbett, verschränkte die Hände hinter dem Kopf und rief: »Sprungfedern! Wie in 'nem Wagen, weiß Gott!«

Was die Sprungfedern dann bewirkten, daran waren einzig

und allein die O'Gradys schuld. Kein Mensch sonst hätte es einem jungen Ding von neunzehn Jahren überlassen, in einer einsamen Gegend das Haus zu hüten. Erstaunlich war nur, daß es zwei volle Jahre dauerte, ehe man es Delia ansah. Wahrscheinlich brauchte Tom soviel Zeit, bis er es konnte.

Doch als er es dann fertiggebracht hatte, bekam er Zustände. Er wäre nie auf den Gedanken gekommen, daß ein harmloser armer Teufel wie er, aus dem sich kein Mensch etwas machte, so unerhörte Resultate bei einem Mädchen erzielen könnte, aber sowie er es erfuhr, wußte er nur zu gut, was geschehen würde. Sein Vater würde ihn erst mal gehörig verprügeln und ihn dann vom Hof jagen und die Farm einem Neffen vermachen. Da Tom keinerlei Hoffnung hatte, seinen Vater zu versöhnen, wandte er sich an Gott, der zwar der gleichen Ansicht wie Ned Flynn war, aber angeblich ein gütiges Herz hatte. Tom stellte seine Besuche bei Delia ein, um Gott zu beweisen, daß er sich bessern wolle und daß es ohnehin nicht seine Schuld sei. Wenn man ihn in Ruhe ließ, konnte er ein anständiger junger Mann sein, die kleine Carty aber war ein falscher, leichtsinniger Fratz. Sie hatte ihn verführt, anstatt ihn fortzuschicken, wie es jedes gut erzogene Mädchen getan haben würde. Bei all dem Getue mit Lippenstift und Sofa und Tee im Salon war es das größte Wunder, daß sie ihm nicht noch Schlimmeres angehängt hatte.

Delia mußte es ihrer Mutter beichten, und Mrs. Carty mußte zu Father Corcoran gehen und ihn fragen, ob er Tom überreden könne, Delia zu heiraten. Father Corcoran war ein großer, reizbarer alter Mann, der selbst mit seinen fünfundsechzig Jahren nicht um die Welt begreifen konnte, was die Burschen an den jungen Mädchen so Anziehendes fanden, daß sie dauernd um sie herumschwänzelten. Doch wenn er auch von Verliebten nicht viel verstand, von seinen Bauern verstand er um so mehr.

»*Wisha,* Mrs. Carty«, rief er verdrießlich, »wie sollte ich ihn wohl dazu bringen, daß er sie heiratet? Können Sie nicht ein bißchen Vernunft annehmen? Eine kleine finanzielle Regelung, ja, das vielleicht, damit sie die Gemeinde verlassen kann und nicht Anstoß zu öffentlichem Ärgernis gibt. Ja, das könnte ich vielleicht machen.«

Er hatte eine Besprechung mit Ned Flynn, der inzwischen Toms Version gehört und sich einen Schlachtplan zurechtgelegt hatte.

»Ich weiß nicht, Father«, sagte Ned und strich sich mit ratloser Miene über seinen glatten, kahlen Schädel, »ich weiß wirklich nicht, wie Sie da helfen könnten.«

»*Wisha,* Mr. Flynn«, entgegnete der Priester, der, wenn es sich um eine Notlage handelte, mehr Gutherzigkeit als zwanzig Flynns an den Tag legte, »könnten Sie ihm nicht großmütig erlauben, sie zu heiraten, ehe es noch weitergeht?«

»Ich seh' nicht ein, wieviel weiter es noch gehen könnte, Father«, erwiderte Ned.

»Es könnte ein Skandal daraus werden«, mahnte der Priester.

»Das ist es leider schon, Father«, antwortete Ned.

»Und überhaupt«, fuhr Father Corcoran fort und zwang sich, ein gutes Wort für eins von den unglücklichen Geschöpfen einzulegen, deren bloße Existenz allein ihm rätselhaft war, »ist sie etwa schlimmer als die andern Mädchen, die wir hier haben? Schlecht ist noch die beste von ihnen, soviel ich sehe, und Delia ist ein gutes Stück besser als die meisten.«

»Da habe ich ganz andre Dinge gehört, Father«, entgegnete Ned und sah wie ein Häufchen Trübsal aus.

»Das ist eine sehr gefährliche Behauptung, Mr. Flynn«, protestierte Father Corcoran und warf ihm einen herausfordernden Blick zu.

»Es kann bewiesen werden, Father«, sagte Ned mit düsterem Gesicht. »Ich streite es natürlich nicht ab, daß der Junge sich dumm benommen hat, aber selbst den Klügsten kann es mal erwischen.«

»Ich muß mich sehr über Sie wundern, Mr. Flynn«, erwiderte Father Corcoran und sah ein, daß er selbst eine geldliche Unterstützung nicht würde durchdrücken können. »Natürlich will ich nicht darüber streiten, es wird jedoch einen schrecklichen Skandal auslösen.«

»Das tut mir ebenso leid wie Ihnen, Father«, sagte Ned, »aber ich muß an die Zukunft meines Jungen denken.«

Dann fing das Theater an. Die O'Gradys, dumm, wie sie nun einmal waren, wollten Delia behalten, bis man ihnen auseinandersetzte, daß man Mr. O'Grady die Schuld geben könnte. Daraufhin mußte es Delias Vater gebeichtet werden. Dick Carty wußte genau, was von einem Familienvater erwartet wurde: er verprügelte Delia, bis sich die Nachbarn dazwischenwarfen. Dick war ein Mann, der abends gern in seinem Garten saß und die Zeitung las. Jetzt meinte er es seinem guten Namen schuldig zu sein, daß man ihn nicht mehr so behaglich im Garten sah; statt dessen saß er am Kaminfeuer und grübelte. Je mehr er grübelte, desto mehr ärgerte er sich. Doch da er Delia selbst beim besten Willen von der Welt nicht jedesmal verprügeln konnte, wenn er sich ärgerte, richtete er nun sein Augenmerk auf die Flynns. Ned Flynn, der erbärmliche Esel, hatte jemand von den Cartys geringschätzig behandelt, und das in einer Gemeinde, in der sie seit Jahrhunderten mit makellosem Ruf gelebt hatten. Die Flynns dagegen waren, wie jedermann wußte, nichts als Emporkömmlinge und Zugelaufene, deren Grabsteine kein früheres Datum als die Jahreszahl 1850 aufwiesen: also jeder Flynn ein Niemand!

Er fuhr mit Delia zu Jackie Delany, dem Rechtsberater. Jakkie war ein kleiner Schafsbock von einem Mann, mit schmalen Lippen, einer spitzen Nase und einem Zwicker, der nie oben bleiben wollte. Er hörte sich die Geschichte von Delias Fehltritt mit genießerischem Ernst an. »Und was geschah dann, bitte?« fragte er mit seiner schrillen Stimme, blickte krampfhaft auf den Fußboden und bemühte sich, nicht mit begeistertem Kichern herauszuplatzen. Jackie verstand nicht viel von Liebesdingen und war froh über die günstige Gelegenheit, etwas mehr zu erfahren. »Die Lauser!« dachte er im stillen. »Die Lauser!«

»Ist Schriftliches vorhanden?« krähte er und blickte sie über den Zwicker hinweg an. »Sind Briefe da? Papiere?«

»Nur ein paar Briefchen, die ich verbrannt habe«, antwortete Delia, die ihn sehr komisch fand.

»Schade«, entgegnete Jackie mit bewunderndem Lächeln. »Ein schlauer Mensch! Ein sehr schlauer Mensch!«

»Oh, das stimmt aber nicht«, sagte Delia unruhig. »Er hatte bloß keinen Grund zum Schreiben!«

»Oh, Miss Carty!« rief Jackie mit der größten Entrüstung, während seine Stimme eisig wurde und er sie durch seinen Zwicker kriegerisch anfunkelte, »wer verliebt ist, der findet immer einen Grund zum Schreiben! Ich sage Ihnen, er ist ein schlauer Mensch! Ihr Vater kann wegen Verführung Klage einreichen, aber wenn es zu einem Prozeß kommt, wird's eine schmutzige Geschichte.«

»Mr. Delany«, erklärte Delias Vater feierlich, »es ist mir einerlei, wie schmutzig die Geschichte ausgeht, wenn mir nur Gerechtigkeit wird!« Er stand auf, ein imposanter Mann mit seinen ein Meter achtzig Länge, und hob die geballte Faust. »Ich verlange Gerechtigkeit! So bin ich nun mal veranlagt. Ich bleibe für mich und kümmere mich nur um meine eigenen Angelegenheiten, aber wenn mir jemand zu nahe tritt, dann schlage ich so wild um mich wie in 'nem zugebundenen Sack!«

»Vergessen Sie eins nicht, Dick«, jammerte der Anwalt trübselig. »Ned Flynn ist reich.«

»Mr. Delany«, erwiderte Dick mit einer Würde, die an Pathos grenzte, »kennen Sie mich nicht?«

»Ja, Dick, ja!«

»Ich lebe schon seit fünfzig Jahren hier mit Kind und Kegel in diesem Ort und schulde niemandem einen roten Heller. Wenn es mich zehn Jahre kosten würde, und wenn ich auf der Landstraße Steine klopfen müßte, ich werde alles bezahlen, jeden Penny!«

»Ich weiß, Dick, ich weiß«, stöhnte Jackie. »Aber es geht nicht nur darum. Es geht um den Ruf Ihrer Tochter. Denn wissen Sie, was die Gegenpartei tun wird? Sie werden vor Gericht aussagen und beschwören, daß jemand anderer der Vater ist.«

»Das kann Tom unmöglich behaupten!« rief Delia verzweifelt. »Da würde ihm nämlich die Zunge im Mund verfaulen!«

Jackie verlor die Geduld, weil das junge Ding ihn belehren wollte. Er lehnte sich mit müder Miene an und ließ den Arm über die Rücklehne des Sessels hängen.

»Für diese Behauptung gibt es keine Beweise«, sagte er eiskalt. »Daß einem Zeugen etwas Derartiges zugestoßen ist, wurde noch nie beobachtet und zu Protokoll genommen. Wenn dem so wäre, dann müßten sämtliche Bewohner Irlands ihre Zunge hüten. Sie sollten einmal mit anhören, was geachtete Leute auf der Zeugenbank aussagen – Sie würden Ihr blaues Wunder erleben. ›Im Mund verfaulen‹ – daß ich nicht lache! Mein Gott, nein! Mit Schriftstücken wär's natürlich etwas anderes, doch hier steht nur unser Wort gegen das der Gegenpartei! Kann es bewiesen werden, daß Sie damals auch noch mit einem andern Mann Verkehr hatten, Miss Carty?«

»Als ob ich so was getan hätte!« rief Delia empört. »Ich kann's beschwören, Mr. Delany! Hab' überhaupt die ganze Zeit kaum jemand sonst angesehen. Nur manchmal, wenn Tom und ich uns gezankt hatten, bin ich mit Jimmy Martin ausgegangen.«

»Mit Jimmy Martin!« rief Jackie theatralisch und stieß anklagend den Zeigefinger in die Luft. »Da haben wir's!«

»Aber Tom hat's ja ebenso gemacht und ist mit Betty Sheehy ausgegangen«, wehrte sich Delia und war den Tränen nahe. »Und er hat es bloß getan, um mich zu ärgern. Ich kann's Ihnen beschwören, Mr. Delany, daß nichts dabei war, und er hat's mir auch nie und nie vorgeworfen.«

»Das wird er jetzt nachholen«, krähte Jackie und lächelte trübe, »glauben Sie mir.«

In dieser Hinsicht hatte er besser prophezeit, als Delia es ihm zugetraut hätte. Nachdem das Baby geboren war und die Klage angestrengt wurde, fuhren Tom und sein Vater in die Stadt, um sich mit ihrem Anwalt, Peter Humphreys, zu besprechen. Peter, der sich in Liebesdingen zur Genüge auskannte, hatte bedeutend weniger Spaß an dem Prozeß als sein Kollege Jackie. Er schielte und war ein vollblütiger Mann, der sein Schäfchen einst ins Trockene gebracht hatte, als die Leute noch um Land prozessierten – nicht aber um der Liebe willen, was er für einen furchtbaren Abstieg hielt. Außerdem fand er es unfein, sich solche Dinge anzuhören.

»Ihrer Ansicht nach ist also Jimmy Martin der Vater des Kindes?« fragte er.

»Oh, das könnte ich nicht beschwören«, antwortete Tom, richtete sich auf und schlug ein Bein übers andre. »Ich sagte bloß, daß ich nicht der einzige war und daß sie auch noch damit geprahlt hat. Jawohl, geprahlt hat sie damit!« schloß er mit einem Ausdruck, als könne er sich über soviel weibliche Verworfenheit nicht genug wundern.

»Vor Zeugen?« fragte Peter und schielte hoffnungslos.

»Was das betrifft«, erklärte Tom und hielt nach einem offenen Fenster Ausschau, weil er ausspucken wollte, »das könnt' ich nicht beschwören!«

»Aber Sie nehmen an, daß sie Jimmy Martin meinte?«

»Ich will Jimmy Martin bestimmt nicht anschwärzen«, beteuerte Tom äußerst erschrocken und schien zu merken, daß die Maschinerie eines Gerichtsverfahrens ihn in einen Streit mit den Martins verwickeln würde, die als gewalttätige Menschen bekannt waren und sich auf eine Weise zu rächen verstanden, die kein Gericht je nachweisen konnte. »Jimmy Martin ist einer von mehreren, mit denen sie ausging. Es kann Jimmy sein, oder es kann jemand anderer sein, oder«, schloß er mit der Miene eines Mannes, der plötzlich eine tolle Erleuchtung hatte, »es könnte auch mehr als einer gewesen sein.« Er blickte vom Anwalt auf seinen Vater, um festzustellen, welche Wirkung seine Idee hervorrief, doch schien sie, wie so manche blöde Idee, nicht allzu gut aufgenommen zu werden. »Weiß Gott«, sagte er und richtete sich wieder auf, »es könnten ja Dutzende gewesen sein . . . aber das würde ich nicht gern beschwören«, schloß er vorsichtig.

»Das würde ich Ihnen auch nicht empfehlen, Tom«, sagte der Anwalt und gab sich die größte Mühe, höflich zu bleiben. »Sie brauchen einen guten Verteidiger!«

»Stimmt leider.« Tom schien sich mit dem Gedanken abzufinden, daß es Menschen gab, die so gemein waren, seine Worte anzuzweifeln.

Im Dorf herrschte große Aufregung, als man erfuhr, der Verteidiger der Familie Flynn sei der gefürchtete »Donnerer« Cooper. Damit wußte jedermann, daß in diesem Prozeß Recht und Unrecht auf den ihnen gebührenden Platz verwiesen würden, daß aber auch eine so nichtige Kleinigkeit wie Eileen O'Gradys Abendkleid die wohlverdiente Aufmerksamkeit erhielte.

Am Tage der Gerichtsverhandlung war der Saal überfüllt. Tom und sein Vater saßen mit Peter Humphreys zusammen und warteten auf den Verteidiger Cooper, während Delia und ihr Vater mit Jackie Delany und ihrem Anwalt Ivers sprachen.

Ivers war ein gut gewachsener junger Mann mit hoher Stirn und schwarzem, pomadisiertem Haar, der sich jetzt mit freundlich näselnder Stimme an Delia wandte:

»Sie ängstigen sich doch nicht? Sie dürfen sich keine Sorgen machen, Kind! Ich tue mein Möglichstes! Jackie . . .?« flüsterte er Delany ins Ohr. »Es besteht wohl keine Aussicht auf einen Vergleich?«

»*Musha,* was denn für'n Vergleich?« schalt Delany. »Du weißt ja, was das für Brüder sind!«

»Dann will ich mal selber ein Wörtchen mit Cooper reden!« sagte Ivers. »Der Donnerer ist nicht so schlimm wie er aussieht.« Und damit begab er sich zu einem vierschrötigen Mann in Perücke und Talar, der gerade den Saal betreten hatte. Es war kein besonderes Kompliment, wenn man von ihm behauptete, er sei nicht so schlimm, wie er aussähe. Sein Gesicht war fast quadratisch, mit einem kantigen Unterkiefer, und die kleinen blauen Augen blickten boshaft aus schmalen Schlitzen.

»Guten Morgen, Dan!« näselte Ivers, »auch wenn Sie mich nicht begrüßen wollten, Sie alter Satansbraten! Wie wär's, wenn wir vor unserm Prozeß zu einem Vergleich kämen?«

Cooper ließ sich von dem Aussehen des andern nicht beeindrucken. Für Charme war er offenbar nicht empfänglich.

»Haben Sie schon jemals gehört, daß ich für einen Vergleich war, wenn ich statt dessen kämpfen konnte?« grollte er.

»Gewiß nicht, wenn Sie gegen Ihresgleichen kämpfen konnten«, erwiderte Ivers geschmeidig. »Aber Sie werden doch das unglückliche Mädchen nicht als einen ebenbürtigen Gegner betrachten?«

»Was für'n Mädchen das ist, werden wir bald sehen«, entgegnete er selbstgefällig. Dann fiel sein Blick auf Tom Flynn. »Verraten Sie mir mal, was hat sie eigentlich an meinem Klienten betört?« flüsterte er.

»Das gleiche, was Sie betört hat, als Sie so alt wie Miss Carty waren«, lächelte Ivers. »Oder wollen Sie mir weismachen, es hätte in Ihrer Jugendzeit keine kleine Kioskverkäuferin gegeben, von der Sie glaubten, sie wäre ein ausgerechnet für Sie vom Himmel niedergestiegener Engel gewesen?«

»Hab' ihr aber nichts Schriftliches gegeben«, sagte Cooper ernst. »Und zum Unterschied von Ihrer Klientin hab' ich kein doppeltes Spiel gespielt.«

»Um Himmelswillen, Mann, *das* Lügenmärchen werden Sie hoffentlich nicht glauben?«

»Ich werde Licht in die Geschichte bringen«, murrte Cooper.

»Die Mühe kann ich Ihnen ersparen«, sagte Ivers. »Sie hat den Menschen einfach zu gern gehabt.«

»Hah!« schnaufte Cooper, wie wenn er einen guten Witz gehört hätte. »Und deshalb versucht sie jetzt, ihm jeden Penny abzuknöpfen?«

»Dem Mädchen ist es egal, auch wenn sie nie einen Penny bekommt.«

»Ein Wunder!« höhnte der Donnerer.

»Wieso denn?« entgegnete Ivers. »Wissen Sie nicht selber, wer dahinter steckt? Der ehrbare Papa! Zwei ehrbare Papas! Was in unserm Land das Heiraten zu einer solchen Tragikomödie macht, Cooper, ist eben die Tatsache, daß die Väter durchaus selber den Freier spielen wollen.«

»Hah!« brummte Cooper, diesmal etwas weniger siegesgewiß. »Dann zeigen Sie mir mal diesen Ausbund von einem Mädchen!«

»Im braunen Hut, neben Delany«, sagte Ivers, ohne sich umzudrehen. »Los, Sie alter Brummbär, tun Sie doch nicht immer so, als wären Sie Buffalo Bill! Genügt es denn nicht gerade, das durchzumachen, was Delia durchgemacht hat? Ich möchte nicht, daß sie noch mehr durchmachen muß!«

»Und weshalb kommen Sie da zu mir, zum Teufel?« fragte

Cooper plötzlich entrüstet. »Wofür halten Sie mich eigentlich? Für einen Verein zum Schutz gefallener Mädchen? Warum hat der Priester ihn nicht gezwungen, sie zu heiraten?«

»Wenn die katholische Kirche einen Farmer zwingen kann, die Tochter eines Arbeiters zu heiraten, dann ist das Himmelreich nahe. Ich muß mich wundern, Cooper, daß Sie in Ihrem Alter so was für möglich halten.«

»Und was wollen all die Nachbarn hier, wenn sie angeblich nichts zu verbergen hat?« fragte Cooper.

»Wer sagt, daß sie gar nichts zu verbergen hat?« erwiderte Ivers leichthin und zeigte seine Trumpfkarte. »Haben Sie nicht selber Töchter? Sie wissen doch, daß Delia in den Kleidern der O'Gradys die feine Dame gespielt hat. Und falls Sie es nicht wissen: auch den Schmuck der O'Gradys hat sie sich umgehängt.«

»Ivers«, sagte Cooper, »Sie sind ein junger Mann, der über viel Logik verfügt, aber Ihren Charme können Sie sich schenken. Ich muß die Interessen meiner Klienten wahrnehmen. Hat sie mit dem andern Burschen auch geschlafen?«

»Nie«, antwortete Ivers prompt.

»Glauben Sie das?«

»So aufrichtig, wie ich an meine Mutter glaube!«

»Der Glaube, der Berge versetzt«, murrte Cooper niedergeschlagen. »Wieviel wollen Sie?«

»Zweihundertfünfzig«, sagte Ivers und zitterte.

»Barmherziger Gott im Himmel«, rief Cooper und wandte den Blick zur Decke auf. »Als ob je ein verantwortungsbewußter irischer Richter einen derartigen Preis auf die Tugend eines Mädchens ansetzen würde! Immerhin, vielleicht doch. Ich will sehn, was ich tun kann.«

Er ging gewichtig durch den Saal, breitete die Arme in seinem Talar wie Flügel aus und schob die Flynns vor sich her auf den Korridor.

»Zweihundertfünfzig Pfund?« keuchte Ned und wurde blaß. »Wo um Gottes Willen soll ich das Geld hernehmen?«

»Mein lieber Mr. Flynn«, erklärte Cooper mit derber Liebenswürdigkeit, »das ist nur die Hälfte des Jahresgehalts, das Seine Lordschaft der jungen Dame aussetzt, die ihm gefällig ist, und an das Mädchen im Saal reicht sie nicht heran. Bei meiner lebenslänglichen Erfahrung kann ich Ihnen versichern, daß er Ihnen für zwei Jahre Unzucht mit einem so schönen Mädchen keinen Penny weniger als fünfhundert abverlangen wird!«

Dem danebenstehenden Peter Humphrey fielen fast die Augen aus dem Kopf, so entsetzt war er über die ruchlose Verleumdung eines moralisch einwandfreien Richters. Er begriff nicht, was in den Donnerer gefahren war. Und das war noch nicht das Schlimmste.

Als die Flynns hinterher den Saal verließen, trat Cooper wieder auf sie zu.

»Sie können's mir glauben, Mr. Flynn, wenn ich Ihnen versichere, Sie haben richtig gehandelt. Ich bin immer gegen Prozesse, in denen es um schöne Mädchen geht. Aber nun verraten Sie mir mal, warum will Ihr Sohn sie denn jetzt nicht heiraten?«

»Sie heiraten«, fuhr Ned auf, der noch nicht über den Schock hinweg war, zweihundertfünfzig Pfund für eine Sache zahlen zu müssen, die er beim Priester mit fünfzig Pfund hätte erledigen können. »So eine?«

»Sie gilt jetzt zweihundertfünfzig Pfund, Mann!« warnte Cooper ernst. »Eine Schwiegertochter mit soviel Geld findet man nicht jeden Tag! Wie denken Sie denn über das Mädchen, Tom?«

»Och, mir ist sie schon recht«, sagte Tom.

Toms Gesichtsausdruck hatte sich sehr verändert. Teils war es Erleichterung, weil er keinen Meineid zu schwören brauchte, und teils Verwunderung darüber, daß sein Vater so rasch besiegt worden war. Sein Gesicht schien zu sagen: mir gehört die Welt!

»Ach, Mr. Flynn«, flüsterte Cooper spöttisch, »wären Sie nicht'n verdammter Dummkopf, wenn Sie all das schöne Geld aus der Hand und aus der Familie gäben?«

Er ließ Ned mit offenem Munde zurück und ging zu Dick Carty, der vor Dünkel und Bosheit strahlte und Glückwünsche in Empfang nahm. Der neben ihm stehenden Delia gratulierte niemand. Plötzlich spürte sie eine schwere Hand auf ihrer Schulter, blickte auf und sah Dan Cooper.

»Hängen Sie immer noch an dem Burschen?« flüsterte er.

»Ich habe wohl allen Grund dazu, nicht wahr?« entgegnete sie bitter.

»Allerdings«, sagte er ohne allzu großes Mitgefühl. »Berechtigten Grund. Ich habe Ihnen das Geld verschafft, damit Sie ihn heiraten können, wenn Sie wollen. Wollen Sie?«

Die Tränen schossen ihr in die Augen. Das armselige tönerne Idol, das ihr jetzt angeboten wurde, war zerbrochen. »Gegen Dummheit ist noch kein Kraut gewachsen«, antwortete sie mürrisch.

»Braves Mädchen! Braves Mädchen!« flüsterte er anerkennend. »Ihnen könnt's noch gelingen, einen Mann aus ihm zu machen. Schaffen Sie ihn jetzt flink von hier weg, damit ich in Ruhe mit Ihrem Vater und mit Ivers sprechen kann!«

In Johnnie Desmonds Kneipe machten die beiden Anwälte dann den Heiratsvermittler. Johnnie erzählte später, es hätte wie eine Missionspredigt geklungen: der Donnerer hätte mit dem ewigen Höllenfeuer gedroht, und Ivers säuselte von den Freuden des Himmels.

Ivers hatte in der Gemeinde bisher als Schwächling gegolten, deshalb nützte das Zustandekommen der Heirat seinem Ruf als geschickter Anwalt. Für Cooper, den beliebten »Donnerer«, war die Sache jedoch ein furchtbarer Gesichtsverlust, und sein Ruf war nicht mehr das, was er bisher gewesen war.

ENGLAND

David Langdon

Das richtige Vorgehen liegt auf der Hand

Von meiner Seite der Straße überschaute ich die Situation mit einem einzigen Blick. Dort war mein Wagen. Wenige Yards nach rechts, wo ein Lastauto gestanden hatte, als ich meinen Wagen parkte, war einer jener verkehrten gelben Kegel auf der Spitze einer Stange, der Kurzparkzeit bedeutet. Und wenige Yards nach links stand ein großer City-Polizist, böse und mit verdrießlichem Gesicht.

»Steht fünfzig Minuten hier«, sagte er und trat auf mich zu. »Beschränkte Parkzeit. Sie kennen die Vorschrift.«

Ich wandte den Blick ab und stammelte murmelnd, daß der Lastwagen den gelben Kegel verdeckt habe. »Der Lastwagen hat Waren abgeladen«, sagte der Polizist und wölbte die Brust vor. »Abladen darf man eine angemessene Zeit lang. Der gelbe Kegel und die Streifen sind schon seit Monaten hier.« Die kreisförmige Bewegung seiner Hand zeigte mindestens drei hellgelbe Markierungen auf dem Pflaster in unmittelbarer Nähe. »Die habe ich nicht aufmalen können, während Sie weg waren«, sagte er ironisch und entkräftete so einen Gedanken, der mir wirklich unversehens aufgestiegen war. »Allerdings«, fügte er trocken hinzu, »wäre Zeit genug dafür gewesen.«

Mit jener Bewegung, die den motorisierten Bürger zur Verzweiflung bringt, begann die rechte Hand des Polizisten langsam seine linke Tasche aufzuknöpfen. Automatisch zeigte ich ihm meine Papiere und bemerkte das schmerzliche Zucken in seinem Gesicht, als er meinen Führerschein öffnete und sah, daß ich nicht vergessen hatte, ihn zu unterschreiben. Dann machte er einen kurzen Rundgang um den Wagen, besichtigte die Autonummer, winkte ein paar krankhaft neugierige Passanten fort und gab mir meine Dokumente mit einer Spur von Bedauern zurück, weil sie in Ordnung zu sein schienen. Als ich ihn verließ, machte er ein paar Eintragungen in sein Notizbuch und zeigte womöglich eine noch bösere und verdrießlichere Miene als zuerst.

Am Nachmittag brachte ich in der Bar des Klubs die Angelegenheit gleich zur Sprache und wartete, was man dazu sagen werde. Jim, der Barmann, meinte, es habe nichts zu bedeuten – eine Geldstrafe von fünf Shilling und Schluß. Upjohn, der Schauspieler, stimmte zu und erklärte, das richtige Vorgehen sei, einen zerknirschten Brief mit demütigen Entschuldigungen an das Gericht zu senden und sich ganz auf dessen Gnade zu verlassen. Joe, der andere Barmann, fand, beide seien im Unrecht, denn es handle sich nicht um eine gewöhnliche Übertretung des Parkverbots. »Ein Mann im übernächsten Haus neben meinem Schwager«, sagte er recht wenig tröstlich, »hat für das gleiche fünf Pfund bekommen.« Upjohn erklärte nun, jetzt, da er darüber nachdenke, falle ihm ein, daß jemand, weil man ein Exempel statuieren wollte, wenn er sich recht erinnere, drei Monate ausgefaßt habe. Ich versuchte möglichst rasch, die Situation mit ein wenig Humor zu sehen, und sagte: »Nun, jedenfalls ist die Todesstrafe schon abgeschafft.« Das war ein matter Spaß, und so mußte ich in Vertretung der anderen allein darüber lachen. Und dann meldete sich Parry, der Versicherungsmensch. »Ihr habt alle nicht recht«, verkündete er und er starrte in seinen Pink-Gin. »Das richtige Vorgehen ist nicht, einen Brief zu schreiben, sondern einen Anwalt hinzuschikken. Hol's der Teufel, Sie werden doch einen Anwalt haben? Na, schicken Sie ihn hin, Mann Gottes; das erspart Ihnen Zeit und Geld.«

Als ich meine Vorladung erhielt, schien es offenkundig, daß die Absendung eines Briefes nicht in Betracht kam. Eine Anmerkung besagte, es könne keinerlei schriftliche Mitteilung, die sich auf den Fall beziehe, zur Kenntnis genommen werden. Ich erwähnte das, als ich das nächste Mal Upjohn sah, aber er tat es mit der Erklärung ab, das sei nur amtliche Wichtigtuerei. Da wurde mir völlig klar, was das richtige Vorgehen sein mußte. Das richtige Vorgehen war, persönlich zu der Verhandlung zu gehen, wie es die Vorladung offenbar verlangte.

Ich kam pünktlich zum Gericht, nachdem ich meinen Wagen geparkt hatte, und begegnete auf den Stufen meinem Polizisten. Er nickte mir kurz zu und öffnete höflich die Tür. In dem kleinen Gerichtssaal waren viele Polizisten ohne Helm, eine Anzahl gequält aussehender Männer, die offenbar schuldige Motorisierte waren, und eine ebenso große Anzahl von Männern in Robe und mit Aktenmappe, offenbar Anwälte. Plötzlich wurde ich von Heimweh befallen; ich fühlte mich einsam und wünschte, ich hätte Parrys Rat befolgt und einen Anwalt genommen. Ich kam als erster dran. Der Schriftführer verlas die Anklage; der Polizist wurde als Zeuge aufgerufen und zitierte mehr oder minder wörtlich, was ich ihm gesagt hatte; ein anderer Polizist stellte fest, daß gegen mich vor diesem Gerichtshof noch nichts vorgelegen habe, und der Richter blickte mich durch seine Brille an und fragte, ob ich etwas zu sagen hätte. Ich begann zusammenhangloses Zeug zu stammeln, und ehe ich halb fertig war, sprach der Richter: »Zehn Shilling Geldstrafe. Der Nächste.«

Mit großer Erleichterung ließ ich mir von dem Polizisten, der meine Unbescholtenheit vor diesem Gerichtshof konstatiert hatte, auf ein Pfund herausgeben und gesellte mich mit wachsender Munterkeit der bunten Gruppe an der Seitenwand zu, um die nächste Verhandlung anzuhören. Der Fall ähnelte dem meinen, aber der angeklagte Fahrer hatte nach Upjohns Methode gehandelt und trotz der Anmerkung auf der Vorladung einen Entschuldigungsbrief geschickt. Die Entschuldigung war höchst zerknirscht und kriecherisch-demütig und bereitete mir ein wenig Übelkeit. »Zwei Pfund Geldstrafe. Der Nächste«, sagte der Richter. Das war ja großartig! Na, wenn ich dann wieder in die Bar des Klubs kam! . . .

Der dritte Fall war ein typischer Fall nach dem Muster Parry. Hier war ein Anwalt gekommen, die Sache seines Mandanten zu führen. In einer langen Rede erzählte er, daß sein Klient ein Vierteljahrhundert ohne jeden Anstand seinen Wagen lenke, daß sein Klient nur sehr selten vom Land in die Stadt komme, daß sein Klient mit den Vorschriften, die das Parken beschränken, daher nicht vertraut sei, daß man die gelben Markierungen im allgemeinen schwer wahrnehmen könne, besonders wenn andere parkende Wagen sie verstellten. Es war zwingend, überzeugend, rhetorisch. Es erweckte in mir äußerstes Mitgefühl und Mitleid. Das war, so dachte ich, offensichtlich das richtige Vorgehen, nämlich einen Anwalt zu schicken. Und als der Anwalt mit ausgestreckten Armen seine Rede in das leidenschaftliche Flehen ausklingen ließ, man möge seinen Klienten freisprechen, hatte ich das Gefühl, als hätte ich buchstäblich zehn Shilling in den Kanal geworfen.

Der Schriftführer flüsterte dem Richter etwas zu, und der sah blinzelnd zu dem Anwalt hinüber. »Drei Pfund Geldstrafe«, sagte er. »Der Nächste.«

Ein Keuchen ließ sich in dem Saal hören, und ich fühlte mich reichlich verlegen, als ich erkannte, daß es ein vereinzeltes Keuchen war und daß es von mir stammte. Aber so enttäuscht ich auch für den Anwalt und seinen Klienten sein mochte, kamen mir doch mein Selbstvertrauen und meine Zufriedenheit damit, wie ich meinen Fall vertreten hatte, ganz plötzlich zurück. Ich nickte meinem Polizisten kurz zu und verließ elastischen Schrittes das Gericht. Das richtige Vorgehen war offenkundig, persönlich vor Gericht zu erscheinen, der Attacke standzuhalten und sich ehrenvoll, mit Würde und mit einer Geldstrafe von zehn Shilling aus der Affäre zu ziehen.

Als ich auf die Straße kam, überschaute ich die Situation mit einem einzigen Blick. An der anderen Seite war mein Wagen. Wenige Yards nach rechts, wo ein Lastauto geparkt hatte, stand ein Laternenpfahl. Auf dem war ein grellgelber Ring aufgemalt. Und wenige Yards nach links stand ein großer City-Polizist, böse und mit verdrießlichem Gesicht.

Das richtige Vorgehen liegt auf der Hand. Diesmal muß ich dem Gericht einen Brief schreiben.

Fast Nestbeschmutzung

oder

Die letzte Instanz heißt Satire

AMBROSE BIERCE
AUGUST STRINDBERG
LUDWIG THOMA
BRANKO ČOPIĆ
ERIC CROSS
HERMANN FRIEDL
ASGER BAARSTRÖM
ERNST KREUDER

VEREINIGTE STAATEN

Ambrose Bierce

Mein Lieblingsmord

Nachdem ich meine Mutter unter Umständen von einmaliger Gräßlichkeit ermordet hatte, wurde ich verhaftet und vor ein Gericht gestellt, das sieben Jahre lang verhandelte. Bei der Ermahnung der Geschworenen bemerkte der Richter des Freisprechungsgerichtes, daß es sich um eines der gräßlichsten Verbrechen handele, das hinwegzureden er jemals aufgerufen worden sei.

Auf diese Worte erhob sich mein Anwalt und sagte:

»Wenn es Euer Ehren gefällt, so werden Verbrechen nur durch Vergleich miteinander gräßlich oder hinnehmbar. Wenn Sie mit den Einzelheiten von meines Mandanten vorigem Mord an seinem Onkel vertraut wären, würden sie an seinem späteren Vergehen – falls es überhaupt ein Vergehen genannt werden kann – etwas von zärtlicher Geduld und Sohnessorge für die Gefühle des Opfers bemerkt haben. Die erschreckende Roheit der vorangegangenen Mordtat war in der Tat mit keiner anderen Hypothese als der der Schuld vereinbar. Und wenn der ehrenwerte Richter, vor dem jener Fall behandelt wurde, nicht der Präsident einer Lebensversicherung gewesen wäre, die gegen das Risiko des Gehängtwerdens versicherte und von der mein Mandant eine Police liegen hatte, so wäre kaum vorzustellen gewesen, wie er anständig hätte freigesprochen werden können. Wenn Euer Ehren zur Unterweisung und Anleitung von Euer Ehren Sinn etwas über jenen Fall hören möchten, so wird sich dieser unglückliche Mann, mein Mandant, einverstanden erklären und die schmerzliche Mühe auf sich nehmen, Ihnen unter Eid davon zu berichten.«

Der Staatsanwalt warf ein: »Euer Ehren, ich erhebe Einspruch. Solch eine Erklärung würde den Charakter eines Beweises besitzen, die Zeugenvernehmung in diesem Fall ist aber abgeschlossen. Die Erklärung des Gefangenen hätte vor drei Jahren gemacht werden sollen, im Frühjahr 1881.«

»Im gesetzlichen Sinn«, sagte der Richter, »haben Sie recht, und beim Einspruchs- und Verfassungsgericht würden Sie eine Entscheidung zu Ihren Gunsten erlangen. Nicht aber vor einem Freisprechungsgericht. Der Einspruch ist abgelehnt.«

»Ich protestiere«, sagte der Staatsanwalt.

»Das können Sie nicht«, entgegnete der Richter. »Ich muß Sie erinnern, daß Sie, um Protest erheben zu können, diesen Fall erst für eine Zeit an das Widerspruchsgericht überstellen lassen müssen, und zwar auf formellen Antrag, der ordnungsgemäß durch eidesstattliche Erklärung unterstützt wird. Ein Schritt Ihres Vorgängers im Amt in dieser Richtung wurde während des ersten Jahres dieses Prozesses von mir abgelehnt. Mister Sekretär, vereidigen Sie den Häftling.«

Nachdem der übliche Eid abgelegt worden war, gab ich die folgende Erklärung ab, die dem Richter von dem Verbrechen, dessentwegen ich jetzt vor Gericht stand, eine solche Vorstellung relativer Bedeutungslosigkeit vermittelte, daß er nicht weiter nach mildernden Umständen suchte, sondern die Geschworenen einfach anwies, mich freizusprechen. So verließ ich das Gericht später ohne einen Flecken auf meinem Ruf.

»Ich wurde 1856 in Kalamakee, Michigan, von ehrenwerten und geachteten Eltern geboren. Einem meiner Elternteile hat der Himmel gnädig erspart, mich in meinen späteren Jahren trösten zu müssen. Im Jahr 1867 zog meine Familie nach Kalifornien und siedelte in der Nähe von Nigger Head, wo mein Vater eine Straßenagentur eröffnete und es ihm über alle Träume der Habsucht hinaus gut ging. Er war ein schweigsamer, finsterer Mann damals, obwohl die zunehmenden Jahre späterhin die Strenge seiner Veranlagung etwas gemildert haben, und ich glaube, daß nichts als die Erinnerung an jenes traurige Ereignis, für das ich jetzt vor Gericht stehe, ihn davon abhält, eine echte Heiterkeit zu zeigen.

Vier Jahre, nachdem wir die Straßenagentur gegründet hatten, kam ein Wanderprediger vorbei, und da er keine andere Möglichkeit besaß, für das Nachtquartier zu bezahlen, das wir ihm geboten hatten, beglückte er uns mit einer Mahnpredigt von solcher Gewalt, daß wir alle, Gott sei gepriesen, für die Religion gewonnen wurden. Mein Vater schickte sofort nach seinem Bruder, dem ehrenwerten William Ridley aus Stockton, und nach dessen Ankunft übergab er ihm die Agentur und verlangte von ihm weder für die Konzession noch für das Inventar etwas. Letzteres bestand aus einer Winchesterbüchse, einer abgesägten Schrotflinte und einem Sortiment von Masken, die aus Mehlsäcken gearbeitet waren. Meine Familie siedelte nach Ghost Rock über und eröffnete dort ein Tanzhaus. Es wurde ›Leierkasten zur Heiligenrast‹ genannt, und die Veranstaltungen begannen jeden Abend mit einem Gebet. Dort erhielt auch meine jetzt selige Mutter wegen ihrer Grazie beim Tanz den Beinamen ›das bockende Walroß‹.

Im Herbst '75 hatte ich Gelegenheit, das an der Strecke nach Mahala gelegene Städtchen Coyote zu besuchen, und nahm in Ghost Rock die Postkutsche. Außer mir reisten noch vier andere Passagiere mit. Etwa drei Meilen hinter Nigger Head hielten einige Personen, die ich als meinen Onkel William und seine beiden Söhne erkannte, die Kutsche an. Da sie nichts in der Expreßkiste fanden, filzten sie die Passagiere durch. Ich spielte eine höchst ehrenhafte Rolle in der Angelegenheit, stellte mich mit den anderen in einer Linie auf, reckte die Hände empor und duldete es, daß man mir vierzig Dollar und eine goldene Uhr raubte. Aus meinem Benehmen hätte niemand den Verdacht schöpfen können, daß ich die Herren kannte, die diese Vorstellung gaben.

Ein paar Tage später, als ich wieder nach Nigger Head kam und um Rückgabe meines Geldes und meiner Uhr bat, schworen mein Onkel und meine Vettern, daß sie nichts von der Angelegenheit wüßten, ja sie heuchelten sogar die Vermutung, mein Vater und ich hätten die Arbeit selbst in unehrenhaftem Bruch von Treu und Glauben im Geschäft durchgeführt. Onkel William drohte auch noch, durch Eröffnung eines rivalisierenden Tanzhauses in Ghost Rock Vergeltung zu üben. Da die ›Heiligenrast‹ ziemlich unpopulär geworden war, erkannte ich, daß dieses Vorhaben uns bestimmt ruinieren und sich bezahlt machen würde. So sagte ich meinem Onkel, daß ich willens sei, das Vergangene zu vergessen, wenn er mich in seine Unternehmungen mit aufnehmen und die Partnerschaft vor meinem Vater geheimhalten würde. Dieses gerechte Angebot wies er zurück, und ich erkannte daraufhin, daß es am besten und zufriedenstellendsten sein würde, wenn er tot wäre.

Meine Pläne in dieser Hinsicht waren bald gefaßt, und als ich sie meinen teuren Eltern mitteilte, hatte ich die Genugtuung, ihre Zustimmung zu erhalten. Mein Vater sagte, er sei stolz auf mich, und meine Mutter erklärte, obwohl die Religion ihr zu helfen verbiete, menschliches Leben zu nehmen, würde ich doch den Beistand ihres Gebetes um meinen Erfolg erhalten. Als vorbereitende Maßnahme für meine Sicherheit im Falle der Entdeckung stellte ich einen Antrag um Aufnahme in den mächtigen Orden der ›Ritter des Mordens‹ und wurde ordnungsgemäß als Mitglied der Gruppe Ghost Rock aufgenommen. An dem Tag, da meine Bewährungszeit zu Ende ging, erlaubte man mir zum erstenmal, die Listen des Ordens einzusehen und zu erfahren, wer ihm aller angehörte – da ja die Aufnahmeriten mit Masken vorgenommen wurden. Stellen Sie sich mein Entzücken vor, als ich beim Überfliegen der Mitgliedsliste den dritten Namen als den meines Onkels erkannte, der auch noch stellvertretender Vizekanzler des Ordens war! – Hier bot sich eine Gelegenheit, die meine wildesten Träume übertraf. Zum Verbrechen des Mordens konnte ich noch Ungehorsam und Verrat hinzufügen. Es war das, was meine gute Mutter eine ›besondere Fügung der Vorsehung‹ genannt hätte.

Um diese Zeit ereignete sich etwas, das meinen bereits vollen Freudenbecher auf allen Seiten überfließen ließ und zum kreisrunden Katarakt der Wonne machte. Drei in dieser Gegend fremde Männer wurden für den Raubüberfall auf die Postkutsche, bei dem ich Geld und Uhr verloren hatte, verhaftet. Man stellte sie vor Gericht, und trotz meiner Anstrengungen, sie reinzuwaschen und die Schuld dreien der ehrenwertesten und würdigsten Bürger von Ghost Rock zuzuschieben, wurden die Fremden auf Grund der klarsten Beweismittel verurteilt. Mein geplanter Mord würde nun so mutwillig und grundlos sein, wie ich nur wünschen konnte.

Eines Morgens schulterte ich meine Winchesterbüchse, ging hinüber zu meines Onkels Haus in der Nähe von Nigger Head und fragte meine Tante Mary, seine Frau, ob er daheim sei, worauf ich noch hinzufügte, daß ich gekommmen sei, ihn zu töten. Meine Tante erwiderte mit ihrem rätselhaften Lächeln, daß schon so viele Gentlemen diese Absicht gehabt hätten, aber hinterher davongetragen worden seien, ohne sie ausgeführt zu haben, so daß ich ihr gestatten müsse, daß sie gewisse Zweifel in mein Versprechen setze. Sie erklärte, ich sähe nicht aus, als ob ich jemand töten wollte. Um also einen Beweis meiner ernsthaften Absicht zu geben, legte ich das Gewehr an und verwundete einen Chinesen, der gerade am Haus vorbeikam.

Sie sagte darauf, sie kenne ganze Familien, die Ähnliches fertigbrächten, aber Bill Ridley sei ein Pferd von anderer Farbe. Immerhin würde ich ihn auf der anderen Seite des Baches im Schafpferch finden, und sie setzte hinzu, sie hoffe, der bessere Mann werde siegen.

Meine Tante Mary war eine der wenigen gerecht denkenden Frauen, die ich je getroffen habe.

Ich fand meinen Onkel auf den Knien damit beschäftigt, ein Schaf zu häuten. Als ich sah, daß er weder ein Gewehr noch eine Pistole greifbar hatte, besaß ich nicht das Herz, ihn zu erschießen. So trat ich nur heran, grüßte ihn freundlich und versetzte ihm mit meinem Gewehrkolben einen mächtigen Schlag auf den Kopf. Ich habe eine recht gute Schlagkraft, und Onkel William lag gleich auf der Seite, rollte dann auf den Rücken, spreizte seine Finger und erzitterte. Ehe er noch den Gebrauch seiner Gliedmaßen zurückgewonnen hatte, ergriff ich das Messer, mit dem er gearbeitet hatte, und schnitt ihm die Beinsehnen durch. Sie wissen zweifellos, daß der Patient, wenn man die *tendo achillis* durchtrennt, seine Beine nicht mehr gebrauchen kann. Es ist gerade so, als hätte er gar keine Beine. Nun, ich trennte sie also beide durch, und als er sich erholt hatte, begann er:

›Samuel, du hast jetzt den Daumen auf mir und kannst es dir leisten, großmütig zu sein. Ich möchte dich nur um eines bitten, und zwar, mich nach Hause zu tragen und mich im Schoß meiner Familie zu erledigen.‹

Ich sagte ihm darauf, daß ich das für eine vernünftige Bitte hielte und sie erfüllen würde, wenn er mir erlaube, ihn in einen Weizensack zu stecken. Auf diese Weise wäre er leichter zu tragen, und wenn wir von Nachbarn unterwegs gesehen würden, so errege das weniger Aufsehen. Er erklärte sich einverstanden; ich ging zur Scheune und holte einen Sack. Dieser paßte ihm jedoch nicht; er war zu kurz und viel breiter als mein

Onkel. So beugte ich dessen Beine, preßte ihm die Knie gegen die Brust und brachte ihn so hinein. Dann band ich den Sack über seinem Kopf zu. Er war ein schwerer Mann, und ich hatte sehr zu tun, ihn mir auf den Rücken zu heben, aber dann schwankte ich doch ein Stück dahin, bis ich zu einer Schaukel kam, die einige Kinder am Ast einer Eiche befestigt hatten. Hier legte ich ihn nieder und setzte mich auf ihn, um auszuruhen. Da gab mir der Anblick des Seiles eine gute Idee ein. Nach zwanzig Minuten schwang mein Onkel in dem Sack frei zum Vergnügen des Windes umher.

Ich hatte das Schaukelseil heruntergeholt, ein Ende fest am Zipfel des Sackes angebunden, das andere Ende über den Ast geworfen und den Sack etwa fünf Fuß über den Boden emporgezogen. Nachdem ich das andere Ende des Seiles ebenfalls am Sackzipfel befestigt hatte, sah ich mit Genugtuung meinen Onkel in ein großes, schönes Pendel verwandelt. Ich muß hinzufügen, daß er sich über die Natur der Veränderung, die er in seiner Beziehung zur Außenwelt erfahren hatte, durchaus nicht ganz im klaren war, obwohl ich dem Andenken eines guten Mannes zu Ehren bekennen muß: Ich glaube nicht, daß er viel von meiner Zeit mit vergeblichen Einwänden vergeudet hätte.

Onkel William besaß einen Widder, der in der ganzen Gegend als großer Kämpfer berühmt war. Er fand sich in einem Status chronischer, veranlagungsgemäßer Verärgerung. Irgendeine tiefe Enttäuschung in früher Jugend hatte seine Natur bitter werden lassen; nun lag er mit der ganzen Welt im Krieg. Wenn man sagt, daß er alles Erreichbare niederstieß, so heißt das, die Natur und Reichweite seiner kriegerischen Aktivität nur schwach auszudrücken: Das ganze Universum war sein Gegner, und seine Angriffsweise die eines Geschosses. Er kämpfte wie Engel oder Teufel zwischen Himmel und Erde, zerteilte die Atmosphäre wie ein Vogel, beschrieb eine parabolische Kurve und stürzte auf sein Opfer in jenem genauen Einfallswinkel herab, der die größte Wirkung aus seiner Geschwindigkeit und seinem Gewicht herausholte. Seine Stoßkraft in Tonnen ausgedrückt war unglaublich. Man hatte beobachtet, wie er einen vier Jahre alten Bullen durch einen einzigen Stoß auf die knorrige Stirn jenes Tieres vernichtet hatte. Von keiner Steinmauer war je bekannt geworden, daß sie seinem abwärtsgerichteten Stoß widerstanden hätte; es gab auch keine Bäume, die hart genug waren, ihm standzuhalten; er zersplitterte sie alle zu Kleinholz und schändete ihr Ehrenlaub im Staube. Dieses reizbare und unversöhnliche Scheusal, diesen fleischgewordenen Donnerschlag, dieses Monstrum aus Höllentiefen hatte ich im Schatten eines in der Nähe stehenden Baumes ruhen sehen, wo es sich Träumen von Eroberungen und Ruhm hingab. Als ich seinen Herrn in der vorbeschriebenen Weise aufhing, geschah das, um diesen Widder auf das Feld der Ehre zu locken.

Nachdem ich meine Vorbereitungen abgeschlossen hatte, versetzte ich dem aus meinem Onkel bestehenden Pendel einen sanften Schwung, zog mich zum Schutz hinter einen benachbarten Felsen zurück und erhob meine Stimme zu einem langen, rauhen Schrei, dessen ausklingende Schlußtöne in einem Geräusch wie von einer fauchenden Katze, die aus dem Sack drang, untergingen. Im nächsten Augenblick war jenes furchtbare Schaf auf seinen Füßen und hatte mit einem einzigen Blick die militärische Lage erfaßt. Gleich darauf näherte es sich mit stampfendem Schritt bis auf fünfzig Yards dem schwingenden Gegner, der, indem er erst vorwärtskam und gleich darauf wieder zurückwich, den Kampf herauszufordern schien. Plötzlich sah ich, wie sich der Kopf der Bestie erdwärts senkte, als ob er durch das Gewicht seines riesigen Gehörns niedergezogen würde; dann schoß ein undeutlicher, weißer, welliger Streifen Schaf von jenem Platz aus in fast waagerechter Linie auf einen Punkt los, der genau unter dem Feind, etwa vier Yards von ihm entfernt lag. Von dort stieß er jäh aufwärts, und ich hatte ihn noch kaum seinen Startplatz verlassen sehen, da hörte ich auch schon ein schreckliches Krachen und einen durchdringenden Schrei, und mein armer Onkel schoß mit schlaffem Seil aufwärts, höher als der Ast, an dem er hing. Dann spannte sich das Seil jäh wieder, bremste seinen Flug, und in atemberaubender Kurve schwang er zum anderen Ende seines Bogens.

Der Widder war hingestürzt, ein ununterscheidbares Gewirr von Beinen, Wolle und Hörnern; und nachdem er sich aufgerappelt hatte und seinem zurückschwingenden Gegner ausgewichen war, zog er sich zunächst ziellos zurück und schüttelte nur abwechselnd den Kopf oder stampfte mit den Vorderfüßen auf. Als er sich um die gleiche Entfernung zurückgezogen hatte, aus der er den Angriff begonnen hatte, blieb er wieder stehen, senkte den Kopf, als ob er um den Sieg bete, und schoß abermals vorwärts, wie beim ersten Mal nur undeutlich erkennbar – ein sich verlängernder weißer Streifen mit monströsen Wellenschwingungen, die in einer scharfen Aufwärtsbewegung endeten. Sein Lauf lag dieses Mal im rechten Winkel zum vorhergehenden, und seine Ungeduld war so groß, daß er den Feind schon traf, ehe dieser noch den niedrigsten Punkt seiner Schwingungen erreicht hatte. Infolgedessen flog mein Onkel in einem horizontalen Kreis herum, dessen Radius etwa die Hälfte der Seillänge betrug. Dieses war, was ich zu erwähnen vergessen habe, fast zwanzig Fuß lang. Meines Onkels Schreie klangen *crescendo* bei der Annäherung und *diminuendo* beim Entfernen und machten die Schnelligkeit seines Kreises dem Ohr deutlicher als dem Auge. Offensichtlich war er noch nicht an einer lebenswichtigen Stelle getroffen. Seine Stellung in dem Sack und die Höhe über dem Erdboden zwangen den Widder, seine Stöße gegen die unteren Extremitäten und das Rückenende zu richten. Wie eine Pflanze, die ihre Wurzeln in ein giftiges Mineral gesenkt hat, starb mein armer Onkel langsam von unten nach oben.

Nach seinem zweiten Stoß hatte sich der Widder nicht wieder zurückgezogen. Das Kampfesfieber loderte heiß in seinem Herzen; sein Gehirn war vom Wein des Streites trunken. Wie ein Boxer, der in seiner Wut alle Regeln vergißt und nutzlos auf halbe Armeslänge kämpft, mühte sich die wütende Bestie, den schwebenden Feind durch senkrecht aufwärts gerichtete Sprünge zu erreichen, wenn er über ihrem Kopf vorbeikam. Manchmal gelang es ihr auch, ihn schwächlich zu rammen, öfter aber noch wurde sie durch ihren eigenen fehlgeleiteten Eifer umgeworfen. Als der Schwung jedoch erschöpft war und die Kreise des Mannes enger und langsamer wurden und ihn mehr in die Nähe des Bodens brachten, führte diese Taktik zu besseren Ergebnissen und lockte Schreie von hervorragender Qualität hervor, an denen ich mich sehr ergötzte.

Ganz plötzlich, als ob die Hörner zum Waffenstillstand geblasen hätten, stellte der Widder seine Feindseligkeiten ein und trottete davon, wobei er nachdenklich seine mächtige Ramsnase rümpfte, dann wieder glättete, gelegentlich ein Büschel Gras rupfte und langsam kaute . . . Er schien der Aufregung des Kampfes müde und entschlossen zu sein, das Schwert in eine Pflugschar umzuwandeln und die Künste des Friedens zu pflegen. Schnurgerade führte sein Weg fort vom Felde der Ehre, bis er eine Entfernung von nahezu einer Viertelmeile erreicht hatte. Dort blieb er stehen, die Hinterpartie dem Feind zugewandt, käute wieder und war anscheinend halb in Schlaf versunken. Trotzdem beobachtete ich eine gelegentliche leichte Kopfwendung, als ob seine Gleichgültigkeit mehr gespielt als ernst sei.

Unterdessen hatten Onkel Williams Schreie mit seiner Bewegung nachgelassen, und schließlich war von ihm nichts weiter als ein langes, leises Stöhnen zu hören und unter langen Pausen mein in flehenden Tönen ausgestoßener Name, was meinen Ohren sehr wohltat. Offensichtlich hatte der Mann nicht die blasseste Ahnung von dem, was mit ihm vorging, und war unsagbar geängstigt. Wenn sich der Tod in Geheimnis gehüllt nähert, ist er in der Tat entsetzlich.

Nach und nach wurden die Schwingungen meines Onkels geringer, und schließlich hing er regungslos. Ich ging zu ihm und wollte ihm schon den Gnadenstoß versetzen, als ich eine rasche Folge von Schlägen hörte und spürte, die den Boden wie eine Reihe kleiner Erdstöße erzittern ließen. Als ich mich zu dem Widder umwandte, erblickte ich eine langgestreckte Staubwolke, die sich in unfaßbarer Schnelligkeit und mit erschreckendem Effekt näherte! In einer Entfernung von etwa dreißig Yards verhielt sie plötzlich, und aus ihrem vorderen Ende erhob sich etwas in die Luft, was ich zunächst für einen großen weißen Vogel hielt. Sein Aufstieg war so sanft, leicht und gleichmäßig, daß ich seine außergewöhnliche Schnelligkeit gar nicht beachtete, sondern in Bewunderung seiner Anmut versunken stand. Bis zum heutigen Tag ist mir der Eindruck geblieben, daß es sich um eine langsame, zielvolle Bewegung gehandelt habe und der Widder – denn er war es – durch irgendeine andere Kraft als seinen eigenen Schwung emporgetragen und während der aufeinanderfolgenden Stadien seines Fluges mit unendlicher Zärtlichkeit und Sorgfalt getragen worden sei.

Meine Blicke folgten seinem Flug durch die Luft mit unsagbarem Vergnügen, das noch verstärkt wurde durch den Kontrast zu meinem vorherigen Schrecken, als er sich auf dem Boden genähert hatte. Vorwärts und aufwärts segelte das edle Tier, den Kopf fast zwischen die Knie gesenkt, die Vorderfüße zurückgestreckt, die Hinterbeine nachschleppend wie die Beine eines segelnden Reihers.

In einer Höhe von vierzig oder fünfzig Fuß, wie es eine verzückte Erinnerung jetzt erscheinen lassen will, erreichte er seinen Zenit und schien einen Augenblick unbeweglich zu verharren. Dann neigte er sich plötzlich nach vorn, ohne die Haltung seiner Körperteile zu ändern, schoß mit zunehmender Geschwindigkeit und in einem immer steiler werdenden Bogen abwärts, flog mit dem Geräusch einer Kanonenkugel kurz über meinem Kopf vorbei und traf meinen armen Onkel mitten auf den Kopf! So schrecklich war der Anprall, daß nicht nur das Genick des Mannes brach, sondern auch das Seil riß; der Körper des Verblichenen wurde zu Boden geschleudert und unter der schrecklichen Stirn dieses meteorischen Schafes zu Brei zerquetscht!

Die Erschütterung ließ alle Uhren zwischen Lone Hand und Dutch Dan's stillstehen, und Professor Davidson, eine angesehene Autorität in Erdbebenfragen, der zufällig in der Nähe weilte, erklärte prompt, die Erschütterungen seien von Norden nach Südwesten verlaufen.

Alles in allem kann ich nichts anderes glauben, als daß in Hinsicht auf kunstvolle Gräßlichkeit mein Mord an Onkel William nur selten übertroffen worden ist.«

SCHWEDEN

August Strindberg

Besitzrecht

In einer Hecke stand ein Haselstrauch. Die Nüsse waren reif, als ein Eichhörnchen sich an einem strahlenden Augusttag in diesem Strauch niederließ.

Das ist mein Busch, sagte es vor sich hin, als es auf einen Zweig hüpfte, um mit seinen Zähnen die leckeren Früchte zu probieren.

»Mach, daß du fortkommst, du Dieb!« ertönte eine schwache Stimme aus der Mitte des Strauches heraus.

»Wer ist denn da?« rief das Eichhörnchen und hielt mit seinen flinken Augen Umschau. Es hatte sehr schnell am Fuß des Strauches eine Haselmaus entdeckt.

»Verschwinde, aber schnell, und laß meine Nüsse in Ruhe!« wiederholte die Haselmaus.

»Deine Nüsse?« sagte das Eichhörnchen grinsend und machte sich so schnell, wie es konnte, über die Nüsse her, ohne sich irgendeinen Zwang anzutun.

»Wie kommst du dazu, meine Nüsse zu stehlen, du Dieb!«

»Mit welchem Recht, vielleicht darf ich mir die Frage erlauben, gehört denn dieser Strauch dir?«

»Mit dem Recht des *jus primi venientis,* dem Recht des Zuerstgekommenen, wenn du es genau wissen willst.«

»Alles gut und schön, mein Herr, und ich eigne mir den

Strauch kraft des *jus primi occupantis,* dem Recht des Zuerstbesitzenden, an. Gewalt geht vor Recht, ich bin der Stärkere, habe also den Vorrang, das wirst du einsehen müssen.«

»Was habt ihr denn hier zu suchen?« schnatterte der Eichelhäher, von dem Lärm angelockt, »laßt meine Nüsse in Frieden, sonst werdet ihr etwas erleben!«

»Entschuldigen Sie, mein Herr«, antwortete das Eichhörnchen schnell, »aber ich bin es, der soeben diesen Haselstrauch entdeckt hat.«

»Daß du meinen Busch entdeckt hast, glaube ich dir schon, aber mit welchem Recht hast du dich seiner bemächtigt?«

»Ich habe ihn kraft des . . .«

»Du hast ihn dir ganz einfach genommen, und jetzt werde ich ihn mir zurücknehmen.«

In diesem Augenblick, da sich der Eichelhäher auf das Eichhörnchen stürzen will, fällt ein dichter Steinregen auf die Streitenden nieder, die so schnell wie möglich fliehen.

»Solche Schlingel!« schrien die Jungen, die gekommen waren, um Nüsse zu sammeln – »jetzt bekommen sie gar nichts für ihre Mühe.«

Die Jungen begannen, Nüsse in ihre Mützen zu pflücken.

»Wie ich sehe, macht man sich in dem Strauch einen guten Tag«, brummte der Pächter, der inzwischen auf dem Schauplatz aufgetreten war. »Gestatten Sie, meine Herren Diebe, daß ich Sie an den Ohren ziehe, damit Ihre Ansichten über das Eigentumsrecht des Einzelnen nicht auf Wildspuren geleitet werden.«

»Schöne Ruten, wie ich sehe«, unterbrach ihn der Korporal, der auf seiner Patrouille soeben erschienen war, und zog sein Seitengewehr. – »Sie eignen sich sehr gut für Faschinen!«

»Halt!« unterbrach ihn der Pächter.

»Sind Sie vielleicht der Besitzer?« fragte der Korporal. »Nein. Sie sind es nicht! Dann halten Sie gefälligst den Mund!«

»Aber ich bin der Pächter.«

»Und wenn schon. Sie besitzen selbst nicht das Recht, diesen Haselstrauch hier niederzulegen, doch ich habe es.«

»Sollten die Gesetze über das Besitzrecht vielleicht aufgehoben sein?« fragte der Pächter.

»Für dieses Mal ja, mein guter Mann, vor den Waffen schweigen die Gesetze, und wenn Sie mich zum Eigentümer begleiten möchten, werde ich ihm den Requisitionsbefehl vorlegen. Hier ist er.«

Die beiden gehen. Kaum sind die fort, als ein Ingenieur der Eisenbahn an der Spitze einer Rotte Arbeiter auftritt.

Er stellt seine Wasserwaage auf, macht Berechnungen, sichtet, macht sich einige Notizen und verteilt die Arbeiter.

»Als erstes haut ihr den Haselstrauch dort ab«, sagt er. Gesagt, getan.

»Mit welchem Recht erlaubt ihr euch, Waldfrevel zu treiben?« fragt der Eigentümer, der auf dem Platz erschienen ist.

»Kraft des Enteignungsgesetzes.«

»Schon gut, mein Herr, bitte arbeiten Sie ruhig weiter.«

Der Eigentümer begnügt sich mit dieser Erklärung und geht seines Weges.

»Das ist ein gesetzlicher Eingriff in das Besitzrecht des Einzelnen«, sagte der Korporal.

»Mit dem Recht des Zuletztgekommenen«, entfährt es dem Pächter.

»Jetzt wollen wir uns beeilen, die Nüsse zu expropriieren«, murmeln die Jungen.

»Ich erhebe Einspruch«, schnattert der Eichelhäher.

»Und nun sag noch einer, daß es ein Besitzrecht gibt«, piepst die Haselmaus.

DEUTSCHLAND

Ludwig Thoma

Die Volksverbesserer

Ich habe stets unsere Richter bewundert, weil sie über alle Dinge mit der gleichen Sachkenntnis urteilen und nicht selten gerade das finden, an was niemand dachte. Dabei geht unverkennbar ein großer Zug durch unsere Rechtsprechung; man hat wirklich die Absicht, die niederen Volksschichten zu bessern und zu belehren.

Wenn dies durch Anwendung väterlicher Strenge irgend möglich ist, geschieht es sicherlich gerne, aber es fehlt auch nicht an Versuchen der gütlichen Überredung.

Ich habe schon manchen jungen Amtsrichter beobachtet, wie er im Schweiße seines Angesichtes sich abmühte, um einem verstockten Arbeiter klar zu machen, daß die sozialen Verhältnisse durchaus nicht so schlimm seien, wie dieser sie kennenlernte. Erst gestern bewunderte ich die Geduld und Einsicht der jugendlichen Juristen, als die Sache des Maurers Johann Pletschacher verhandelt wurde.

Der Delinquent war an einem Sonntage vor den Magistrat geladen worden, um seine Invaliditätsversicherungskarte abzuholen. Er hatte hierin eine unliebsame Störung seiner Sonntagsfreuden erblickt und dies sämtlichen Beamten mit erhobener Stimme so deutlich zu erkennen gegeben, daß er nunmehr auf der Anklagebank saß.

Man sieht, der Fall entbehrte nicht eines gewissen sozialen Beigeschmackes. Dies mochten wohl auch die Herren am Richtertische fühlen.

Der Amtsanwalt reckte sich straffer im Stuhl zurecht und strich bedeutungsvoll den kleinen Schnurrbart. Das jugendliche Gesicht des Vorsitzenden bekam ein finsteres Aussehen, und die Stimme klang mehrere Nuancen schärfer, als er Johann Pletschacher ins Gebet nahm.

Es entwickelte sich das sattsam bekannte Frage- und Antwortspiel.

Im Verlaufe desselben zeigte es sich deutlich, daß die Verfehlung des Münchener Fassadenmaurers nicht auf bloße seelische Erregung, sondern auf die ganze Charakterbildung desselben zurückzuführen war.

Er glaubte hartnäckig, daß er im Rechte war; er sprach davon, daß, wer die ganze Woche arbeite, am Feiertage seine Ruhe haben möchte; er stellte die Ansicht auf, daß die Beamten wegen die Leut, und nicht die Leut wegen die Beamten da seien; er versuchte nachzuweisen, daß er sich nichts zu gefallen zu gelassen brauche, kurz er brachte lauter Dinge vor, welche in das Politische hinüberspielten.

Dabei war er auch in der Form durchaus nicht korrekt.

Seine Stimme, welche durch starkes Schmalzlerschnupfen eine unangenehme Klangfarbe angenommen hatte, war roh und verletzend; überdies schien Pletschacher zu glauben, daß seine Gründe besser würden, wenn er sie mehrmals und immer lauter vorbrächte.

Die Debatte wurde ziemlich erregt, und als der Vorsitzende in berechtigter Entrüstung dem Angeklagten vorhielt, daß es ja nur sein Bestes wäre, wenn der Staat für die alten Tage der Arbeiter sorge, da erklärte Pletschacher feierlich, daß er auf die Altersrente pfeife, und daß er sie jedem im Zuschauerraum überlasse, der sie wolle.

Ich fürchtete bereits, daß diese Kühnheit üble Folgen haben werde, allein zu meinem Erstaunen blieb der Vorsitzende ruhig.

Er nickte nur schmerzlich mit dem Kopfe, wie jemand, der etwas lange Gefürchtetes bestätigt sieht. Dann warf er einen verständnisinnigen Blick zum Amtsanwalte hinüber, der mit wilder Energie den Schnurrbart drehte.

»Pletschacher«, sagte der Vorsitzende mit weicher Stimme. »Pletschacher, gelt, Sie sind Sozialdemokrat?«

»Dös glaab i«, erwiderte dieser, »seit s' dö Partei hamm, bin i dabei.«

»Ach so! Jetzt wird mir vieles klar.«

Der junge Amtsrichter sah bei diesen Worten so nett und so intelligent aus, daß ich ihn wirklich lieb gewann.

Ich merkte, daß er keinen Groll gegen den Angeklagten hegte, und daß ihn nur ein tiefes Mitleid mit dem Unglücklichen erfaßt hatte.

Er räusperte sich mehrmals, wie jemand, der eine längere Rede vorhat, und dann fragte er gütig: »Pletschacher, sehen Sie nicht ein, wie weise dieses Gesetz ist, welches Ihnen ein glückliches Alter verbürgt?«

»Na! Dös siech i net.«

»Ja, aber Pletschacher, passen Sie mal auf, nehmen wir mal an, Sie werden alt, müde, gebrechlich, Sie werden siebzig Jahre alt . . .«

»Dös glaab i net . . .« – »Was glauben Sie nicht?«

»Daß i siwaz'g Johr alt wer, glaab i net.«

»Ja, warum? Gehört das zu den Unmöglichkeiten?«

»I glaab's halt net . . .«

»So! Sie glauben es einfach nicht? Hm! Gut! Aber Pletschacher, selbst angenommen, Sie würden dieses Alter nicht erreichen, dann werden doch andere, Ihre Mitarbeiter, diese Wohltat genießen . . .«

»Wos brauch denn i für anderne zahl'n? Dös gibt's gar net!«

»Das ist es eben!« fiel hier der Amtsrichter eifrig ein, »das ist es eben! Sehen Sie, Pletschacher! Da fehlt Ihnen die Einsicht, der Sinn für die Allgemeinheit, für das Ganze, für den Staat.«

Pletschacher nahm eine Prise Schmalzler und sah ironisch auf seinen Lehrer, der mit erhobener Stimme fortfuhr: »Der Staat ist eben, ja, wie soll ich mich Ihnen verständlich machen, der Staat ist wie eine Bienenkolonie, wie ein Bienenkorb, in Zellen eingeteilt; jede Biene hat ihre Zelle für sich, ihre Funktionen für sich, aber alle greifen zusammen. Verstehen Sie mich?«

»Na, und glaaben tua i's aa net.«

»Was glauben Sie nicht?«

»Daß der Schtaat wie a Bienenkorb is, glaab i net, Herr Amtsrichter. Bei die Bienen wer'n dö, wo nix arbet'n, umbracht, bei ins aba hamm s' des schönste Leben. Do is grad umkehrt.«

Das Gesicht des Vorsitzenden hatte sich bei diesen Worten verfinstert, jede Milde war aus demselben verschwunden.

Er sah, daß mit Vernunftgründen eine Besserung nicht zu erreichen war, und beschloß wohl, die ganze Strenge des Gesetzes anzuwenden.

In der Tat wurde Pletschacher mit der höchsten Strafe bedacht. Ich fand es durchaus richtig. Der Mann hatte die Möglichkeit, von seinen Irrtümern geheilt zu werden, schnöde verscherzt. Da ist Milde von Übel.

JUGOSLAWIEN

Branko Čopić

Ein ehrlicher Mensch hat nichts zu fürchten

In die Kanzlei des Advokaten St. stürzt atemlos und schwitzend ein kraftstrotzender Mann, ein Koloß, dem noch der Geruch von Rindvieh, frischer Erde und Dorfwirtshaus anhaftet. Mit eingezogenem Kopf wie ein kampfbereiter Ziegenbock baut er sich in seinem Sonntagsanzug, der in den Schultern zu platzen droht, vor dem Schreibtisch auf, während es in kurzen Atemstößen aus ihm hervorbricht: »Janko, du mußt mir helfen!«

Der Advokat, der ihm dürr, leblos und unbeteiligt wie eine Kleiderpuppe gegenübersitzt und also das genaue Gegenteil seines Besuchers ist, wartet mit starrem Gesicht das Ende dieses Ausbruchs ab.

»Was ist los?« fragt er dann, »was gibt es denn Schönes?«

»Schönes?« stöhnt sein Besucher, »eine schöne Vorladung habe ich bekommen vom Ministerium des Inneren.«

»Und weshalb?« fragt ohne die geringste Erregung die Kleiderpuppe.

»Das ist es ja, weswegen ich hier bin. Es steht nichts drin, schau dir das doch an!«

Der Advokat hebt die Hand wie ein Automat, nimmt das Schreiben an sich und hält es vor seine kurzsichtigen Augen.

»Aber wie soll ich denn etwas für dich tun können, wenn ich

nicht einmal weiß, worum es sich handelt? Du mußt nachdenken, Genosse Triver, um was es hier gehen könnte.«

In der Anrede »Genosse Triver« klingt ein wenig Ironie mit und der Gedanke: Ihr stehlt also, Genossen! Triver, der breitspurig dasteht, senkt den Kopf noch tiefer. Er sieht jetzt kaum noch wie ein Mensch aus, der in seine Gedanken versunken ist, sondern eher wie ein Ochse, der einen Pflug ziehen und das Feld ackern soll. »Ich weiß es nicht, Janko! Vielleicht ist das wegen dem Geld, das der Teufel holen soll, von dem Kauf, den ich da einmal getätigt habe? . . . Aber nein, das kann nicht sein, denn davon weiß ja niemand!«

In die Kleiderpuppe beginnt nun Leben zu kommen. Irgendetwas, das als Lächeln verstanden werden konnte, bewegt das glatte Gesicht. »Denk nach, lieber Freund, überleg nur.«

»Die werden doch nicht etwa etwas von den Maschinen gemerkt haben, die ich weitergegeben habe? Du weißt doch, was ich meine, ich habe die Sache doch erwähnt?«

»Ich weiß von nichts«, antwortete ihm ruhig der Advokat. »Vielleicht hast du einmal in meiner Gegenwart laut gedacht, aber das ist deine Privatsache.«

Triver hebt langsam den Kopf und betrachtet den Advokaten aus trüben, erstaunten Augen. »Was, du weißt nichts davon? Ich habe dir doch des öfteren von diesen Geschäften erzählt, dich um Rat gefragt und alles mit dir besprochen.«

Das Gesicht des Advokaten wird abweisend. »Natürlich hast du dir bei mir juristische Ratschläge geholt, Triver. Aber ich wiederhole noch einmal: Ich mische mich nicht in deine Angelegenheiten. Ich mache meine Geschäfte und du deine.«

»Das heißt also, daß du mir nicht helfen willst?«

»Nein, nein – helfen will ich dir schon. Ich stehe jederzeit zu deiner Verfügung. Aber zunächst mußt du einmal wissen, worum es sich eigentlich handelt. Dann kommst du wieder her, und wir besprechen die Sache.«

»Hm, so ist das also«, seufzt Triver. »Der liebe Gott soll wissen, was da los ist. Wegen der Maschinen wird es bestimmt nicht sein, das sind heute schon alltägliche Sachen. Ich glaube, es wird wegen dieser verdammten Autoteile sein. Du weißt doch, ich habe da voriges Jahr . . .«

»Ich weiß von nichts, überhaupt von nichts.«

Triver schüttelt sich unbehaglich und lenkt ein. »Ich sage ja auch gar nicht, daß es sich darum handelt. Das ist ja, wenn man es richtig betrachtet, eine einfache und legale Sache.«

Der Advokat murmelt etwas vor sich hin und sagt schließlich laut: »Nun, ich denke, so vier bis fünf Jahre stehen wohl darauf, und wenn man hinter alles kommt, werden es wohl an die vierzehn Jährchen werden.«

»Du meinst? Und was soll ich denn da tun?« fragt Triver ängstlich.

»Genosse Direktor, sieh vor allem zu, daß du erfährst, worum es sich eigentlich handelt. Dann sprechen wir uns wieder und denken uns etwas aus.«

»Aber«, windet sich Triver und rollt mit den Augen, »was dann, wenn die mich dort gleich verhaften, hm?«

»Ja nun, da kann ich dir kaum helfen«, erwidert der Advokat. »Meine Klasse ist, wie ihr so schön sagt, gestürzt. Wir gehören nicht mehr zur herrschenden Klasse. Wir haben als Privatbesitz nur noch unser Wissen, unsere Routine und die Intelligenz, um in der komplizierten Materie des Rechts Bescheid zu wissen. Die Macht und die Gewalt hat deine Klasse und die kann dich somit einsperren. Wie sollte gerade ich dir helfen können? Ich arbeite so lange, bis sich eure Leute meine Art von Wissen erworben haben, und dann: Entlasse deinen Sklaven, Herr, in Frieden, dann kann ich ruhig sterben.« Er kreuzt die Hände auf dem Schreibtisch.

»Da habe ich es nun«, keucht Triver, »mir, mein Freund, mir liegt nichts an deinem Sterben. Laß du mich nur leben.«

»Aber wenn die nun nicht fürs Lebenlassen sind?« bemerkt der Advokat maskenhaft und hinterhältig.

»Nicht fürs Lebenlassen sind?! Sicher sind die nicht dafür. Es haben sich bei uns Bürokraten eingenistet und die wollen einen geschäftstüchtigen Menschen nicht leben lassen. Kaum drehst du dich um, und schon bist du irgendwo hängengeblieben und hast gleich Hunderte von Paragraphen und Vorschriften verletzt!«

»Das ist eure Sache, die Sache eurer Klasse und eurer Gesellschaftsordnung«, deklamiert feierlich der Advokat. Er wasche seine Hände in Unschuld.

Direktor Triver dreht sich unentschlossen um und geht noch unentschlossener auf die Tür zu. Unter seinen Schritten erzittert der Fußboden.

»Das alles hat mir einen schönen Schrecken eingejagt. Zum Teufel mit diesen Geschäften! Wenn ich lebend herauskomme, dann komme ich gleich her.«

»Ja, das tu nur, was auch geschieht. Ich bin bis zwei Uhr hier, und später kannst du mich dann zu Hause erreichen. Von acht Uhr abends an bin ich wie immer im Kaffeehaus ›Zur Weißen Katze‹.«

»Gut, auf Wiedersehen!«

Triver verschwindet hinter der Tür, und mit ihm scheint alles Leben aus dem Zimmer zu weichen. Es beginnt nach Aktenstaub, nach Vergangenheit zu riechen, und der Raum versinkt in Stille. Der Mann hinter dem Tisch vertieft sich in seine Gedanken und wird dabei noch grauer.

Warum soll es ihm eigentlich leid tun, wenn sie diesem kraftstrotzenden Parvenü seine Geschäfte vermasseln und ihn einsperren? Und doch, er kennt ihn schon seit langem und kommt gut mit ihm aus. Triver hat kaum seinesgleichen. Er organisiert, schiebt und schlägt sich durch, daß es eine Pracht ist. Der Advokat hat seinen schnellen Aufstieg von Anfang an miterlebt und er genießt ihn mit ihm wie eine zweite Jugend. Ja, Triver könnte Advokat sein. Wendig und gerissen nutzt er jedes Loch in den Maschen des Gesetzes. Lange Zeit wollte er sich nicht eingestehen, daß ihm dieser simple Mensch gefällt. Aber seit ihm klar geworden ist, daß Triver genau so handelt, als würde er in seinem Herzen lesen, beginnt er ihn bei sich als »mein Fall« zu bezeichnen.

Als Direktor Triver auch jenseits der Grenzen des Gesetzes mit Erfolg Geschäfte zu machen begann, gab ihm der Advokat diskret und auf Umwegen Ratschläge. Er tat dies wirklich nicht irgendwelcher persönlicher Vorteile wegen, er war weit davon entfernt, von seinem »Schüler« irgendwelche Hilfe in Anspruch zu nehmen. Er freute sich vielmehr darüber, daß sich in diesem »Narrenhaus« ein gesunder und vernünftiger Mensch gefunden hatte. Heute war es einer, morgen vielleicht schon zehn. Sie kommt wieder, die schöne alte Zeit und alles kommt wieder auf die alte natürliche Linie.

Hoffentlich schnappen sie ihn jetzt nicht, der arme Teufel war recht erschrocken und man sieht, daß er noch nicht abgefeimt genug ist, daß er noch keine einschlägige Erfahrung besitzt.

Es ist kaum eine halbe Stunde vergangen, da geht die Tür weit auf und Triver kommt wie die Sonne, die Freude, das Leben selbst, ins Zimmer.

»Janko, laß dich umarmen! Es war wunderbar, kann ich nur sagen. Was sind doch unsere Genossen im Ministerium für herrliche Menschen. Es empfing mich dort ein junger Mensch. ›Setzen Sie sich, Genosse‹, sagte er, ›wissen Sie, wir haben Sie hierher gebeten . . .‹ Ach, dachte ich, jetzt ist alles aus und mir wurden die Knie weich . . .«

»Das konnte ja wohl nicht viel anders sein«, meint trocken der Advokat.

»Aber nein, so hör doch zu. ›Wir haben Sie hierher bestellt‹, sagt also dieser junge Mann zu mir, ›damit Sie uns einige Informationen über Ihren Verwandten, Nikola Triver, geben. Er ist aus einem Heim für Minderjährige davongelaufen.‹ – ›Was für einen Verwandten?‹ fragte ich und hätte den Mann beinahe umarmt. Lauf nur Nikola, dachte ich und kann es nicht fassen, daß er sonst nichts von mir wissen will.«

»Das ist ja gut, das ist ja gut«, lächelt der Advokat.

»Und ob, mein Freund. Aber was kann übrigens einem ehrlichen Menschen schon viel geschehen.«

»So ist's! Selbstverständlich, so ist's!« bestätigt der Advokat mit feinem Lächeln.

»Du hast ja mit eigenen Augen gesehen, wie mir diese Vorladung in die Knie gefahren ist«, fährt Triver leicht gereizt fort. »Aber da sieht man es wieder, was hat in unserem Staat ein ehrlicher Mensch schon zu fürchten?«

»Nichts, natürlich nichts«, bestätigt der Advokat nickend, und er ist selbst auch beinahe davon überzeugt, daß dieser wendige und gerissene Bursche kaum mit den Vertretern des Rechts in Konflikt kommen wird.

Und während noch der väterliche Blick des Advokaten auf ihm ruht, durchmißt Triver das Zimmer mit festen Schritten. An der Tür angekommen, dreht er sich mit viel Schwung noch einmal um, breitet die Arme aus und verkündet: »Ja, ein Mensch, der so ehrlich ist wie ich, der hat in diesem Land nichts zu befürchten.«

IRLAND

Eric Cross

Das Schöffengericht

Hab' ich euch schon vom Schöffengericht erzählt, das wir hier in unserem gottverlassenen Nest einmal hatten? Eigentlich war es keine Gerichtsverhandlung, sondern bloß eine Untersuchung, aber es ging zu wie im Gerichtssaal. Schöffen waren da, die sich die Zeugenaussagen mitanhören und feststellen mußten, was dem Mann zugestoßen war, und dann sollten sie ihre Meinung abgeben.

Es ging um einen Mann, den jemand tot auf der Insel aufgefunden hatte. Er war eine Felswand heruntergestürzt, und eine Felsplatte war auf ihn draufgefallen und hatte ihm das Genick gebrochen.

Am nächsten Morgen kam also der Leichenbeschauer mit dem Wachtmeister, und sie besorgten sich die Schöffen. Wir waren unser zwölf. Dan-Verdammt war dabei und der Alpinist und das Corker Schafs-Echo und noch mehrere andre. Ein paar von ihnen sind schon tot – Gott sei ihrer Seele gnädig!

Es war mal ein Priester, der hielt eine Predigt über die zwölf Apostel, und es wollte ihm nicht gelingen, den Leuten zu beschreiben, was für Männer das waren, die Apostel. Er wollte ihnen sagen, daß es ganz einfache, gewöhnliche Männer aus dem Volk waren, die nichts Großartiges oder Pfiffiges an sich hatten. Und nachdem er eine Weile nachgedacht hatte, fuhr er fort: »Es waren eben zwölf arbeitsame Männer, Bauern und Fischer und derlei Leute. Zwölf unwissende Männer – so unwissend, wie man sie in unserm Kirchspiel nur finden kann, und das, weiß Gott, ohne große Mühe!«

Ja, und die zwölf Apostel glichen also nun auch den Schöffen, die wir an dem Tage hatten – so unwissend, wie man sie in unserm Kirchspiel nur finden kann, und das ohne große Mühe. Mit Ach und Krach stellten sich alle zwölf ein, und dann zogen wir ins Hotel. Sie hatten keine Ahnung, was ihnen bevorstand. Manche glaubten, sie sollten verhört werden, weil sie den Mann umgebracht hätten. Andere dachten, sie gingen zu seiner Totenwache. Und noch einige glaubten, sie sollten seinen Sarg zu Grabe tragen. Es war eben das erstemal seit vielen Jahren, daß in unserer Gegend ein Schöffengericht stattfand, und für sie alle war's ein großes Rätsel, denn mit Ausnahme von mir selber war keiner je auf Reisen gewesen.

Kurz und gut, wir kamen zum Hotel, und die Leiche lag in dem einen Zimmer, und wir sahen sie uns alle an. Der arme Mensch war mausetot, da gab's nichts dran zu rütteln – Gott gebe seiner Seele die ewige Ruhe! Der Leichenbeschauer fragte uns, ob wir den Mann erkannten, und das taten wir, denn den meisten von uns war er gut bekannt gewesen.

Nachdem wir ihn alle gründlich betrachtet hatten, tranken wir noch ein paar Glas und gingen dann in das Zimmer, wo die Verhandlung stattfinden sollte. Für jeden von uns waren Stühle bereit, und der Wachtmeister und der Leichenbeschauer waren auch schon da.

Der Wachtmeister erklärte den andern, sie würden auf die Bibel vereidigt und müßten schwören. Da fing das Corker Schafs-Echo zu reden an. Bis dahin hatte er noch kein Wörtchen rausgebracht. Er sagte, er würde nicht schwören, denn schwören wäre eine Sünde, und er trug uns lange Abschnitte aus dem Katechismus vor. Er würde nicht schwören, nicht bei lebendigem Leibe! Es wäre ganz was andres, wenn er's in besinnungslosem Zustand machte, aber dafür hätt' er noch nicht genug gesoffen.

Der Wachtmeister las ihm Stücke aus einem Buch vor, das er aus der Tasche zog, und dann mischte sich auch der Leichenbeschauer ein, aber sie kamen nicht zu Rande. Da hab' ich ihm und allen andern die Sache erklärt, und dann hatten wir wenigstens das hinter uns.

Um Zeit zu sparen, faßten immer je drei von uns die Bibel an, und wir sprachen den Eid gemeinsam. Als die Reihe an Dan-Verdammt kam, sagte er, er wolle lieber allein schwören, er würde mit niemand sonst die Hand auf die Bibel legen. Er schwor also allein. Er hielt die Bibel so, als wollte sie ihn beißen, und als er fertig war mit seinem Eid, sah er hinter sich, als erwartete er, daß der Leibhaftige schon drauf lauerte, ihn in den Sack zu stecken.

Der Wachtmeister und der Leichenbeschauer machten ihre Notizbücher bereit, und dann waren wir alle parat. Gerade als wir anfangen wollten, stand das Corker Schafs-Echo auf und wollte rausgehen. Der Leichenbeschauer fragte ihn, wo zum Teufel er eigentlich hingehen wollte, und Schafs-Echo sagte, er müsse mal hinters Haus, denn er hätte getrunken, und seine Blase sei schwach.

Wir warteten also, bis Schafs-Echo zurückkam, und als er wieder da war und sich hingesetzt und seine Pfeife angezündet hatte, fingen wir an. Der Wachtmeister las seinen Bericht vor, und wir hörten zu. Dann erzählte der Mann, der die Leiche gefunden hatte, wieso er sie gefunden hatte, und der Leichenbeschauer fragte uns, ob wir was einzuwenden hätten.

Im Jahr davor hatte nun aber der Alpinist von dem Mann, der die Leiche gefunden hatte, eine Stute gekauft, und es hatte sich herausgestellt, daß die Stute nichts taugte. Der Alpinist merkte es erst, als der Handel schon abgeschlossen war, und er konnte nichts weiter machen, als auf eine günstige Gelegenheit warten, um's ihm heimzuzahlen – und die hatte er jetzt!

Denn wahrhaftiger Gott – erklärt er nicht in aller Öffentlichkeit, der Mann wär' ein Lügner, und zu der Zeit wär' außer ihm keiner auf der Insel gewesen, und er hätte den Mann ganz gut über die Felswand stoßen können. Natürlich gerieten sie sich in die Haare, und der Wachtmeister mußte die Versammlung zur Ordnung rufen, und der Leichenbeschauer kapierte nicht, was sich abspielte, bis ihm der Wachtmeister die Geschichte klarmachte, und dann hatte es der Leichenbeschauer verstanden, und die Sache lief weiter.

Der Leichenbeschauer stellte fest, was passiert war und was für einen Wahrspruch wir fällen könnten: entweder Unglücksfall oder *felo-de-se* oder Mord durch unbekannte Hand, und er erläuterte seine eigene Ansicht.

Der Alpinist schoß hoch und sagte, es sei eindeutig ein Mord, und ihm sei es verdammt egal, was die andern dächten, denn er hätte mit dem Mann zu tun gehabt, der angeblich die Leiche aufgefunden hatte, und der hätte ihn beim Pferdehandel betrogen, und wer so was fertig brächte, für den sei ein Mord eine Kleinigkeit. Also mußten wir das alles nochmal durchkauen.

Es war ein sehr heißer Tag, und das Zimmer war klein, und nach all dem Rauch und Gerede fanden wir, ein oder zwei Glas Bier könnten keinem Menschen was schaden. Wir zogen uns also zurück, und als wir wiederkamen, nahmen wir die Sache dort auf, wo wir aufgehört hatten. Der Leichenbeschauer zählte uns und merkte, daß einer fehlte. Himmelhoch – das war auch einer von den Schöffen – war nicht da. Der Wachtmeister ging raus und suchte ihn: er fand ihn auf dem Heimweg und brachte ihn wieder mit. Dem Leichenbeschauer erklärte er, die Sache sei ganz und gar nicht nach seinem Geschmack. Er verstünde nichts davon, und zu Hause hätte er eine Kuh, die am Kalben wäre, und dort gehöre er hin. Aber der Leichenbeschauer zwang ihn zu bleiben.

Er sprach nun über *felo-de-se* und erklärte es uns ganz genau. Als er fertig war, stand Dan-Verdammt auf und sagte, er könnte das mit dem *Fiel-in-die-See* kein bißchen verstehen. Wie könnte der Mann in die See fallen, wenn die See fünfzehn Meilen weit weg war?

»Verdammt, da kann ich Ihnen nicht recht geben«, sagte er. »Es könnte vielleicht *Fiel-die-Felsen-runter* heißen, aber verdammt, *Fiel-in-die-See* kann es unmöglich heißen.«

Der Leichenbeschauer erklärte es ihm nochmal persönlich, aber Dan-Verdammt war wie mit Brettern vernagelt.

»Verdammt, wenn der Mann in die See fiel, muß er doch naß sein, was? Aber verdammt, seine Sachen sind knochentrocken! Nein, das *Fiel-in-die-See* konnte es verdammt nicht sein.«

Der Leichenbeschauer erklärte ihm nun das Wort *Suizid*, aber davon hatte Dan-Verdammt auch noch nichts gehört. Er wollte wissen, ob es ein irisches Wort wäre. Mitten in der Auseinandersetzung klopfte es an die Tür, und Wachskugels Frau kam mit seinem Mittagessen hereinspaziert.

Sie ist ein verteufelter Brocken von einer Frau, das reinste Scheunentor! Wachskugel ist bloß ein mickeriges Männchen, aber er hatte immer rasenden Hunger, und deshalb hatte seine Frau dauernd Angst, er könnte ihr verhungern, wenn er nicht pünktlich sein Mittagessen bekäme. Wachskugel war sehr befreundet mit Dan-Verdammt, und die beiden machten sich übers Essen her und vergaßen die ganze Untersuchung. 's kam auch nicht groß drauf an, denn beide waren von jeher tüchtiger beim Essen als im Denken, und die Frau hatte einen ordentlichen Suppentopf voll Kohl, Kartoffeln und Schweinekopf rangeschleppt.

Endlich näherte sich die Sache einer Entscheidung, und der Leichenbeschauer forderte uns auf, den Wahrspruch zu fällen.

Da ging der Spaß erst richtig los! Der eine sagte so, und der andre sagte was andres. Der Alpinist stand nicht mehr unter dem Einfluß der vertilgten Alkoholmengen und war wieder felsenfest von einem Mord überzeugt. Schafs-Echo erklärte, er könne es überhaupt nicht verstehen, und er habe nicht im Sinn, seine Meinung zu äußern. Das war nun der Gipfel an Knickerigkeit! Er wollte nicht mal seine Meinung äußern, wenn er nicht dafür bezahlt wurde!

Schafs-Echo fand, die ganze Sache stimme nicht, und es würde nie etwas Gutes dabei herauskommen, und je weniger wir damit zu tun hätten, um so besser. Er hatte die Schwörerei noch nicht überwunden. Ich gab mir Mühe, ihn zur Vernunft zu bringen, aber es glückte mir nicht.

Dann erhob Dan-Verdammt, der sich den Wanst vollgeschlagen hatte, einen verrückten Einwand.

»Verdammt«, rief er, »behauptet der Mann nicht, es wäre ein Unglücksfall? Und ist der Mann nicht einer von der Regierung? Verdammt, dann wär's nicht richtig, ihm rechtzugeben! Wir müssen was andres sagen, verdammt!«

Ein paar andre hatten ähnliche verdrehte Einfälle, und manche waren so verängstigt, daß sie einfach wie Kartoffelsäcke dasaßen und kein Wort herausbrachten. Zwölf rechtschaffene, ehrliche Männer! *Am Bostha!* Da kann man lange suchen, bis man einen Haufen von so vernagelten Schafsköpfen wiederfindet!

Ich ging also zum Leichenbeschauer, der ein netter, verständiger Mann war, und erklärte ihm die Lage. Wir schickten die übrigen elf in den Schankraum, und die Sache wurde zwischen mir und dem Leichenbeschauer geregelt. Wir einigten uns auf den Wahrspruch »Unglücksfall«, und ich gab ein Sympathie-Votum für die Angehörigen des armen Menschen ab, und den elf Schöffen überließen wir's, sich um und dumm vollzusaufen. Aber das konnten sie nicht, und wenn sie bis zum Jüngsten Tag gesoffen hätten, denn sie waren schon dumm, ehe sie überhaupt anfingen.

Zwölf Männer, so unwissend, wie man sie in unserm Kirchspiel nur finden kann, und das, weiß Gott, ohne Mühe – die mit ihrer schwachen Blase und ihrer Angst vorm Schwören und ihren kalbenden Kühen und ihrem Kohl und Schweinekopf und ihrem *Fiel-in-die-See!*

ÖSTERREICH

Hermann Friedl

Fiat Justitia

Die Luft um neun Uhr morgens war grau und feucht. Er hörte seine Schritte erst wieder, als er die knarrenden Holzstufen in dem alten, renovierten Gebäude hinaufstieg. Er lächelte, als er merkte, daß der Sitzungssaal noch geschlossen war. Er betrachtete die Stiege, die er heraufgekommen war, ruhig, nachdenklich, eine Stiege, die nicht die geringste Spur der Leute, die über sie gelaufen waren, nicht die geringste Erinnerung an sie bewahrt hatte. Er sah aus dem Fenster auf den Platz vorm Münster, und es schien ihm plötzlich gewiß, daß er warten müsse, unbeweglich, daß es das beste sei, sich so wenig wie möglich zu bewegen.

Als der Sitzungssaal geöffnet wurde, trat er mit seiner großen schwarzen Tasche ein, in der er die notwendigen Akten und Aufzeichnungen aufbewahrte. Die junge Person, die aufgeschlossen hatte, verschwand, ehe er ein Wort gesagt hatte. Von dem großen barocken Kachelofen an der einen Wand ging keinerlei Wärme aus. Die abgestandene Luft war von den Heizkörpern der Zentralheizung erwärmt, die unter den Fenstern eingebaut waren. Er öffnete ein Fenster, schüttelte sich, atmete ein paarmal tief durch und schloß das Fenster wieder, als die junge Frau, die schon den schwarzen Mantel übergezogen hatte, an ihren Platz trat. »Sind Sie der Sachverständige?«

fragte sie und wies ihm den Platz mit dem festgeschraubten Tischchen zu, der sich in gebührender Entfernung vor dem erhöhten Richtertisch befand. Die Stühle und das helle Holz der Tische bildeten einen merkwürdigen Gegensatz zum Raum, dessen Decke eine unauffällige Stuckverzierung trug. Der Tisch und die Bank für den Verteidiger und den Angeklagten standen seitwärts von seinem. Er legte seine Unterlagen zurecht, ordnete die vielen kleinen Zettel mit seinen Anmerkungen und schlug die entsprechenden Seiten der Akten auf, sorgfältig merkte er die wichtigen Stellen mit seinen Zetteln an, die er ein wenig über den Rand der Seiten herausragen ließ, um sie sogleich aufschlagen zu können.

Der Anwalt begrüßte ihn freundlich. Doch der heitere Ton täuschte ihn nicht. »Es kommt darauf an«, sagte der Verteidiger, ein junger Mann, »es kommt eben darauf an«, wiederholte er und klappte seinen Koffer auf, »der Richter war früher Staatsanwalt, und so gesehen . . .«, er sprach nicht weiter, seine rechte Hand, während die andere den Kofferdeckel hielt, nahm das Gesetzbuch heraus, warf es auf den Tisch, griff nach den Akten, schloß den Koffer und nahm den Stift vom Pult, der zu rollen begonnen hatte. »Wir werden ja sehen«, sagte er lachend. »Ich habe das Gefühl«, setzte er fort, »daß die Verhandlung unter diesen Umständen recht mühselig zu werden verspricht.«

Die Bewegungen des Verteidigers munterten den Sachverständigen auf. Er hatte in der Nacht schlecht geschlafen. Er lebte unter dem Zwang der Dinge, die man nicht vernachlässigen durfte, der Leute, die man nicht warten lassen durfte. Er kam sich an diesem Morgen schuldbeladen vor, ohne genau zu wissen warum, ein Gefangener der Dinge, die ihn nichts angingen, mit ihnen beladen, ein Sklave, traurig, ununterbrochen umlauert und gehetzt.

Inzwischen war der Staatsanwalt durch die Tür des Richterzimmers eingetreten, die neben dem Kachelofen war. Er kam auf den Anwalt zu, reichte ihm lächelnd mit einem leeren Blick die Hand. »Der Herr Sachverständige«, sagte der Verteidiger und wies auf ihn. »So, ja«, erwiderte der Staatsanwalt, »wir werden ja hören«, und bemüht, sich freundlich zu zeigen, fuhr er fort: »Ich war früher in Ihrer Stadt . . .« Der Eintritt des Richters, der zwei Beisitzenden und der beiden Schöffen unterbrach das Gespräch, und der Staatsanwalt eilte auf seinen Platz gegenüber dem Verteidiger. Die Anwesenden erhoben sich. Den eintretenden Angeklagten hatte der Sachverständige nicht wahrgenommen. Der Angeklagte blieb stehen, bis der Richter ihn und die anderen mit einer schroffen Kopfbewegung setzen hieß. Der Richter und die zwei Beisitzenden, ebenfalls Berufsrichter, hoben sich in ihren Roben von den beiden Schöffen deutlich ab. Der eine beisitzende Richter war eine Frau, sie ordnete sich noch ihr Haar, während der andere, ein Mann, mit der Hand seinen Spitzbart strich und dann die Arme kreuzte, bis er regungslos aus seinen großen Brillen in den Saal sah.

Monoton begann der Richter zu verlesen, stellte zwischendurch gewohnheitsgemäß Fragen, die sinnlos schienen: »Sie sind also der Angeklagte?« wandte er sich mit einer gleichgültigen Kopfbewegung an den Angeklagten, der sich nicht zu rühren wagte, lediglich seine Augen verrieten die Unruhe.

Der Sachverständige beobachtete die Gesichter, Gesichter mit geschäftsmäßigem, angemessenem Ernst. Der Richter sprach mit einem vulgären Tonfall. Vulgär, das war das Stichwort, das ihn beruhigte. Es bestand kein Grund zur Aufregung. Der Sachverständige nickte dem Angeklagten zu. Der Richter las und las, unterbrach sich gelegentlich, neigte den Kopf, lauschte, wartete. Worauf? Was war der Grund zur Unruhe? Die Richterin klopfte mit dem Bleistift auf ihre Unterlagen. Woher die Ungeduld? Der Verputz an der Wand hinter den Richtern zeigte Flecke. Der Richter kommentierte: »Jetzt sagt er was?« oder: »Er sagt ja nichts . . . Ja, ich höre . . . Wissen Sie überhaupt, wovon die Rede ist?« Noch bestand für den Anwalt kein Grund, in die Verhandlung einzugreifen.

Was denn? Der Angeklagte hatte Angst. Seine Finger umklammerten das Pult. Die Angst begann ihn zu verwirren, sicher wollte er überlegen, nachdenken. Er kannte diese Rolle zu wenig. Die Richter spielten die ihre überlegen, aber ohne Anteilnahme: Routiniers, die die Stichworte wußten. Auf der Stirne des Angeklagten bildeten sich Schweißtröpfchen. Die Richterin klopfte ungeduldig mit ihrem Stift, und einen Augenblick sah sie aus, als wollte sie zu weinen beginnen: »So reden Sie doch, sagen Sie was!« Der zweite Richter stellte hintereinander einige Fragen, bewegte seine Arme, sodaß die weiten Ärmel seiner Robe flatterten, und bohrte seinen Spitzbart in die weiße Krawatte. Jetzt erst fiel dem Sachverständigen auf, daß sie alle bis auf den Verteidiger weiße Krawatten trugen, die sich deutlich von den schwarzen Talaren abhoben.

Plötzlich wurde der Sachverständige von einem Satz abgelenkt, den er irgendwo gehört oder gelesen, über dessen Wahrheitsgehalt er aber gegrübelt hatte: Überall triumphiert der vernünftige Mensch, der tätige Mensch, der würdige Mensch, der gesunde Mensch . . . – Nichts empfand er im Augenblick deutlicher als die Entwürdigung des Menschen durch Gleichgültigkeit und Verständnislosigkeit.

Der Verteidiger sagte, als er der Fragen des Spitzbärtigen überdrüssig wurde: »Ich erhebe Einspruch gegen die letzte Frage des Herrn Beisitzenden, die nichts mit dem Sachverhalt zu tun hat. Ich behalte mir vor, in meinem Plädoyer darauf zurückzukommen.« Der Richter lächelte auf feine Art, die den Beisitzenden in seine Schranken wies und den Anwalt rechtfertigte, ihm aber gleichzeitig zu verstehen gab: Wir rechnen später ab. Der Staatsanwalt schwieg.

Bei der Einvernahme der Zeugen ergab sich gegenüber der letzten Verhandlung, der Anwalt hatte gegen das Urteil Berufung eingelegt, nichts nennenswert Neues. Der Lehrer war diesmal krankheitshalber nicht erschienen. Seine Frau, die an seiner Stelle aussagte, berichtete von der Angst, die sie erlitten hätten, und daß sie nicht erkannt hätten, daß der Angeklagte mit einer Kinderpistole herumgefuchtelt hatte. Auf die präzise Frage des Verteidigers, ob der Angeklagte auf ihren Mann gezielt habe, wiederholte sie, daß sie erschrocken gewesen seien und jetzt dem Angeklagten nichts mehr nachtrügen, damals aber gleich nach dem Vorfall die Polizei verständigt hätten.

Die Aussage der beiden geladenen Polizisten nahm das Gericht mit Wohlgefallen auf. Mehrmals nickte ihnen der Richter zu. Beide standen nacheinander vor dem Sachverständigen, die Hände auf dem Rücken verschränkt. Erst als der Verteidiger darauf verwies, daß der Angeklagte die Pistole auf seiner flachen Hand gehalten habe, die er ihnen entgegenstreckte, begannen sich ihre Finger ineinander zu verhaken, aber sie nahmen die Hände nicht vom Rücken. Die Frage des Richters, ob sie sich bedroht gefühlt und darum geschossen hätten, bejahten sie. Die Anzahl der Schüsse konnten sie nicht angeben.

In der Pause schlug der Luftzug das schnell geöffnete Fenster zu. Der Angeklagte beeilte sich, eine Zigarette zu rauchen. Als er das Streichholz anzündete, zitterten seine Hände. Die beiden Polizisten blieben stehen und sprachen miteinander. Der ältere, kleinere hatte einen verkniffenen Zug um den Mund. Er rieb sich die Hände, kicherte, während der andere über ihn hinweg durchs Fenster schaute.

Die Einvernahme weiterer Zeugen erfolgte ohne Zwischenfall. Der Richter nickte bisweilen, schob das Kinn hoch, und der faltige Hals erinnerte den Sachverständigen an das Bild von den Geiern, das ihn in seiner Schulzeit beeindruckt hatte.

In der Mittagspause, die der Richter mit eineinhalb Stunden

ansetzte, traf der Sachverständige im Café auf den Spitzbärtigen, der durch ihn hindurchzuschauen schien, als ob er ihn nicht mehr erkennen würde. Anschließend ging der Sachverständige langsam durch die Straßen der Stadt. Er meinte von einem Strom der Erregung und Lebhaftigkeit umgeben zu sein. Sich seitlich an die Hausmauern schmiegend, fürchtete er, zudringlich zu sein, sobald er durch ein Fenster im Erdgeschoß, in das man grüne Pflanzen in irdenen Töpfen gestellt hatte, einen Blick warf.

Die Mittagspause schien die Richter ein wenig ermuntert zu haben, doch bald begannen die beiden Schöffen zu gähnen, auch der Spitzbärtige senkte seinen Kopf immer wieder und hob ihn, wobei seine Augen durch die dicken Brillengläser funkelten, nach einer Weile ruckartig hoch. Der bittere Zug um den unausgeschlafenen Mund der Richterin war verschwunden, dafür aber schien ihre Ungeduld zugenommen zu haben.

Die Vernehmung zweier weiterer Polizisten ergab Widersprüche. Sie hatten, so hieß es, den Angeklagten, auch er hatte sich ein wenig erholt, geschlagen, als er sich im Krankenhaus nach seinem Bruder erkundigte, den er im Zorn mit einem Messer verletzt hatte. Bei der Abklärung der Widersprüche versuchte der Spitzbärtige, den Polizisten zu helfen. Auf den Einspruch des Verteidigers hin zog er es vor, den Anschein von beleidigtem Schweigen zu erwecken.

Die Aussage eines weiteren Zeugen, eines Arztes, der damals in dem Krankenhaus gearbeitet hatte, verunsicherte die beiden vorherigen Zeugen, die im Zuschauerraum sitzen geblieben waren. Dem Sachverständigen schien es, als er sich nach ihnen umsah, als wäre besonders das Gesicht des einen Polizisten, der seine Aussage wie eingelernt vorgetragen hatte, unter der Rede des Arztes ausgelöscht, grau und wie beschlagen. Die Heftigkeit des als Zeugen geladenen Arztes, der die telefonische Aussage wiederholte, durch die er seinerzeit einem Kollegen von der Mißhandlung des Angeklagten durch die Polizei berichtet hatte, mißfiel dem Gericht. Besonders der spitzbärtige Richter suchte ihn durch rasche, umständlich formulierte Fragen zu verwirren. Aber trotz der Anstrengungen, denen er sich dabei unterzog, entstand eine große Leere, eine Stille, und der Sachverständige hatte die Empfindung von Kälte. Als er nach dem Angeklagten sah, war er überzeugt, daß die geringste Handlung, etwa das Verrücken eines Stuhles, irgend etwas Beängstigendes vorbereiten würde.

Auch der Staatsanwalt meldete sich zu Wort. Er wies den Arzt darauf hin, daß seine schriftliche Aussage, die er vor Gericht einer anderen Stadt, wo er jetzt tätig war, abgegeben hatte, nicht in dieser Ausführlichkeit, deren er sich hier befleißige, vorliege. Der Arzt sagte: »Mir wird eben jetzt, da ich den Herrn Angeklagten« – hier schmunzelte der Spitzbärtige, und auch die beisitzende Richterin lächelte – »vor mir sehe und die Polizisten, wieder manches deutlicher. Die Sache liegt doch länger als ein Jahr zurück. Glauben Sie denn, ich hätte an sonst nichts zu denken gehabt?« Der Spitzbärtige schien von seinem Stuhl zu flattern. »Aber das wollen Sie noch wissen, daß die Polizisten den Angeklagten geschlagen haben?« rief er erregt. Der Sachverständige hielt die Antwort des Arztes für einen Akt äußerster Kühnheit. »Ich wußte ja auch von meinem Chef«, sagte der Arzt, »daß die Polizei sich mehrfach bei früheren Anlässen Übergriffe erlaubt hatte. Damals habe ich das selber mitbekommen.«

Der Sachverständige empfand das plötzliche Eintreten des Verteidigers wie einen heftigen Schlag. »Ich habe ganz deutlich das Gefühl«, sagte der Anwalt, »daß sich das Gericht allzusehr bemüht, die Aussage des Herrn Zeugen abzuqualifizieren. Ich bitte«, er wandte sich an die Schreiberin, »dies im Protokoll festzuhalten.«

»Sonst noch Fragen?« unterbrach der Richter ungeduldig und sah auf seine Uhr. Der Verteidiger hatte die Reihenfolge unterbrochen, nach dem Richter stellten die Beisitzenden ihre Fragen an den Angeklagten, der sich mehr und mehr der Verhandlung entzog, dann der Staatsanwalt, der bislang nur selten eingegriffen hatte, nach ihm der Anwalt und zuletzt der Sachverständige.

Als der Sachverständige aufgerufen wurde, erhob er sich, er spürte, wie das Denken, das immer auf der Stelle trat, ihn plötzlich zum Reden zwang, er konnte nicht mehr an sich halten, und er begann zu reden, redete, versuchte, sich verständlich zu machen, und wußte zugleich, daß er sich nicht verständlich machen konnte, daß man von ihm eine Übersetzung erwartete, eine Übersetzung der Persönlichkeit des Angeklagten, und mehr noch, daß er aufgerufen war, den Angeklagten aufzubereiten, ihn mit verdaulichen Worten zu garnieren, Portionen aus ihm zu machen: eine für den Richter, eine für den Spitzbärtigen, ein wenig anders dargeboten, einen Happen für die Beisitzende, den Rest für den Staatsanwalt. Der Sachverständige hatte die Instruktionen für Sachverständige vor Gericht zu Hause durchgelesen. Er fühlte, wie sein Gesicht von einer Art innerer Spannung steif wurde, und er hoffte, daß seine Miene durch jene Einfalt überzeugte, mit der man bittere Wahrheiten zu sagen wagt. Seine Worte tänzelten vor den Richtern: vorwärts, rückwärts, vorwärts, vorwärts und wieder rückwärts. Da! Achtung! Er spürte prickelnd die Gefahr, wich behutsam zurück, gab sich aus bis zur Erschöpfung.

»Ihrer Meinung nach wäre also der Angeklagte im Zustand verminderter Schuldfähigkeit gewesen«, die Fragerin hielt die rechte Hand mit erhobenem Zeigefinger hoch. »Schuldunfähigkeit ist zumindest nicht auszuschließen«, antwortete der Sachverständige und richtete sich auf. Dabei dachte er, gleich wird sie sagen: ›Setzen, Sie sind nicht genügend vorbereitet.‹

»Auch für diese Tat?« stieß der Spitzbärtige nach und schlug mit der Faust auf seine Akten und fing zu schreien an, »und auch für diese und diese?« und wirbelte die Blätter um. »Auch für diese«, sagte der Sachverständige und wußte sich von einer kleinen, lässigen Handbewegung des Richters, die er zu spät beachtet hatte, zurückgewiesen.

Der Angeklagte war auf seinem Stuhl zurückgerutscht und stieß manchmal eine Art trockenen Seufzer aus, der sich wie Knarren anhörte.

Während des Plädoyers des Verteidigers, der die Aussage des Sachverständigen ins juristische Denken übersetzte, wie er sagte, und immer wieder die Angaben der Polizisten dem Gericht von allen Seiten vorstellte, bis ihre Unglaubwürdigkeit vor der grausamen Helle der Wahrheit unübersehbar war, saß der Richter still mit geschlossenen Augen.

Der Staatsanwalt gab, nachdem der Anwalt geendigt hatte, keine Erklärung ab.

Draußen war es dunkel geworden. Im Sitzungssaal ebnete das blendende Licht der Neonlampen die Unebenheiten der Wände ein und unterdrückte die Schatten.

Als sich das Gericht zur Beratung zurückzog, glaubte sich der Sachverständige einen Augenblick in den Zustand der Anklage versetzt, und die Furcht bildete sich in ihm auf seltsame Weise, als läge sie in kleinen Fächern und Schubladen, die nicht mehr zu schließen waren.

DÄNEMARK

Asger Baarström

Gefängnispsychologie

Fräulein Mogensen ging über den Hof des großen Staatsgefängnisses. Es war ein schöner Tag Anfang Mai. Fräulein Mogensen war Psychologin. Sie war ausgebildet, die menschliche Seele in gewisse Normen zu zerlegen, und diese Kunst übte sie mit Nachdruck an den Gefangenen aus.

Energie und das Bewußtsein ihrer eigenen Bedeutung strahlten von ihrer Person aus, wie sie da mit raschen Schritten über den Hof ging. Sie war unterwegs zum Gefängnisarzt, der für die psychologische Seite seines Wirkungsfeldes reges Interesse zeigte.

Als Fräulein Mogensen sein Arbeitszimmer betrat, saß er hinter dem Schreibtisch und blätterte in einigen beschriebenen Bogen. Sie setzte sich in den Stuhl, den er ihr leicht zerstreut angeboten hatte, und legte ihr Gesicht in fachliche, unpersönliche Falten.

Etwas später legte der Oberarzt die Papiere, in denen er gelesen hatte, beiseite und sagte: »Fräulein Mogensen, Sie haben ja im Augenblick Peter Olsen, den Stuhlbeinmörder, unter Beobachtung?«

»Ja«, antwortete sie. »Ich habe in der letzten Zeit eine ganze Reihe von Gesprächen mit ihm geführt. Er ist ein schwieriger Mensch, der einen nicht näherkommen läßt.«

»Das überrascht mich eigentlich nicht«, sagte der Oberarzt zögernd. Dann fuhr er fort: »Konnten Ihre Untersuchungen irgendwelchen Erfolg zeitigen?«

»Das schon –«, sagte sie. »Ich werde aber erst in einigen Tagen oder, besser gesagt, Wochen seinen Fall sicherer beurteilen können. Ich bin dabei, ihn zu erschließen, und ich darf annehmen, daß ich allmählich sein Vertrauen gewinne. Bei den ersten Besuchen war es fast unmöglich, ihn zum Sprechen zu bewegen. Ich machte es dann so, daß ich über ganz schlichte und alltägliche Dinge plauderte. Dies sollte bezwecken, die Stimmung zwischen uns zu entspannen. Anfänglich brachte er nur hin und wieder ein ›ach!‹ oder ›ja?‹ hervor, aber nach und nach ist es mir gelungen, ihn zum Fragen zu bewegen. Ich darf annehmen, daß ich auf diese Weise dazu beitrage, einige derjenigen Verkrampfungen zu lösen, die das Leben seinem Gemüt zugefügt hat. Es entwickelt sich allmählich ein menschlicher Kontakt zwischen uns. Es steht außer Zweifel, daß er große Anpassungsschwierigkeiten in der Gesellschaft gehabt hat; in dieser Beziehung ist sein Fall äußerst traditionell. Unbefriedigtes Liebesbedürfnis in Verbindung mit einer recht niedrigen Intelligenz haben in zarten Jahren eine Anzahl von Komplexen geschaffen. Er besitzt ausgesprochene Inferioritätsgefühle, mit starken Geltungsäußerungen kompensiert, die ihn zu gesellschaftsschädigenden Handlungen verleitet haben.«

»Ihrer Ansicht nach liegen seine intellektuellen Fähigkeiten also unter dem Durchschnitt?« warf der Oberarzt sanftmütig ein.

»Ganz zweifellos«, antwortete Fräulein Mogensen. »Noch habe ich keine stabile Basis für meine Beurteilung und möchte bis dahin seinen Intelligenzquotienten auf 85 bis 90 veranschlagen, keinesfalls höher. Die Fragen, die er mir stellte, verrieten sein unkompliziertes und einfältiges Wesen. Mit direkt kindlicher Neugier erfragte er Einzelheiten aus meinem Privatleben, die ihm ganz gleichgültig sein dürften. Seine Denkweise ist äußerst elementar und primitiv, und insbesondere scheint ihn alles, was mit Erotik zusammenhängt, stark zu beschäftigen; den Grund hierfür könnte man in seiner aufgezwungenen Enthaltsamkeit suchen. Ich werde bald seine seelische Bilanz ziehen, und dann könnten einige Richtlinien für irgendeine Form der Sanierung festgelegt werden; vorläufig jedoch gilt es, den Mann zu emanzipieren und ihn aus dem Dunkel herauszuholen.«

»Ja, ja«, sagte der Oberarzt. »Lassen Sie sich nur die nötige Zeit. Ich muß sagen, daß ich dem Ergebnis Ihrer Untersuchung mit einigen Erwartungen entgegensehe.« Er nahm die beschriebenen Bogen vom Schreibtisch auf. »Im übrigen dachte ich, daß es Sie vielleicht interessieren würde – hm –«, er blieb mitten im Satz stecken und betrachtete nachdenklich Fräulein Mogensen. Dann legte er den Bogen wieder hin. Schließlich sagte er: »Ja – dann war wohl nichts weiter, Fräulein Mogensen! Schönen Dank für Ihren Bericht! Ich werde mich gern wieder einmal über Peter Olsen mit Ihnen unterhalten.«

Etwas erstaunt blickte Fräulein Mogensen ihn an; ihrer Meinung nach wäre kein Grund gewesen, sie zu dieser Besprechung hierherzuzitieren, aber sie schwieg. Sie erhob sich und ging.

Sobald die Tür sich hinter ihr geschlossen hatte, nahm der Oberarzt wieder die beschriebenen Bogen vom Schreibtisch auf. Diese enthielten eine erschöpfende Darstellung des Stuhlbeinmörders Peter Olsen, eine erstaunliche Leistung für einen Mann mit einem veranschlagten Intelligenzquotienten von 85. Besonders beschäftigte ihn derjenige Abschnitt, der Peter Olsens Auffassung von Fräulein Mogensens Person zum Gegenstand hatte. Zum vierten oder fünften Male las er:

»In den letzten Wochen hat mich ziemlich oft ein Wesen

aufgesucht, das nach seinen eigenen Angaben beim Einwohnermeldeamt unter der Bezeichnung Camilla Mogensen existiert. Ich habe keine Ahnung, weshalb sie dauernd hier angelaufen kommt, aber ich nehme an, daß sie behördliche Zulassung hat. Was sie von mir will, werde ich schon noch herausbekommen, denn sie ist furchtbar geschwätzig; ihr Mundwerk sitzt ziemlich lose, und sie hat Mühe, ihre Gedanken beieinanderzuhalten. Aber so sind ja die Weiber, wenn sie erst in Trab kommen. Es besteht kein Zweifel, daß das Leben dieser Frau etliche Enttäuschungen bereitet hat; außerdem ist sie in sexueller Hinsicht unterernährt, aber sie wird eher sterben als dies zugeben – wenn sie sich überhaupt selbst darüber im klaren sein sollte. Daß sie unverheiratet ist, war mir schon beim erstenmal klar; das brauchte ich sie gar nicht erst zu fragen. Sie hat mir berichtet, daß ihr Elternhaus und ihre Geschwister ihr ungeheuer viel bedeutet haben. Das glaube ich schon. Ihre Leute haben sie sicher so fest an sich gekettet, daß sie nicht die nötige Freiheit besaß, um sich Beziehungen außerhalb des Elternhauses zu verschaffen. Später war sie dann wohl nicht in der Lage, den erforderlichen Kontakt mit ihrer Umgebung herzustellen, um geheiratet zu werden. Das ist nichts als Gewohnheit, dieser Kontakt mit der Umgebung. So was muß man den Kindern beizeiten beibringen, sonst haben sie es als erwachsene Menschen viel zu schwer.

Sonderlich hübsch ist sie nicht. Ich persönlich habe mir nie etwas aus den Langen, Schlaksigen mit Schuhgröße 43 gemacht, aber das ist natürlich Geschmackssache. Immerhin wäre anzunehmen, daß ihr Äußeres sie in ihrem Lebensweg behindert hat. Infolge der Einsamkeit ihres Daseins ist sie erstaunlich naiv und ungewandt. Sie besitzt viel zuwenig Menschenkenntnis.

Anfänglich glaubte ich, daß sie mich deshalb besuchte, weil ihr der Sinn nach einem Mannsbild stand, aber diese Anschauung habe ich wieder fallengelassen. Im Augenblick möchte ich annehmen, daß sie bei mir ausschließlich den menschlichen Kontakt sucht, um den das Leben sie anscheinend betrogen hat. Wenn es auch anstrengend für mich ist, so tue ich mein Bestes, um sie nicht merken zu lassen, daß mir ihr Blödsinn allmählich zuviel wird. Wenn ich ihr damit einen Gefallen tun kann, daß ich mich ein bißchen mit ihr unterhalte, so werde ich auch das noch schaffen; sollte es aber zum Gefängnisleben gehören, daß hier Weiber herumrennen, dann möchte ich doch alleruntertänigst darum gebeten haben, daß sie nach einiger Zeit durch andere Exemplare ersetzt werden, am liebsten durch solche, die etwas unterhaltender und undurchsichtiger sind als mein Fräulein Camilla Mogensen, die mir wie ein offenes Buch vorkommt.«

Der Gefängnisarzt blickte von seiner Lektüre auf. Sein ehrwürdiges Antlitz hatte noch immer den ratlosen und verwirrten Ausdruck.

DEUTSCHLAND

Ernst Kreuder

Das Ende der Sensationsprozesse

Die Schwurgerichtssäle waren verödet. Ehemals berühmte Strafverteidiger hatten ihre Villen an der Côte d'Azur vermietet und ihre Rennjachten verkauft. Die sensationellen Strafprozesse hatten von Jahr zu Jahr abgenommen. Was war geschehen?

Ein Strafrechtler aus La Paz, Bolivien, reiste durch die Bundesrepublik, um die unerklärliche Abnahme der Bandenverbrechen für sein Werk »Die Grundbegriffe der Kriminologie« zu untersuchen.

Nachdem er sich brieflich angemeldet hatte, wurde er eines Nachmittags in mein Arbeitszimmer geführt.

»Dr. Salvarez.«

»Sehr erfreut, Sie kennenzulernen«, sagte ich. »In Ihrer einzigartigen Hauptstadt verbrachte ich vor Jahren einige schlaflose Nächte.«

»La Paz liegt fast 4000 Meter hoch«, sagte der liebenswürdige, dunkeläugige Gelehrte, »die dünne Luft ist für Europäer beschwerlich.« Er lächelte entschuldigend.

»Was möchten Sie nun von mir erfahren?« fragte ich beim Tee.

»Bitte, wie ist es ursprünglich dazu gekommen, daß bei Ihnen kaum noch große Kriminalprozesse stattfinden?«

»Es fing damit an«, sagte ich, »daß ich eines Abends vor etwa zehn Jahren in einen Gasthof am Rande der Stadt bestellt wurde. Dort saßen in einem Nebenzimmer drei mir unbekannte Männer, die mir zuvor einen nicht unbeträchtlichen Vorschuß überwiesen hatten. Ich leitete damals eine literarische Agentur. Diese Männer machten mir einen Vorschlag. Sie waren vor kurzem ordnungsgemäß aus dem Gefängnis entlassen worden. Dort hatten sie ihren Plan entwickelt.«

»Was für einen Plan?«

»Sie hatten beschlossen, die bedeutenden Geldsummen, die sie früher durch Überfälle auf Geldtransporte und in Banken erbeuteten, nicht mehr mit langjährigen Gefängnisstrafen zu ›bezahlen‹. Sie wollten von nun an wohlhabende Leute werden durch Verbrechen, die sie nicht begingen.«

»Nicht begangene Verbrechen, was sollten die einbringen?«

»Im Gefängnis«, fuhr ich fort, »lernten die drei berüchtigten Männer, sie nannten sich Fabio, Franko und Roberto, einen zweifelhaften Buchprüfer kennen. Er hieß Christian Kohl und saß wegen Vertrieb von Falschgeld. Durch ihn erfuhren sie, wieviel andere Leute durch den Überfall auf den Postzug, der damals internationales Aufsehen erregte, nachträglich verdient hatten. Meine drei Klienten, die den Überfall auf den Postzug 37 ausführten, wobei übrigens niemand verletzt wurde, waren um ihre Beute gekommen, als sie Wochen später in einer verlassenen Scheune die Geldbündel aus den Postsäcken teilen wollten. Sie wurden dabei überrascht und festgenommen.«

»Darf ich fragen«, sagte Dr. Salvarez, »wer die Leute sind, die nachträglich an diesem Postraub verdienten?«

»Im einzelnen läßt sich das nicht mehr genau feststellen. Zunächst vermutlich die Boulevardblätter und Illustrierten. Dann die Autoren, die für Wochenzeitungen in Fortsetzungen über die verschiedenen Etappen der Postraubaffäre schrieben. Funk- und Fernseh-Autoren sowie die Filmgesellschaft, die mit ihrem Film ›Postzug 37‹ mehrere Millionen verdiente. Buchprüfer Kohl konnte den drei Zellennachbarn ungefähr ausrechnen, wieviel unbescholtene Leute an diesem Raubüberfall, für den sie sechs Jahre im Gefängnis saßen, ohne Risiko an Reingewinn eingestrichen hatten. Was der Bestseller ›Bei Nacht und Nebel‹, der Jahre später erschien, einbrachte, konnte nur geschätzt werden, denn die Taschenbuch-Ausgabe wird noch immer viel gekauft.«

»Diese drei Männer«, sagte Dr. Salvarez, »was wollten sie von Ihnen?«

»Sie betrachteten sich, was den Postraub betraf, als die rechtmäßigen Autoren. Sie hatten lange an ihrem Plan gearbeitet, Landkartenausschnitte vergrößert und mit genauen Zeitangaben versehen, Anfahrt und Fluchtwege wurden mit der Stoppuhr abgefahren, der nächtliche Verkehr in ihrem ›Operationsgebiet‹ wurde monatelang beobachtet und notiert. Sie kauften einen gebrauchten Kombiwagen von einer Wäscherei und übermalten die Seitenwände mit der meterhohen Aufschrift: ›Expeditions-Film GmbH‹. Auf dem Fahrersitz waren zwei Filmkameras montiert, Suchscheinwerfer und Meßgeräte. Der ›Fluchtwagen‹ war ein unscheinbarer alter Klapperkasten, der nicht mehr als 60 fuhr, nach Fischen stank und noch die kaum mehr leserliche alte Aufschrift ›Seefisch-Wieland‹ trug. Die Männer im Nebenzimmer wollten damals von mir wissen, wie es um ihre Urheberrechte bestellt sei.«

»Theoretisch nicht ganz unverständlich«, sagte Dr. Salvarez.

»Ich erklärte ihnen«, fuhr ich fort, »daß sie keine Tantiemen zu erwarten hätten. Fabio, ihr Anführer, fragte mich daraufhin, wie es wäre, wenn sie in Zukunft neue Raubüberfälle ersännen, mit narrensicheren Details, die sie aber nicht mehr ausführten. Ob sie damit nicht auch sehr viel Geld verdienen könnten, ohne mit dem Gesetz in Konflikt zu geraten?

Nicht ganz ausgeschlossen, antwortete ich ihnen. Nur müßten sie sich dann vorher mit Film- und Fernsehautoren und den Illustrierten-Redaktionen in Verbindung setzen. Diese Verbindung, sagte Fabio, für sie herzustellen, sei nun meine Aufgabe. Sie entwarfen mit mir einen Vertrag, der am nächsten Tage von meinem Notar beglaubigt wurde.«

»Hatten Sie denn Erfolg?«

»Im Anfang gar nicht. Man witterte unherkömmliche Methoden. Bis eine ausländische Illustrierte unter dem Copyright meiner Agentur den ersten Sensationsbericht mit Photos brachte.«

»Photos zu erfundenen Kriminalberichten?«

»Genau«, sagte ich. »Um die Leser zu überzeugen, daß es sich um stattgefundene Verbrechen handelte. Meine Klienten brüteten fortan Überfälle auf Geldinstitute aus, auf Gold- und Juwelentransporte sowie auf Lohngeldlieferungen. Auf meinen Vorschlag nahmen sie sich auch eine ausländische Spielbank vor, fiktiv natürlich. Wieder zeichneten sie Pläne, probten die Zeitrechnungen und charterten alte Lastwagen, schrottreife Lokomotiven, ausgediente Güterwagen und heuerten stellungslose Vorbestrafte als Statisten an.

Das Material, das sie mir lieferten, ließ sich als Exklusivbericht günstig verkaufen. Die Texte mußten von meinen Mitarbeitern etwas umgeschrieben werden, und nicht nur wegen der, sagen wir, eigenwilligen Orthographie. Nachdem meine Klienten wohlhabende Leute geworden waren, gründeten sie einen Schutzverband zur Wahrung der Urheberrechte verurteilter Krimineller. Es blieb nicht aus, daß ihre Erfolge unter ihresgleichen Schule machten. So gingen nun in den folgenden Jahren – nicht nur zum Leidwesen berühmter Strafverteidiger – die Sensationsprozesse mehr und mehr zurück. Die großen Bandenverbrechen lohnten sich nicht mehr. Dafür lohnten sich weiterhin ungewöhnliche Kriminal-Ideen, die hier, wohl zum ersten Male in der Geschichte der Verbrechen, von erfahrenen Fachleuten geliefert wurden.

Aus mir nicht bekannten Gründen ließen auch die Verbrechen aus sogenannter Leidenschaft nach. Möglich, daß diese oft entsetzlichen Untaten, im Affekt begangen, nicht ganz von pekuniären Schwierigkeiten zu trennen sind. Das ist in großen Zügen, was ich Ihnen zu diesem Thema sagen konnte.«

»Muchas gracias«, sagte Dr. Salvarez und verbeugte sich, »ich danke Ihnen!«

Anhang

§

AUTOREN
ÜBERSETZER
QUELLEN

Autoren und Quellen

Baarström, Asger (Dänemark), geb. 1916 in Tisted pr. Arden, Jütland. Lehrer. Schreibt Erzählungen und Kurzgeschichten, hat sich in letzter Zeit vor allem mit historischen Arbeiten beschäftigt. Übersetzte eine Reihe von Büchern aus dem Englischen ins Dänische.

»Gefängnispsychologie« wird in der Übersetzung von Britta von Rasmussen veröffentlicht.

Betti, Ugo (Italien), geb. 1892 in Camerino, gest. 1953 in Rom. Studierte Jus und ergriff die Richterlaufbahn. Schrieb Lyrik, Erzählungen und Theaterstücke. Seinen literarischen Durchbruch erzielte er 1927 mit der Aufführung von »La Padrona«. Typisch für sein Werk ist die Sehnsucht nach Reinigung, Gerechtigkeit und Harmonie mit Gott. Gilt als der bedeutendste italienische Dramatiker nach Pirandello.

»Zwischenfall beim Verhör« wurde mit Genehmigung des Verlages L. Cappelli, Bologna, zum ersten Mal in deutscher Sprache veröffentlicht. Die Übersetzung besorgte Erika Kanduth, der der Herausgeber für den Hinweis zu Dank verpflichtet ist.

Bierce, Ambrose (USA), wurde 1842 in Ohio geboren, gest. vermutlich 1914. Bierce war Lyriker, Erzähler und Essayist. Kennzeichnend für seine Prosa ist der sublime, tiefgehende Humor, die Neigung zu ironischen und satirischen Auslegungen, die Vorliebe für unheimliche Themen.

»Mein Lieblingsmord« wurde in der Übersetzung von K. Bruno Leder aus Ambrose Bierce »Der Gnadenstoß«, RK 184, © Rowohlt Taschenbuch Verlag GmbH, Reinbek bei Hamburg, 1965, übernommen.

Brjussow, Valerij (Rußland), geb. 1873 in Moskau, wo er auch 1924 starb. Schrieb Gedichte und eine Reihe historischer Romane mit

Themen aus der Antike und dem deutschen Spätmittelalter. Zählt zu den großen russischen Erzählern. Bedeutender Übersetzer für lateinische Autoren, aber auch Molière, Goethe, Byron und Edgar Allen Poe übertrug er ins Russische. In seiner Prosa, die sich neben Geschichte auch mit Technik und Großstadt beschäftigt, klingen früh anarchisch-revolutionäre Töne durch.

»Das Marmorköpfchen« wurde mit Genehmigung von Anna M. v. Guenther in der Übersetzung von Johannes v. Guenther in den Erzählband aufgenommen.

Cecil, Henry (England), geb. 1902. Cecil ist Richter, und viele seiner Erzählungen wie auch sein Roman »Alibi für einen Richter« entstammen dem Milieu seines Berufes.

»Die Lektion« (Portrait of a Judge) wurde in der Übersetzung von Robert Felix mit Genehmigung des Rainer Wunderlich Verlages und der Agentur Curtis Brown Limited, London, veröffentlicht.

Colliander, Tito (Finnland), geb. 1904 in Petersburg als Sohn finnischer Eltern. Begann als Maler und Zeichner, fing erst 1930 zu schreiben an. Verfasser von Biographien, Romanen und Erzählungen. Wurde dreimal mit dem Finnischen Staatspreis ausgezeichnet, ist in eine Reihe von Sprachen übersetzt.

»Schuldig« wurde mit Genehmigung des Autors in der Übersetzung von K. Nußbach veröffentlicht.

Ćopić, Branko (Jugoslawien), geb. 1915 in Hasani, Bosnien. Studierte an der Philosophischen Fakultät in Belgrad, schreibt serbisch. Themen seiner Erzählungen sind vor allem der harte Daseinskampf der bosnischen Bauern und Geschichten aus seiner Zeit bei den Partisanen.

»Ein ehrlicher Mensch hat nichts zu fürchten« wird mit Genehmigung der Jugoslovenska Autorska Agencia, Belgrad, in der Übersetzung von A. Sinzendorf veröffentlicht.

Cross, Eric (Irland), geb. 1905, ist Mathematiker und Schriftsteller. Sein Buch »The Tailor and Ansty« löste erbitterte Kämpfe aus, es wurde von der irischen Zensur auf die Schwarze Liste gesetzt und in Gegenwart des Helden, eines in Irland lebenden Schneiders, verbrannt. Es ist das erste der vielen in Irland verbotenen Bücher, das aber nun wieder zur Veröffentlichung zugelassen ist. Eric Cross veröffentlichte auch eine Reihe von Erzählungen.

»Das Schöffengericht« wird in der Übersetzung und mit Genehmigung von Elisabeth Schnack veröffentlicht.

Drach, Albert (Österreich), geb. 1902 in Wien. Studierte Jus und war bis zu seiner Emigration nach Südfrankreich im Jahr 1938 als Rechtsanwalt tätig. Er kehrte 1947 nach Österreich zurück und arbeitet seither wieder in Mödling als Rechtsanwalt. Schon seine literarischen Jugendarbeiten brachten ihm die Wertschätzung von Wildgans, Csokor und Arnold Zweig ein. Das umfangreiche Werk, Romane, Dramen und Erzählungen, liegt in einer achtbändigen Ausgabe vor, die ebenso wie seine Monographie »In Sachen de Sade« vom Claassen Verlag betreut wird.

»Und – Protokoll, einen Richter betreffend« wird in dieser Anthologie erstmalig veröffentlicht.

Edigey, Jerzy, Pseud. für Jerzy Koryzki (Polen), geb. 1912 in Klukowie. Schreibt Kriminalgeschichten und Romane, daneben veröffentlichte er auch Gedichte.

»Die sieben goldenen Fragen« wird in dieser Anthologie mit Genehmigung des Autors und der Agencia Autorska, Warschau, und in der Übersetzung von Liliana Niesielska zum ersten Mal in deutscher Sprache veröffentlicht.

France, Anatole, Pseud. für Jacques Anatole-François Thibault (Frankreich), geboren 1844 in Paris, gestorben 1924 in Tours. Sohn eines Buchhändlers. Gilt als Erbe und Fortsetzer Flauberts und seit der Jahrhundertwende als der führende literarische Geist Frankreichs. Schuf volkstümlich gewordene Figuren wie Jerôme Coignard, Bergeret und Crainquebille. Er erhielt 1921 den Nobelpreis für Literatur.

»Crainquebille« wird mit Genehmigung des Verlages Hans Carl

KG, Nürnberg, in der Übersetzung von Gertraud von Grootheest mit kleinen, vom Umfang diktierten Schnitten veröffentlicht.

Friedl, Hermann (Österreich), geb. 1920 in Linz. Von 1938 bis 1945 Wehrdienst und Studium der Medizin. Zuerst praktischer Arzt in Landgemeinden, später Ausbildung zum Facharzt für Neurologie und Psychiatrie. Er veröffentlichte neben einer Reihe von Erzählungen, Funkerzählungen und Hörspielen die Romane »Der Landarzt«, »Heilverfahren oder das Fernglas«, sowie den Erzählband »Aufzeichnungen eines wahnsinnigen Beamten«, dem die in dieser Anthologie wiedergegebene Erzählung mit Genehmigung des Verlages Jugend und Volk, Wien, entnommen wurde.

Harsanyi, Zsolt (Ungarn), geb. 1883, gest. 1943. Er entstammt einer der ältesten ungarischen Literatenfamilien. Sein Durchbruch als Romancier beginnt in den dreißiger Jahren. Vielfach übersetzt; vor allem die deutschsprachigen Übersetzungen wurden posthum noch ein großer Publikumserfolg.

»Salz und Paprika« wurde dem Band »Harsanyi erzählt«, der 1964 im Paul Neff Verlag, Wien, erschien, entnommen.

Kesten, Hermann (Deutschland), geb. 1900 in Nürnberg. Studierte Literaturwissenschaft. Verlagslektor, leitete nach seiner Emigration 1933 den Emigrantenverlag Albert de Lange in Amsterdam. Ab 1940 in den USA. Nach Kriegsende Rückkehr nach Deutschland, lebt derzeit in der Schweiz. Seine Erzählungen und Romane sind vielfach als Zeitdiagnose, als ironisch-pessimistische Lebensdurchleuchtung angelegt, die gleichzeitig aber von Toleranz getragen ist.

Der Abdruck der Erzählung »Der Mann im Schrank« erfolgt mit Genehmigung des Autors.

Kreuder, Ernst (Deutschland), geb. 1903 in Offenbach am Main. Studierte Philosophie und arbeitete seit 1932 für den »Simplicissimus«. Seine Werke, Romane und Kurzgeschichten, agieren aus einer kritischen bis satirischen Bewertung seiner Zeit, vor allem des Zweiten Weltkrieges.

»Das Ende der Sensationsprozesse« wird mit Genehmigung der von Hase und Koehler Verlags GmbH, Mainz, veröffentlicht.

Langdon, David (England), geb. 1914 in London, ist als Karikaturist und Autor seit 1937 ständiger Mitarbeiter der führenden humoristisch-satirischen Zeitschrift Englands »Punch«. Seit 1952 erscheinen regelmäßig Beiträge von ihm in Amerikas anspruchsvollster Zeitschrift »The New Yorker«.

»Das richtige Vorgehen liegt auf der Hand« wurde in der Übersetzung von Richard Hoffmann der Anthologie »Die Reise zum wonnigen Fisch«, Paul Neff Verlag, Wien 1960, entnommen.

Moldova, György (Ungarn), geb. 1934 in Budapest.
Moldovas Kurzprosa ist durch subtilen Humor und fein dosierte distanzierte Ironie gekennzeichnet.

»Diener des Gesetzes« wird mit Genehmigung von Artisjus, Budapest, erstmals in deutscher Sprache veröffentlicht. © György Moldova, 1980. Originalverlag Magvetö Könyvkiadó, Budapest. Die Übertragung ins Deutsche besorgte Erika Bollweg.

Monoszlóy, Dezsö (Ungarn), geb. 1923. Er absolvierte ein Jusstudium, war in der Zeit des Prager Frühlings ungarischer Sekretär des Tschechoslowakischen Schriftstellerverbandes, seit 1969 in Wien ansässig. Monoszlóy ist Autor von Gedichtbänden, großen Romanen und Erzählbänden. Er übersetzte mehr als 30 Bücher, vorwiegend slowakische und tschechische Lyrik, und zahlreiche Bühnenstücke. Für Fernsehen und Rundfunk in Österreich und Deutschland verfaßte er eine Reihe von Hör- und Fernsehspielen. Monoszlóy ist Mitglied des Österreichischen PEN-Clubs und wurde 1978 mit dem Theodor-Körner-Preis ausgezeichnet.

»Das falsche Gespenst« wird in dieser Anthologie zum erstenmal in deutscher Sprache veröffentlicht.

Nielsen, Helen (USA), geb. 1918 auf einer Farm in Illinois. Sie schrieb Romane und Erzählungen, eine Reihe von Filmskripten und etwa zwanzig Krimis. Für ihre nicht-kriminalistischen Erzählungen benutzt sie das Pseudonym Kris-Giles.

»Kein verläßlicher Zeuge« (Your Witness), wurde mit Genehmigung der Scott Meredith Literary Agency, New York, in der Übersetzung von Rudolf Rocholl veröffentlicht.

O'Connor, Frank (Irland), geb. 1903 in Cork, gest. 1966 in Dublin. Frank O'Connor – einer der drei berühmten O's neben O'Faolain und O'Flaherty – ist ein Pseudonym für Michael O'Donovan. Er schrieb neben der Autobiographie »Einziges Kind« und dem Roman »Die Reise nach Dublin« eine Reihe von Erzählungen, die zum Großteil in deutscher Übersetzung erschienen sind. Nahm an den Freiheitskriegen teil, arbeitete als Bibliothekar am Abbey-Theater.

»Rechtsbeistand« wird in der Übersetzung und mit Genehmigung von Elisabeth Schnack veröffentlicht.

O'Faolain, Sean (Irland), geb. 22. 2. 1900 in Cork, wo er auch seine Jugend verlebte. Nahm an den Befreiungskriegen teil, beschäftigte sich mit Gälisch in Sommerschulen, studierte in Harvard, M. A. Arbeitete zunächst als Lehrer in England, dann als freier Schriftsteller in Irland. Von seinen Prosaarbeiten wurden zahlreiche Kurzgeschichten und drei Romane, »Komm heim nach Irland«, »Ein Nest voll kleiner Leute«, »Der Einzelgänger«, ins Deutsche übersetzt. O'Faolain schrieb auch Reisebücher und Biographien. Lebt jetzt in der Nähe von Dublin.

»Der schielende Kesselflicker« wurde von Elisabeth Schnack ins Deutsche übertragen. Copyright E. Schnack, Zürich.

Pirandello, Luigi (Italien), geb. 1867 in Girgenti, gest. 1936 in Rom. Lehrer für italienische Literatur in einem Lehrerseminar in Rom. Gründete 1925 ein eigenes Theater. 1934 mit dem Nobelpreis ausgezeichnet. Seine realistischen Novellen und Romane werden von Kennern der italienischen Literatur als das Beste seines Werkes bezeichnet. Erst nach seinem 50. Lebensjahr begann er Theaterstücke zu schreiben, mit denen er seinen Weltruhm begründete.

»Der Tonkrug« wird mit Genehmigung der Gustav Kiepenheuer Bühnenvertriebs-GmbH, Berlin, veröffentlicht; deutscher Text mit Genehmigung des Verlages F. H. Kerle GmbH, Heidelberg.

Rosendorfer, Herbert (Deutschland), geb. 1934 in Gries bei Bozen. Zog 1939 mit seinen Eltern nach München. Studiert Jus, wird Assessor bei der Staatsanwaltschaft in Bayreuth, Staatsanwalt in München und ist seit 1969 Richter beim Amtsgericht München. Humor, hellsichtige Weltschau, Hintergründigkeit, Vorliebe für das Skurrile und Melancholie, die aus Menschen- und Weltkenntnis kommt, sind typische Merkmale seiner Geschichten, die in einer Reihe von Erzählbänden vorliegen.

»Knabe, mit einer Katze spielend« wurde mit Genehmigung der Nymphenburger Verlagshandlung GmbH, München, dem Erzählband »Der stillgelegte Mensch« entnommen.

Strindberg, August (Schweden), geb. 1849 in Stockholm, gest. 1912 daselbst. War hintereinander Volksschullehrer, Schauspieler, Journalist und Bibliothekar. Als Schriftsteller ging er den Weg vom Naturalismus über den Individualismus zur Mystik. Seine dramatischen Werke leiten den Expressionismus ein. Er gilt unverändert auch heute noch als der Meister des Kammerspiels.

»Besitzrecht« wurde in der Übersetzung von Tabitha von Bonin dem Sammelband »Kleine Prosa« entnommen.

Taufik el Hakim (Arabische Republik Ägypten), geb. 1898 in Alexandrien, studierte in Kairo und an der Pariser Sorbonne Rechtswissenschaft. Geht in den ägyptischen Justizdienst, später ständiger Delegierter der VAR bei der UNESCO. Autor internationalen Formats, schrieb neben Romanen vor allem auch Theaterstücke.

»Faraskour ist nichts für Ferien« wurde in der Übersetzung von Mursi Saad ed-Din und Joseph Kalmer mit Genehmigung von Erika Kalmer veröffentlicht.

Thoma, Ludwig (Deutschland), geb. 1867 in Oberammergau, gest. 1921 in Rottach. Studierte Rechtswissenschaft, arbeitete zunächst als Rechtsanwalt in Dachau, später in München, ehe er seine Kanzlei verkaufte und Redakteur beim »Simplicissimus« wurde. Thomas Humoresken und Satiren beziehen ihre Wirkung aus der realistisch-ironischen Darstellung wirklichen Lebens. Spießertum, bäurische Halsstarrigkeit und Beamtenhochmut sind bevorzugte Zielscheiben seiner Satiren.

»Die Volksverbesserer« wurde mit Genehmigung des Verlages R. Piper & Co, München, dem Erzählband »Der Münchner im Himmel« entnommen.

Tschechow, Anton (Rußland), geb. 1860 in Taganrog, gest. 1904 in Badenweiler (Schwarzwald). Studierte Medizin. Seine dichterische Laufbahn begann er mit humoristischen Skizzen aus dem russischen Alltagsleben. Schrieb in der Folge Kurzgeschichten, Einakter und Dramen mit Stoffen aus ländlich-kleinstädtischem Milieu. Scharfer Kritiker des russischen Fin de siècle, seine Darstellung wird aber meist durch Mitgefühl und überlegenen Humor gemildert.

»Sirenenklänge« wird in der Übersetzung von Wolf Düwel, mit Genehmigung des Winkler Verlags, München, veröffentlicht.

Wiechert, Ernst (Deutschland), geb. 1887 in Forsthaus Kleinort, Ostpreußen, gest. 1950 in Uerikon, Schweiz. Naturwissenschaftliches und philosophisches Studium an der Universität Königsberg, ging nach dem Staatsexamen in den Höheren Schuldienst. Wird 1938 verhaftet und ist drei Monate im Lager Buchenwald. Bis 1945 unter Gestapo-Aufsicht. Seine Romane und Erzählungen sind von der Sehnsucht nach einem echten sinnerfüllten Leben und von einem starken religiösen Ethos durchdrungen.

»Der Richter« wird mit freundlicher Genehmigung der Verlagsgruppe Langen-Müller/Herbig, München, veröffentlicht.